憲法判例研究

〔10〕

韓國憲法判例研究學會 編

博 英 社

STUDIES ON CONSTITUTIONAL CASES

〔10〕

Edited by

Korean Association for Precedential Study of Constitutional Law

Pakyoungsa Publishing Co.
Seoul, Korea

머 리 말

지난 2년간은 우리나라의 법학계에 가장 큰 변화의 시대였다. 법학전문대학원제도의 도입으로 교수진의 대폭적인 이동이 있었음은 물론이고 새로운 교수방법을 위한 연구에 몰입하지 않으면 안 되는 시기였다. 특히 전문대학원체제에 맞는 교재출판이 시급한 상황이라 새로운 교수방법에 맞는 교재출판을 위하여 대부분의 교수들이 그에 사로잡혀 있었을 것으로 보인다. 그리고 어떤 형태의 교수방법이 채택되든 헌법이론과 헌법재판소의 결정을 접합시킨 교수내용이 핵심을 차지할 것이라는 것은 분명하고, 따라서 우리 학회가 지향하는 헌법재판소의 결정례에 대한 연구의 중요성은 더욱 커질 것이라고 생각한다.

아무튼 지난 1년을 되돌아보면 헌법판례연구학회의 회원들의 참석률이 썩 좋지 않았다. 헌법판례연구학회만의 문제가 아니라 우리 학회가 속한 공법분야 대부분의 학회도 예외가 아니었다고 본다. 그것은 전문대학원의 개원을 위한 준비내용이 만만치 않았다는 점과 그 준비에 참여하는 교수들의 경우 학회에의 참여와 연구가 불가했다는 점 때문이다. 전문대학원체제가 정착되기 위하여 더 많은 시간이 흘러야 정상화된다는 것을 의미하며, 교수와 교무행정이 분화되고 교수가 잡무에 시달리지 않아도 될 때까지는 교수들이 교무행정에 사로잡혀 연구가 쉽지 않을 것으로 보인다. 다만 위와 같은 업무 때문에 많은 회원들이 본의 아니게 논문을 제출하지 못했을 것으로 짐작하지만, 이러한 시점에서 학자로서의 학문의 길을 생각해 본다. 즉 위와 같은 어려움에도 불구하고 변화된 현상을 있는 그대로 받아들이면서 연구활동을 계속하려고 노력하지 않는 한, 각자가 원하는 연구는 이루어지지 않는다는 사실을 기억하고 싶다. 바쁜 환경 속에서도 끊임없는 연구자의 자세를 되새기지 않는

한 학문적 성취는 없을 것이라는 것이다.

사정이 위와 같이 어려웠지만 1년간 월례발표회는 지속되었다. 그리고 이번 헌법판례연구 제10권의 출판을 기다릴 수 없어 미리 다른 연구지에 발표된 경우를 제외하고 발표된 논문이 여기에 모두 실리게 되었다. 그렇지만 보다 많은 회원들의 참여와 기여가 있었으면 보다 알찬 연구지가 되지 않았을까 생각하며 안타까운 마음 금할 수 없다.

학회의 회장을 맡으면서 우려했던 것들이 2년의 임기를 지내면서 현실로 드러났다. 개방적 학회를 분명히 천명했으나, 애정을 갖고 참석하는 회원이 많지 않았고, 적극적으로 추진하기로 했던 사단법인화의 문제도 중단되고 말았다. 사소한 것에서부터 적극적인 참여의식이 없다면 어떤 조직도 성공적인 운영이 힘들다는 것을 보여주었다. 2009년에는 다시금 분발하여 계획했던 모든 사업이 순조롭게 진행되기를 기대해 본다.

2009년 2월

헌법판례연구학회를 대표하여 **이승우**

目　　次

Table of Contents

2008年의 重要 憲法判例

明　　載　　眞*

Ⅰ. 들어가는 말

2008년 한 해 동안 제기된 헌법재판소의 사건들의 주요통계를 정리해 보면,[1] 위헌법률심판사건 28건 중 위헌결정은 7건, 헌법불합치결정은

* 충남대학교 법학전문대학원 교수

1) 헌법재판소가 2008년도(1. 1.~12. 31.)에 접수하여 처리한 사건의 통계를 보면 다음과 같다.

구 분			접수	처리											미제
				계	위헌	헌법불합치	한정위헌	한정합헌	인용	합헌	기각	각하	기타	취하	
2008	합계		1132	1391〈30〉	13〈11〉	11〈15〉	3〈4〉		22	90	486	727 (665)		39	668
	위헌법률		28	23〈7〉	7〈4〉	2〈3〉				14					36
	탄핵														
	정당해산														
	권한쟁의		8	9					1		3	3		2	14
	헌법소원	계	1096	1359〈23〉	6〈7〉	9〈12〉	3〈4〉		21	76	483	724 (665)		37	618
		§68①	916	1198〈10〉	2〈4〉	4〈5〉	1〈1〉		21	1	483	654 (606)		32	407
		§68②	180	161〈13〉	4〈3〉	5〈7〉	2〈3〉			75		70 (59)		5	211

2건이었다. 권한쟁의 심판사건은 모두 8건 접수되었고, 인용결정 1건, 기각결정 3건, 각하결정 3건이었다. 헌법소원사건은 전체사건의 96.8%에 해당하는 1096건이 접수되었고, 위헌결정 6건 헌법불합치 9건, 한정위헌 3건, 인용결정 21건, 합헌결정 76건, 기각결정 483건, 각하결정이 724건이었다.

2008년의 판례 중에서 특히 참고인 동행명령제에 대한 위헌결정, 태아성별고지금지제도에 대한 헌법불합치결정, 제한상영가 영화개념에 대한 위헌결정, 미신고 수입물품을 감정한 자에 대한 필요적 추징규정에 대한 위헌결정, 방송광고 경쟁제한제도 위헌결정, 종부세 헌법불합치결정, 간통죄 합헌결정, 안마사 자격인정에서 비맹제외기준 합헌결정, 권한쟁의 심판에 있어 제3자 소송담당 불인정 결정이 특히 중요한 판결로 여겨진다.

2008년의 헌법재판소의 결정에 있어서 다수의견과 소수의견으로 나뉜 판결이 상당수 존재하는데, 이는 역시 헌법재판의 어려움과 우리 사회 내의 이견이 반영되었다고 볼 수 있다. 2008년의 결정 중에서는 과거 결정의 판시내용을 변경하거나, 차별화하는 태도를 보인 결정이 있었는데, 학교용지 부담금을 아파트 입주자에 부과하는 것에 대해 반대하는 입장에서 부담금을 개발업자에 대해 부과하는 것에 대해서는 합헌결정을 한 것과 안마사 자격인정에 있어 비맹제외기준에 대해 그간 부정적인 태도를 보인 헌법재판소가 합헌적인 입장으로 변한 것이 대표적인 예이다. 이러한 헌법재판소의 입장전환은 물론 국민적 공감대를 반영한 것이지만, 이러한 변화에 대해 충분한 설시가 부족하지 않았나 생각된다.

또한 아쉬운 것은 의회 내 야당 교섭단체에 인정되어야 할 국회를 위한 제3자 소송담당 제도를 헌법재판소가 법률적 근거미비로 불인정한 것은 과거의 결정보다 후퇴한 것으로 현행 재판부의 보수적인 태도를 내보인 것으로 평가된다.

아래의 내용은 헌법재판소의 위헌결정과 합헌결정 중에서 의미 있는 결정들을 정리한 것으로 1년 동안의 헌법재판소의 활동에 대한 평가와 분석의 중요한 자료로 사용되기를 기대해 본다.

Ⅱ. 憲法裁判所의 重要決定 內容

1. 違憲決定 內容

(1) 한나라黨 大統領候補 李明博의 株價造作 등 犯罪嫌疑의 眞相糾明을 위한 特別檢事의 任命 등에 관한 法律[2)]

[事件의 內容]

청구인들은 2007. 12. 28. 법률 제8824호로 제정된 '한나라당 대통령후보 이명박의 주가조작 등 범죄혐의의 진상규명을 위한 특별검사의 임명 등에 관한 법률'에 의하여 특별검사의 수사 또는 조사대상이 될 사람들로서, 이 사건 특검법에 의해 평등권, 신체의 자유, 공정한 재판을 받을 권리 등이 침해되었다며 2007. 12. 28. 헌법소원심판을 청구하였다.

[爭　點]

이 사건 특검법 중 청구인들이 구체적인 위헌 주장을 하고 있는 조항들 중 쟁점은 제 6 조 제 6 항 · 제 7 항, 제18조 제 2 항(동행명령제)이다.

[判示要旨]

1) 재판관 이강국, 재판관 김희옥, 재판관 민형기, 재판관 이동흡, 재판관 목영준의 違憲意見

참고인에 대한 동행명령제도는 참고인의 신체의 자유를 사실상 억압하여 일정 장소로 인치하는 것과 실질적으로 같으므로 헌법 제12조 제 3 항이 정한 영장주의원칙이 적용되어야 한다. 그럼에도 불구하고 법

2) 헌재결 2008. 1. 10. 2007헌마1468.

관이 아닌 특별검사가 동행명령장을 발부하도록 하고 정당한 사유 없이 이를 거부한 경우 벌금형에 처하도록 함으로써, 실질적으로는 참고인의 신체의 자유를 침해하여 지정된 장소에 인치하는 것과 마찬가지의 결과가 나타나도록 규정한 이 사건 동행명령조항은 영장주의원칙을 규정한 헌법 제12조 제3항에 위반되거나 적어도 위 헌법상 원칙을 침해하는 것이다. 참고인은 수사의 협조자에 불과하므로 원칙적으로 출석의무가 없는 점, 입법론적으로 특별검사가 참고인을 강제로 소환할 절실한 필요가 있는 경우 법관에게 그 소환을 요청하여 법관의 명령으로 참고인을 소환하도록 하더라도 수사의 목적 달성에 큰 지장이 없는 점, 특별검사는 형사소송법상 출석요구에 응하지 않는 참고인에 대하여 증거보전절차(제184조) 또는 제1회 공판기일 전 증인신문의 청구(제221조의2) 절차에 의하여 '진상을 규명하기 위해 필수불가결한 참고인의 진술을 확보'할 수 있는 점 등에 비추어 보면, 이 사건 동행명령조항에 의한 신체의 자유의 제한이 입법목적 달성을 위한 필요한 최소한에 그쳤다고는 볼 수 없다. 또한 참고인 진술의 수사상 효용가치에 한계가 있기 때문에 이 사건 동행명령조항으로 달성하고자 하는 '진상을 규명하기 위해 필수불가결한 참고인의 진술 확보'라는 공익은 그 실현 여부가 분명하지 않은데 반하여, 위 조항으로 인하여 청구인들이 감수해야 할 신체의 자유에 대한 침해는 지나치게 크다. 결국 이 사건 동행명령조항은 과잉금지원칙에 위배하여 청구인들의 신체의 자유와 평등권을 침해한다.

2) 裁判官 이공현, 裁判官 김종대의 別個意見

헌법상 영장주의는 신체에 대한 직접적이고 현실적인 강제력이 행사되는 경우에만 적용되고, 형벌에 의한 불이익을 통해 심리적·간접적으로 일정한 행위를 강요하는 것에는 영장주의가 적용되지 않는다. 따라서 이 사건 동행명령조항은 영장주의 위반이 문제될 수는 없다. 과잉금지원칙에 위반하여 청구인들의 신체의 자유를 침해하였다고 보아야 한다.

[評　價]

헌법은 제12조 제 3 항에 "체포·구속·압수 또는 수색을 할 때에는 적법한 절차에 따라 검사의 신청에 의하여 법관이 발부한 영장을 제시하여야 한다"고 영장주의에 대해 규정하고 있다. 이 사건 판시에서 헌법재판소는 "동행명령제도는 실질적으로 참고인의 신체의 자유를 침해하여 지정된 장소에 인치한 결과가 나타나도록 규정한 것이어서 헌법 제12조 제 3 항의 영장주의에 위배된다"고 판시하였다.

이 결정의 의의는 동행명령제의 특성상 영장주의의 범위를 신체에 대한 직접적이고 현실적인 강제력행사의 경우 이외에도 출석의무의 이행을 심리적·간접적으로 강제하는 경우에도 적용하도록 확대한 데 있고, 이는 헌법재판소의 신체의 자유에 관한 다른 판시들과 함께 진일보한 판결로 평가하여야 한다고 본다.

향후 이러한 헌법재판소의 태도가 행정상의 즉시강제 등 다른 영역에 있어서의 신체의 자유에 대한 제한의 경우 영장주의가 적용되도록 하는 계기가 되기를 바란다.

(2) 舊 所得稅法 第43條 第 3 項 違憲提請 事件[3)]

[事件의 內容]

1) 2006헌가16

서광주세무서장은 당해 사건의 원고가 1992. 7. 16. 그 처와 공동으로 광주 동구 소재 대지 및 지상건물을 취득한 후 그 때부터 2003. 11. 12.까지 위 각 부동산의 임대사업을 하였음에도 불구하고 위 기간 동안의 임대수입금액을 신고하지 않았다는 이유로 2004. 6. 18. 구 소득세법 제43조 제 3 항에 따라 당해사건의 원고를 위 부동산임대사업의 주된 사업자로 보고 그에 대하여 1998년분부터 2003년분까지의 종합소득세를

3) 헌재결 2008. 5. 29, 2006헌가16, 2007헌가14(병합).

부과하였는데, 그 중 1998년분 종합소득세 부과처분은 제척기간 도과를 이유로 그 뒤 취소되었다.

이에 당해사건의 원고는 2005. 12. 9. 광주지방법원에 위 1999년분부터 2003년분까지의 종합소득세 부과처분의 취소를 구하는 소(2005구합4373호)를 제기하였고, 위 법원은 직권으로 위헌법률심판을 제청하였다.

2) 2007헌가14

제청신청인들은 부부로서 서울 강남구 소재 대지 및 지상건물을 공동으로 소유하면서, 2000. 12. 31.까지는 위 부동산 중 6층 내지 9층을 제외한 부분을, 2001. 1. 1.부터는 위 부동산 전부를 제청신청인들과 특수관계에 있는 신청외 주식회사에 임대하여 왔으며 신청외 주식회사는 위 부동산을 타에 전대하여 왔다.

영등포세무서장은 부당행위계산부인규정을 적용하여 신청외 주식회사가 받은 전대료 합계액과 제청신청인들이 신청외 주식회사로부터 받은 임대료의 차액을 제청신청인들의 임대수입금액에 가산하고, 제청신청인들이 위 부동산 등에서 공동사업을 한 것으로 보아 구 소득세법 제43조 제3항에 따라 제청신청인들에게 종합소득세를 부과하였다

이에 제청신청인들은 2004. 5. 19. 서울행정법원에 위 종합소득세 부과처분의 취소를 구하는 소(2004구합14205호)를 제기하는 한편, 구 소득세법 제43조 제3항이 헌법에 위반된다면서 위헌법률심판 제청신청을 하였고, 서울행정법원은 이를 받아들여 2007. 6. 21. 위헌법률심판을 제청하였다.

[爭　點]

구 소득세법 제43조 제3항 중 거주자 1인과 그와 대통령령이 정하는 특수관계에 있는 자가 부동산임대소득이 발생하는 사업을 공동으로 경영하는 사업자 중에 포함되어 있는 경우에는 당해 특수관계자의 소득금액은 그 지분 또는 손익분배의 비율이 큰 공동사업자의 소득금액으로

본다는 부분의 위헌여부가 쟁점의 대상이다.

[判示 要旨]

1) 多數意見

헌법재판소는 2006. 4. 27. 구 소득세법 제43조 3항 중 '사업소득이 발생하는 사업'에 관한 부분, 즉 "거주자 1인과 그와 대통령령이 정하는 특수관계에 있는 자가 사업소득이 발생하는 사업을 공동으로 경영하는 사업자 중에 포함되어 있는 경우에는 당해 특수관계자의 소득금액은 그 지분 또는 손익분배의 비율이 큰 공동사업자의 소득금액으로 본다"고 규정한 부분이 헌법에 위반된다는 결정을 선고한 바 있다.

이 판결에서 헌법재판소는 "이 사건 법률조항은 실질적으로 사업소득이 누구에게 귀속되었는가와 상관없이 위 부분 법률조항을 일률적으로 적용하게 함으로써, 과세 대상의 실질이나 경제적 효과가 납세자에게 발생한 것으로 볼 수 없는 상황에서도 실질조사나 쟁송 등을 통해 조세회피의 목적이 없음을 밝혀서 그 적용을 면할 수 있는 길을 열어두지 않고 있는바, 이는 일정한 외관에 의거하여 가공의 소득, 또는 소득이 귀속되지 않은 자에 대하여 과세를 하는 것으로서 조세행정의 편의만을 위주로 제정된 불합리한 법률이다. 또한, 이러한 입법형식을 정당화시켜줄 수 있는 다른 입법목적이나 조세정책적 필요성이 있다고 보이지도 않는다. 비록 공동사업을 가장한 소득의 위장 분산에 대한 개별 구체적 사정 등을 과세관청에서 실질적으로 조사하여 파악하기 어렵다 하여도 추정의 형식을 통해 그 입증 책임을 납세자에게 돌릴 수 있는바, 이러한 것이 조세행정상 과세관청의 부담을 특별히 가중시킨다고는 볼 수 없는 반면, 반증의 기회를 제공하지 않음으로써 납세자에게 회복할 수 없는 피해를 초래할 가능성이 높아, 이를 통해 달성하려는 입법목적과 사용된 수단 사이의 비례 관계가 적정하지 아니하여 헌법상 과잉금지원칙에 위반된다"고 판시한 바 있다.

위 선례의 '사업소득이 발생하는 사업'과 이 사건 법률조항의 '부동산임대소득이 발생하는 사업'의 차이는 다음과 같은 이유에서 선례의 견해를 달리 보아야 할 이유가 되지 못한다.

2) 裁判官 조대현의 反對意見

이 사건 법률조항은 동거하면서 생계를 같이하는 가족(배우자, 직계존속·직계비속·형제자매 및 그 배우자)이 공동으로 임대소득을 취득한 경우에 그러한 특수관계자를 하나의 과세단위로 파악하여 과세함과 아울러, 동거가족이 공동으로 부동산임대소득을 취득한 것처럼 가장하여 부동산임대소득을 분산시킴으로써 소득세의 누진세율 차이에 따른 조세회피행위를 방지하기 위한 것이다. 이는 실질적 조세부담능력에 합당한 과세를 하기 위한 것으로서 그 합리성을 수긍할 수 있고, 조세법률에 관한 입법형성권을 벗어난 것이라고 보기 어렵다.

동거가족이 실제로 부동산을 공유하면서 공동으로 임대하여 소득을 나누어 취득하였고 조세를 회피하려는 의도가 없었던 경우에도 그러한 사실을 증명하여 이 사건 법률조항의 적용을 피할 수 없지만, 이 사건 법률조항이 실질과세의 원칙에 어긋난다고 보기 어렵다. 수인이 공동으로 부동산임대소득을 취득한 경우에 그 소득을 개인별로 나누어 과세할 것인지, 수인이 공동으로 취득한 부동산임대소득 전체를 하나의 과세대상으로 파악하여 과세할 것인지 여부도 과세정책에 따라 조세법률로 결정할 문제라고 할 수 있기 때문이다.

[評 價]

헌법재판소는 실질적 과세규정으로서의 의제규정이 헌법적으로 용인되기 위해서는 실질조사나 쟁송 등을 통해 그 적용을 면할 수 있는 실효적인 대책이 마련되어 있거나, 과세 대상의 실질이나 그 경제적 효과가 납세자에게 발생한 것으로 볼 수 있어야 한다고 보고, 조세법적으로 이러한 입법형식을 정당화시켜 줄 수 있는 다른 입법 목적이나 조세정책적 필요성이 강한 경우이어야 하는바, 위 사건 법률의 의제규정은 이러한 경우가 아니라고 여긴다.

이러한 헌법재판소의 태도는 2006. 4. 27. 2004헌가19 구 소득세법 제43조의 위헌결정사건에서 "거주자 1인과 그와 대통령령이 정하는 특수관계에 있는 자가 사업소득이 발생하는 사업을 공동으로 경영하는 사업자 중에 포함되어 있는 경우에는 당해 특수관계자의 소득금액은 그 지분 또는 손익분배의 비율이 큰 공동사업자의 소득금액으로 본다"고 규정한 부분에 대하여 위헌결정한 판시를 이어가고 있는 것으로서 실질과세원칙에 대한 재확인을 의미하며, 조세법률의 행정편의적 태도에 제동을 건 의미 있는 판결이라고 평가된다.

(3) 醫療法 第19條의2 第 2 項(胎兒性別 告知禁止) 違憲確認[4)]

[事件의 內容]

1) 2004헌마1010 事件

청구인은 임신하여 초음파검사를 받음에 있어 의사에게 태아의 성별을 알려줄 것을 요청하였다. 그러나 담당의사는 "의료인은 태아 또는 임부에 대한 진찰이나 검사를 통하여 알게 된 태아의 성별을 임부 본인, 그 가족 기타 다른 사람이 알 수 있도록 하여서는 아니 된다"는 의료법 제19조의2 제 2 항으로 인하여 태아의 성별을 알려줄 수 없다는 이유로 이를 거절하였다. 이에 청구인은 위 의료법 규정이 자신의 기본권을 침해하였다고 주장하며, 출산을 한 달 정도 앞둔 2004. 12. 28. 이 사건 헌법소원심판을 청구하였다.

2) 2005헌바90 事件

청구인은 산부인과 전문의로서 1999년경부터 서울 동작구에서 산부인과 병원을 운영하고 있다. 그런데 보건복지부장관은 청구인이 3차례에 걸쳐 산모인에게 태아의 성별을 확인하여 주어 의료법 제19조의2 제 2

4) 헌재결 2008. 7. 31, 2004헌마1010.

항을 위반하였다는 이유로 청구인에 대하여 의사면허자격정지 6월을 명하는 처분을 하였다.

이에 청구인은 서울행정법원에 보건복지가족부장관을 상대로 하여 위 의사면허자격정지처분의 취소를 구하는 소송을 제기(2005구합16857)하고, 그 재판 계속중 의료법 제19조의2 제 2 항의 위헌 여부가 재판의 전제가 된다고 하여 위헌법률심판제청신청을 하였는바, 서울행정법원은 위 자격정지처분취소청구를 기각함과 동시에 위 위헌법률심판제청신청을 기각하였다.

그러자 청구인은 2005. 11. 4. 의료법 제19조의2 등이 청구인의 직업의 자유 등을 침해한다고 주장하며, 그 위헌확인을 구하는 이 사건 헌법소원심판을 청구하였다. 한편, 청구인은 2005. 10. 18. 서울고등법원에 항소(2005누24386)하여 현재 소송 계속 중에 있다.

[爭 點]

태아성별에 대한 고지를 금지하고 있는 구 의료법 제19조의2의 헌법위반여부

[判示要旨]

1) **裁判官 이강국, 裁判官 김희옥, 裁判官 민형기, 裁判官 목영준, 裁判官 송두환의 憲法不合致 意見**

구 의료법 제19조의2 제 2 항의 태아성별고지 금지는 낙태, 특히 성별을 이유로 한 낙태를 방지함으로써 성비의 불균형을 해소하고 태아의 생명권을 보호하기 위해 입법된 것이다. 그런데 임신 기간이 통상 40주라고 할 때, 낙태가 비교적 자유롭게 행해질 수 있는 시기가 있는 반면, 낙태를 할 경우 태아는 물론, 산모의 생명이나 건강에 중대한 위험을 초래하여 낙태가 거의 불가능하게 되는 시기도 있는데, 성별을 이유로 하는 낙태가 임신 기간의 전 기간에 걸쳐 이루어질 것이라는 전제 하에, 이 사건 규정이 낙태가 사실상 불가능하게 되는 임신 후반기에 이르러

서도 태아에 대한 성별 정보를 태아의 부모에게 알려 주지 못하게 하는 것은 최소침해성원칙을 위반하는 것이고, 이와 같이 임신후반기 공익에 대한 보호의 필요성이 거의 제기되지 않는 낙태 불가능 시기 이후에도 의사가 자유롭게 직업수행을 하는 자유를 제한하고, 임부나 그 가족의 태아 성별 정보에 대한 접근을 방해하는 것은 기본권 제한의 법익 균형성 요건도 갖추지 못한 것이다. 따라서 이 사건 규정은 헌법에 위반된다 할 것이다.

한편, 위 구 의료법 규정은 개정되어 내용에는 변함이 없이 그 조문의 위치를 의료법 제20조 제 2 항으로 옮겼는바, 이 규정 역시 의료인의 직업수행의 자유와 태아 부모의 태아성별 정보에 대한 접근을 방해받지 않을 권리를 침해하므로 헌법에 위반된다.

다만 위와 같은 이 사건 심판대상 규정들에 대해 단순위헌결정을 할 경우 태아의 성별 고지 금지에 대한 근거 규정이 사라져 법적 공백상태가 발생하게 될 것이므로 헌법불합치결정을 하기로 하는바, 의료법 제20조 제 2 항은 입법자가 2009. 12. 31.을 기한으로 새 입법을 마련할 때까지 잠정 적용하기로 하며, 구 의료법 제19조의2 제 2 항은 이미 개정되어 효력을 상실하고 있지만, 2005헌바90 당해사건과 관련하여서는 여전히 그 효력을 유지하고 있다고 할 것이므로 당해사건과 관련하여 그 적용을 중지하고, 국회가 의료법 규정을 개정하면 그 개정법률을 적용하도록 한다.

2) 裁判官 이공현, 裁判官 조대현, 裁判官 김종대의 單純違憲 意見

태아의 생명을 보호하기 위해 낙태죄를 형법이 처벌하고 있는 마당에, 여기에 더하여 이 사건 심판대상 규정들이 태아의 생명을 보호한다는 명목으로 성별고지를 금지하는 것은 입법목적 자체가 정당하지 않은 것으로서 단순위헌결정을 하여야 한다.

3) 裁判官 이동흡의 合憲意見

태아의 부가 청구한 2004헌마1010 사건의 경우는 기본권 침해가능성이 없으므로 각하를 하여야 하고, 의료인이 청구한 2005헌바90 사건에 대해서는, 임신 후반기에도 태아의 성별을 이유로 한 낙태의 가능성은 여전히 존재하므로 태아의 생명보호와 성비의 불균형 해소를 위해서는 임신 기간 전 기간 동안 태아의 성별 고지를 금지하는 것이 불가피하다고 할 것인바, 이 사건 심판대상 규정은 의료인의 직업의 자유를 침해하지 않으므로 헌법에 위반되지 않는다.

[評 價]

헌법재판소는 헌법 제10조로부터 도출되는 일반적 인격권에는 각 개인이 그 삶을 사적으로 형성할 수 있는 자율영역에 대한 보장이 포함되어 있음을 감안할 때, 장래 가족의 구성원이 될 태아의 성별 정보에 대한 접근을 국가로부터 방해받지 않을 부모의 권리는 이와 같은 일반적 인격권에 의하여 보호된다고 보아야 할 것으로 보고, 이 사건 규정이 낙태가 사실상 불가능하게 되는 임신 후반기에 이르러서도 태아에 대한 성별 정보를 태아의 부모에게 알려 주지 못하게 하는 것은 최소침해성원칙을 위반하는 것이라고 판시하고 있다.

그러나 이러한 헌법재판소의 판시는 태아의 생명권에 대한 국가의 보호의무를 과소평가하고 있고, 부모의 성별정보권에 대한 과잉금지원칙 위반 여부에 심사가 집중되어 있어 문제가 있다고 본다. 헌법이론적으로 태아의 생명권에 대한 절대적·우월적인 지위가 인정되는 것이 일반적이고, 이를 다른 기본권과 비교하는 상대적인 입장은 문제가 있다고 볼 수 있다. 이 판결에서 헌법재판소는 태아의 생명권보호와 부모의 인격권 및 의사의 직업수행의 자유에 대한 심도 있는 비교형량문제를 다루어야 했는데, 이러한 숙고의 과정이 없어 다소 그 판시내용의 전개가 단순한 측면도 있다.

(4) 映畫振興法 第21條 第3項 第5號 등 違憲提請[5)]

[事件의 內容]

주식회사 월드시네마는 2005. 11. 18. 영상물등급위원회에 카르로스 레이가다스(Carlos Reygadas) 감독의 "천국의 전쟁"(Battle in Heaven)에 대하여 등급분류 신청을 하였다.

영상물등급위원회는 2005. 11. 24. 이 사건 영화의 내용 중 "발기된 남성 성기의 구강섹스, 속까지 보여주는 여성 성기 및 발기된 남성 성기의 노골적 노출, 발기된 남성 성기 확대장면, 예수 그림 속의 음모노출, 남녀가 나체로 누워 있는 장면 등 섹스장면의 리얼함이 여과 없이 묘사되어 있고, 전례 없이 노골적인 표현으로 판단된다"는 이유로 제한상영가등급 판정처분을 하였다. 주식회사 월드시네마는 2006. 2. 28. 서울행정법원에 이 사건 처분의 취소를 구하는 행정소송을 제기하고(2006구합9085), 2006. 5. 13. 제한상영가등급 판정을 규정한 영화진흥법 제21조 제3항 제5호 등에 대하여 위헌제청신청을 하였으며(2006아935), 법원이 이 신청을 받아들여 이 사건 위헌법률심판을 제청하였다.

[爭 點]

영화진흥법 제21조 제3항 제5호는 "제한상영가" 영화에 관하여 '상영 및 광고·선전에 있어서 일정한 제한이 필요한 영화'라고 규정하고 또 동조 제7항에 "상영등급분류의 절차 및 방법, 제3항의 규정에 의한 상영등급분류의 구체적 기준 등에 관하여 필요한 사항은 영상물등급위원회의 규정으로 정한다"는 규정이 명확성의 원칙이나 위임입법의 한계를 위반한지 여부가 쟁점이 되었다.

---

5) 헌재결 2008. 7. 31, 2007헌가4.

[判示要旨]

1) 裁判官 이강국, 裁判官 민형기, 裁判官 이동흡, 裁判官 송두환의 憲法不合致 意見

영화진흥법 제21조 제3항 제5호는 "제한상영가" 영화에 관하여 '상영 및 광고·선전에 있어서 일정한 제한이 필요한 영화'라고 규정하여 이 등급의 영화가 사후에 어떠한 법률적 제한을 받을지를 규정할 뿐, 제한상영가 영화가 어떤 영화인지를 밝히고 있지 않고, 이 규정 이외에 다른 관련 규정들도 제한상영가 등급의 영화가 어떤 영화인지를 알려주고 있지 않으므로 위 영화진흥법 규정은 명확성 원칙에 위배된다는 것이다.

한편, 영진법 제21조 제7항 후문 중 '제3항 제5호' 부분의 위임 규정은 영화상영등급분류의 구체적 기준을 영상물등급위원회의 규정에 위임하고 있는데, 이 사건 위임 규정에서 위임하고 있는 사항은 제한상영가 등급분류의 기준에 대한 것으로 그 내용이 사회현상에 따라 급변하는 내용들도 아니고, 특별히 전문성이 요구되는 것도 아니며, 그렇다고 기술적인 사항도 아닐 뿐만 아니라, 더욱이 표현의 자유의 제한과 관련되어 있다는 점에서 경미한 사항이라고도 할 수 없는데도, 이 사건 위임 규정은 영상물등급위원회 규정에 위임하고 있는바, 이는 그 자체로서 포괄위임금지원칙을 위반하고 있다고 할 것이다. 나아가 이 사건 위임 규정은 등급분류의 기준에 관하여 아무런 언급 없이 영상물등급위원회가 그 규정으로 이를 정하도록 하고 있는바, 이것만으로는 무엇이 제한상영가 등급을 정하는 기준인지에 대해 전혀 알 수 없고, 다른 관련 규정들을 살펴보더라도 위임되는 내용이 구체적으로 무엇인지 알 수 없으므로 이는 포괄위임금지원칙에 위반된다 할 것이다.

이 사건 심판대상 조항들은 헌법에 위반되므로 원칙적으로 위헌결정을 하여야 할 것이나, 위헌결정을 하여 당장 그 효력을 상실시킬 경우 제한상영가 등급의 영화에 대한 법적 근거가 상실되어 법적 공백상태가 발생할 것이므로 이를 방지하기 위하여 헌법불합치결정을 한다.

2) 裁判官 김종대, 裁判官 목영준의 憲法不合致 意見

이 규정이 영화상영등급 분류기준에 관하여 영상물등급위원회의 규정에 위임하고 있는 것은 국민의 권리·의무에 관한 법규적 사항을 헌법상 열거된 법규명령이 아닌 행정규칙에 위임한 것으로서 포괄위임금지원칙에 위반되어 헌법에 위반된다고 하였다.

3) 裁判官 조대현의 單純違憲意見

영화의 제한상영가 등급에 관한 영화진흥법이나 '영화 및 비디오물의 진흥에 관한 법률' 규정들은 영화의 자유를 본질적으로 침해하므로 헌법에 위반된다.

4) 裁判官 이공현, 裁判官 김희옥의 合憲意見

이 규정들은 비교적 명확하고, 위임되는 내용에 대해서도 구체적으로 정하고 있으므로 명확성 원칙이나 포괄위임금지원칙에 위배되지 않는다.

[評　　價]

위 판결은 제한상영가의 개념에 대한 모호성과 영화상영등급분류의 구체적 기준을 영상물등급위원회의 규정에 위임하고 있어, 헌법이 요구하는 명확성의 원칙과 위임입법의 한계를 위반하여 위헌이라는 입장이다. 이러한 헌법재판소의 태도는 출판사및인쇄소의등록에관한법률사건(헌재결 1998. 4. 40, 95헌가16), 인터넷상 불온통신금지 사건(헌재결 2002. 6. 27, 99헌마480)의 논리를 이어받아 법치국가에 있어 예측가능성과 명확성의 요구를 적용한 판결로 간주되며, 우리 헌법재판소의 그간의 표현의 자유보호를 위한 노력의 연장선에 놓인 판시로 평가된다.

(5) 舊音盤・비디오물및게임물에관한法律 제20조 제4항 違憲提請[6)]

[事件의 內容]

제청신청인은 씨네프로의 대표로서 '씨네프로컬렉션'이라는 제목의 비디오물을 직접 제작・감독하여 이 사건 비디오물을 유통시키기 위하여 영상물등급위원회에 등급분류 신청을 하였으나, 영상물등급위원회는 이 사건 비디오물의 음란성 등을 문제삼아 구 '음반・비디오물 및 게임물에 관한 법률' 제20조 제4항에 근거하여 10일의 등급분류 보류결정을 하였고, 제청신청인이 다시 영상물등급위원회에 등급분류 신청을 하자, 위 위원회는 2003. 3. 20. 마찬가지의 이유로 같은 조항에 근거하여 3개월의 등급분류 보류결정을 하였다.

이에 제청신청인은 2003. 3. 31. 서울행정법원에 영상물등급위원회를 상대로 하여 이 사건 처분의 취소를 구하는 소송(2003구합9954)을 제기하는 한편, 그 재판 계속 중에 재판의 전제가 된 구 '음반・비디오물 및 게임물에 관한 법률' 제20조 제4항 중 '비디오물' 부분이 사전검열을 금지하는 헌법 제21조에 위반된다고 주장하며 위헌심판제청신청(2003아2234)을 하였고 서울행정법원은 이를 받아들여 이 사건 위헌제청을 하였다.

[爭　　點]

영상물등급위원회에 의한 비디오물 등급분류 보류제도를 규정하고 있는 구 음반・비디오물 및 게임물에 관한 법률 제20조 제4항이 행정기관에 의한 사전 검열에 해당하는지 여부가 쟁점이 되었다.

---

6) 헌재결 2008. 10. 30, 2004헌가18.

[判決要旨]

1) 8人의 多數意見

의사표현의 매개체는 어떠한 형태이건 제한 없이 헌법 제21조 제1항이 보장하고 있는 언론·출판의 자유의 보호대상이 되므로 비디오물도 언론·출판의 자유에 의해서 보호되는 의사표현의 매개체임은 명백하다. 또한, 헌법 제21조 제2항에서 말하는 검열은 실질적으로 행정권이 주체가 되어 사상이나 의견 등이 발표되기 이전에 예방적 조치로서 그 내용을 심사, 선별하여 발표를 사전에 억제하는, 즉 허가받지 아니한 것의 발표를 금지하는 제도를 뜻하고, 이러한 사전검열은 법률로써도 불가능한 것으로서 절대적으로 금지된다.

영상물등급위원회에 의한 등급분류보류는 비디오물 등급분류의 일환으로 유통 전에 비디오물을 제출받아 그 내용을 심사하여 이루어질 뿐 아니라, 영상물등급위원회는 그 위원을 대통령이 위촉하고, 위원회의 운영에 필요한 경비를 국고에서 보조할 수 있으며, 국고 예산 등이 수반되는 사업계획 등은 미리 문화관광부장관과 협의하도록 규정하고 있고, 등급을 분류받지 아니한 비디오물은 유통이 금지되어 등급분류가 보류된 비디오물이나 등급분류를 받지 아니한 비디오물에 대하여 문화관광부장관 등은 관계공무원으로 하여금 이를 수거하여 폐기하게 할 수도 있고 이를 유통 또는 시청에 제공한 자에게는 형벌까지 부과될 수 있으며, 등급분류보류의 횟수제한이 설정되어 있지 않아 무한정 등급분류가 보류될 수 있다. 따라서 영상물등급위원회는 실질적으로 행정기관인 검열기관에 해당하고, 이에 의한 등급분류보류는 비디오물 유통 이전에 그 내용을 심사하여 허가받지 아니한 것의 발표를 금지하는 제도, 즉 검열에 해당되므로 헌법에 위반된다.

2) 裁判官 조대현의 限定違憲意見

이 사건 법률조항을 헌법 제21조 제2항의 언론에 해당하는 비디오물에 적용하거나 비디오물의 등급분류를 3개월을 초과하여 보류하기 위하여 적용하는 것은 헌법에 위반된다.

이번 위헌 결정으로 인해 위 조항은 이 날부터 효력을 상실한다.

[評 價]

위 사건은 영상물등급위원회에 의한 실질적인 검열행위에 대해 헌법재판소가 제동을 건 것으로, 외형적으로 민간인으로 구성된 기구라 하더라도, 국가에 의하여 검열절차가 법률로 계획되고 의도되어 있기 때문에 행정청에 의한 사전검열이라고 판단한 것이다.

이 사건 판시는 과거의 결정인 공연윤리위원회에 의한 영화의 사전심의 위헌결정(헌재결 1996. 10. 4, 93헌가13), 한국공연예술진흥협의회에 의한 비디오물의 사전심의 위헌결정(헌재결 1999. 9. 16, 99헌가1), 영상물등급위원회의 영화에 대한 등급분류보류제도에 대한 위헌결정(헌재결 2001. 8. 30, 2000헌가9)의 정신을 그대로 이어받은 것이다.

(6) 學校用地確保 등에 관한 特例法 제2조 제2호 등 違憲提請[7)]

[事件內容]

잠실22번지 아파트재건축조합은 서울특별시 강동교육청 교육장과의 사이에서 잠신초등학교의 기존교사를 개축하여 위 강동교육청에 기부채납하고, 잠신중학교의 교육환경 확보를 위한 조치를 취하기로 하는 내용의 협약을 체결하였다. 그 후 송파구청장은 이 사건 조합에 대하여 아파트 및 부대시설로 65동 5,536세대, 주거중심시설 1동을 건축하는 내용의 사업계획을 승인하면서 “초등학교 개축에 관하여는 교육청과의 협약을 준공 전까지 이행하시기 바랍니다”라는 내용 등의 사업계획승인조건을 부가하였다.

위 조합은 이후 분양을 완료하였는데, 송파구청장은 위와 같은 협약

7) 헌재결 2008. 9. 25, 2007헌가9.

에도 불구하고 위 조합에게 '구 학교용지 확보 등에 관한 특례법' 제2조 제2호, 제5조 제1항 본문에 따라 위 일반분양분 1,115세대에 대해 학교용지부담금 1,128,348,800원을 부과하였고, 위 조합은 이러한 부과처분에 불복하여 송파구청장을 상대로 2006구합24749호로 그 취소를 구하는 행정소송을 제기하였다. 이에 제청법원은 특례법 제2조 제2호, 제5조 제1항 본문, 제5조 제4항이 헌법에 위반된다는 판단 하에 위 조항들에 대하여 직권으로 위헌법률심판제청을 하였다.

[爭　點]

개발사업자에게 학교부담금을 부과하는 것이 헌법상 무상교육제도에 위반되는지 여부 및 '구 학교용지확보 등에 관한 특례법' 제5조 제4항이 기부채납한 사업자 중에서 신축의 경우에는 학교부담금을 면제하고, 증축의 경우에는 관련규정이 없는 것이 헌법상 평등의 원칙에 위반되는지 여부가 쟁점이 되었다.

[判示內容]

1) **多數意見**

일정규모 이상의 개발사업을 통해 학교신설의 수요를 야기한 개발사업자라는 동질적인 특정요소를 가진 집단을 부과대상으로 하여 부과대상 사이에 내부적·외부적 동질성이 존재한다. 이들은 개발사업을 통해 이익을 얻었다는 점에서 학교시설 확보라는 공적 과제와 밀접한 관련성을 가지고 있을 뿐만 아니라 이에 대해 일정한 부담을 져야 할 책임도 가지고 있다. 따라서 이들에 대한 학교용지부담금 부과는 평등의 원칙에 반하지 않는다.

또한 학교용지부담금 제도는 '학교용지 확보를 위한 새로운 재원의 마련'이라는 정당한 입법목적의 달성을 위한 적절한 수단으로서 부담금의 부과율이 지나치게 높아 납부의무자에게 과도한 부담을 지우는 것이라고 볼 수 없고, 교육의 기회를 균등하게 보장해야 한다는 공익과 사인의 재산적 이익을 적절히 형량하고 있다. 따라서 이 사건 법률조항은 납부의무자인 개발사업자의 재산권 제한에 있어 비례원칙을 준수하고 있다고 할 것이다.

기존학교를 증축하여 기부채납한 경우를 필요적 면제사유로 정하고 있지 아니한 것은 학교용지를 기부채납한 자와 학교건물을 증축하여 기부채납한 자는 위 특례법상 목적 달성에 기여하였다는 점에서 동일하다 할 것인데, 학교용지를 기부채납한 자에 대하여만 이중의 부담을 방지할 수 있는 필요적 면제 규정을 두고, 학교건물을 증축하여 기부채납한 자에 대해서는 이를 위한 일체의 규정을 두지 아니한 것에 합리적 이유를 발견할 수 없다. 따라서 특례법 제5조 제4항은 평등의 원칙에 반하는 것이나, 이에 대하여 단순위헌을 선언할 경우 학교용지를 확보하여 기부채납한 자나 학교신설 수요를 야기하지 아니한 자에게 부담금을 필요적으로 면제하도록 한 규정이 효력을 잃게 되어 법치국가적으로 용인하기 어려운 법적 공백상태가 발생한다 할 것이므로 이에 대하여 잠정 적용을 명하는 헌법불합치 결정을 선고한다.

2) **裁判官 이공현, 裁判官 민형기의 反對意見**

의무교육을 위한 재원을 마련함에 있어 그 부과대상이 누구인지를 불문하고 부담금이라는 수단을 동원하는 것은 그 자체로 헌법상 의무교육의 무상성에 반한다. 교육시설의 확보는 일반적 공익사업이며, 단지 개발사업을 통해 이익을 취했다는 이유만으로 개발사업자가 학교신설에 대해 밀접한 관련성이나 책임을 가지고 있다고 보기는 어려우므로 이 사건 법률조항은 개발사업자를 합리적인 이유 없이 차별하는 것으로 평등원칙에 반하고, 부담금의 최종적인 부담이 수분양자에게 전가될 것이 분명하다는 점과 개발사업자에게 형평에 맞는 몫 이상을 부담하게 한다는 의심이 존재한다는 점 등을 고려할 때 이 사건 법률조항은 재산권 제한에 있어서 비례원칙도 준수하였다고 볼 수 없다.

3) 特例法 第5條 第4項에 대한 裁判官 조대현의 反對意見

학교의 건축·기부가 법률상 근거 없이 공권력의 불법적인 강요에 의하여 이루어지는 경우 이를 학교용지부담금의 면제사유로 규정하게 할 것이 아니라 이러한 행정청의 행위 및 효과를 근본적으로 부정하는 방향으로 국민의 기본권을 보장하여야 할 것이다.

[評 價]

헌법재판소는 지난 2005. 3. 31. 수분양자를 부과대상자로 하는 학교용지부담금 제도가 의무교육의 무상성에 반하고 평등의 원칙 및 비례의 원칙에 위반된다는 이유로 위헌이라는 결정(2003헌가20)을 선고한 바 있다. 위 판결은 개발사업자에게 학교용지부담금을 징수하는 것은 합헌으로 판단하고 있으나, 개발사업자의 부담이 결국 수분양자에게 전가될 것이 명백하므로 이러한 점에서 위 판결은 신중하지 못한 결정으로 판단된다.

국가의 초등교육 무상제공원칙은 헌법의 명령이며, 이념이기 때문에 위 판결은 법률에 의한 헌법정신의 침해에 대해 보다 더 엄격한 태도를 보였어야 했는데, 개발업자에 대한 국가책무의 이전은 경제적인 평가로서는 긍정적으로 검토될 수는 있겠으나, 법적인 판단인 헌법재판에 있어 다소 무리한 이유설시라고 판단된다.

(7) 關稅法 第274條(未申告 輸入物品을 鑑定한 者에 대한 必要的 追徵規定) 등 違憲訴願[8)]

[事件內容]

청구인들은 보석감별감정원을 운영하는 자들로서 공모하여 밀수입한 다이아몬드 총 735개 시가 865,590,000원 상당을 감정하였다는 범죄사실로 기소되었다.

서울중앙지방법원과 서울고등법원에서 실형과 벌금 및 478, 560,000

8) 헌재결 2008. 10. 30, 2008헌바11.

원의 추징을 선고받고 대법원에 상고함과 동시에 관세법 제274조 중 '감정한 자' 부분이 헌법에 위반된다며 대법원에 위헌제청을 신청하였으나 위 법원은 2008. 1. 17. 위 상고를 기각함(2006도455)과 동시에 위 위헌제청신청을 기각하였다(2007초기111). 이에 청구인들은 2008. 2. 22. 헌법재판소법 제68조 제2항에 따라 관세법 제274조 제1항 중 '감정한 자' 부분 및 관세법 제282조 제2항, 제3항 가운데 제274조 제1항 제1호 중 '감정한 자'에 관하여 적용되는 부분에 대하여 이 사건 헌법소원심판을 청구하였다.

[爭　點]

관세법상 미신고 수입물품을 감정한 자에 대한 형사처벌 및 필요적 몰수 규정과 세법상 미신고 수입물품을 감정한 자에 대한 필요적 추징 규정의 위헌 여부가 쟁점이 되었다.

[判示要旨]

1) 6人의 一部違憲意見

미신고 수입물품을 감정하는 행위는 미신고 수입물품의 시중유통의 억제를 통하여 미신고 수입을 근절한다는 입법목적을 달성하기 위해서 이에 대한 형사처벌은 적절한 수단이라 할 수 있고 고의에 의한 감정행위만을 처벌하고 있으므로 이 사건 처벌조항은 헌법상 비례의 원칙에 위배되지 않고 헌법 제15조가 규정한 감정인의 직업선택의 자유를 침해하지 아니한다.

신고를 요건으로 하는 수입통관절차를 고려할 때 미신고 수입행위뿐만 아니라 미신고 수입물품의 유통 또한 억제할 필요가 있으므로 미신고 수입물품을 통한 범죄의 반복 및 이득의 금지를 위해서는 유통의 각 단계에서도 범인이 이를 소유 또는 점유하고 있는 한 몰수할 필요성이 있고 이를 임의적 규정으로 하여서는 위와 같은 입법목적을 달성할 수 없으므로 미신고 수입물품을 감정한 자로부터 필요적으로 몰수하는 것은 헌법상 과잉금지의 원칙 및 평등의 원칙에 위반되지 않는다.

관세법상 미신고 수입물품을 몰수할 수 없는 때에는 물품의 범칙 당시의 국내도매가격에 상당한 금액을 추징하게 되는바, 미신고 수입물품을 감정한 자는 범죄행위로 인하여 감정수수료 소정의 이득을 얻을 뿐이므로 이는 미신고 수입물품을 감정한 자에게 오로지 징벌적인 의미만을 가지는 입법조치라 할 것이다. 추징도 형의 일종이므로 헌법상 과잉금지의 원칙의 제한을 받는다 할진대, 미신고 수입물품을 감정하는 행위는 미신고 수입물품을 취득·양여·운반·보관 또는 알선하는 행위와 동일한 법정형으로 규율되고 있으나 그 취득과 무관하고 미신고 수입물품의 유통에 직접 관여하는 행위가 아니라 이를 원활하게 하는 행위에 불과하다. 그리고 동일한 법정형이라도 법정형은 상대적으로 폭이 넓어 법관의 양형에 의해 구체적 타당성을 기할 수 있으나 필요적 규정의 경우 위와 같은 사정을 고려할 수 있는 가능성이 일체 배제된다. 또한 미신고 수입물품을 감정한 자에 대한 엄벌의 목적은 주형을 통해서도 충분히 그 목적을 달성할 수 있다. 그러므로 미신고 수입물품을 감정한 자로부터도 그 물품에 대한 몰수가 불가능한 경우 물품의 범칙 당시의 국내도매가격에 상당한 금액을 필요적으로 추징하도록 규정한 것은 오로지 징벌적 목적의 달성만을 위해 위와 같은 사정을 고려할 수 있는 가능성을 일체 배제하고 있다 할 것이므로 헌법상 과잉금지의 원칙에 위반된다고 할 것이다.

2) 裁判官 이강국, 裁判官 이공현의 合憲意見

밀수범죄는 대체로 조직적·계획적으로 이루어지는 경향이 있어 범죄행위로 인한 구체적인 이득액을 가리기 어렵고 특히 감정이 개입되는 미신고 수입물품의 경우 감정행위가 그 유통에 있어 필수적·결정적 역할을 담당한다는 점 등을 고려할 때 미신고 수입물품을 감정한 자에게도 범칙 물품을 몰수할 수 없는 때에 필요적 추징 규정을 적용할 필요가 있다고 할 것이고 이를 임의적 규정으로 하여서는 위와 같은 징벌적 목적을 달성할 수 없다고 보아야 하므로 이 사건 필요적 몰수·추징 조항 중 "추징" 부분은 헌법에 위반되지 아니한다.

3) 裁判官 조대현의 全部違憲意見

수입신고를 하지 아니하고 수입한 자를 처벌하고 그로부터 수입물품을 몰수·추징할 필요는 있으나, 수입금지품의 경우와 달리 수입신고만 하면 유통시킬 수 있는 물품에 대한 감정행위까지 형사처벌하고 미신고 수입물품을 감정한 자로부터 그 물품을 필요적으로 몰수·추징하도록 하는 것은 감정행위에 관한 직업수행의 자유를 과도하게 제한하는 것으로서 헌법 제15조 및 제37조 제 2 항에 위반된다.

[評　價]

헌법재판소는 지난 1998. 3. 26. 밀수품을 취득·양여·운반·보관·알선 또는 감정한 자를 형사처벌하도록 규정한 구 관세법 제181조 제 1 항 중 "감정" 부분에 대하여 헌법에 위반되지 않는다는 결정(97헌마194)을 선고한 바 있다. 이번 판결에서도 미신고 물품에 대한 감정행위를 처벌하는 것은 합헌으로 보고 있다.

이 사건 결정은 부가형의 성질을 가지고 있는 몰수·추징의 경우도 헌법상 과잉금지의 원칙에 위배되지 않아야 한다는 것과 이득의 박탈이 아닌 징벌적 목적의 달성만을 위한 필요적 추징 규정의 경우 상대적으로 선택의 폭이 넓은 법정형의 경우와 달리 구체적 타당성을 고려할 수 있는 가능성이 일체 배제되므로 엄격한 심사가 가능함을 밝힌 것이라 할 수 있다.

(8) 舊 綜合不動産稅法 第 5 條 등 違憲訴願[9)]

[事件內容]

청구인들 및 제청신청인은 주택 또는 종합합산과세대상 토지를 소

9) 헌재결 2008. 11. 13, 2006헌바112.

유하고 있어 관할 세무서장으로부터 2005년분 또는 2006년분 종합부동산세의 부과처분을 받고, 이에 대하여 그 처분의 취소를 구하거나 납부 후 경정청구에 대한 거부처분의 취소를 구하는 소송절차에서 위 처분의 근거법률인 종합부동산세법의 관련 규정에 대하여 각각 위헌법률심판 제청신청을 하였다.

이에 대하여 법원이 개정 종합부동산세법 중 세대별 합산 관련규정에 대해서만 이를 받아들여 이 사건 2008헌가12 위헌심판 제청을 하고 나머지 제청신청을 기각하자, 청구인들이 구 종합부동산세법에 대하여 이 사건 헌법소원심판을 각각 청구하였다.

[爭　　點]

종합부동산세가 재산세와 중복되어 이중과세에 해당되는지 여부, 미실현이익에 대한 과세가 재산권을 침해하는지, 부부합산과세가 헌법정신에 위반되는지 여부, 1주택 장기보유자에 대한 종합부동세가 과잉금지원칙에 위배되는지 등이 쟁점이었다.

[判示要旨]

1) 多數意見

i) 綜合不動産稅 制度와 관련한 憲法的 爭點

a) **二重課稅의 問題**　　재산세와의 사이에서는 동일한 과세대상 부동산이라고 할지라도 지방자치단체에서 재산세로 과세되는 부분과 국가에서 종합부동산세로 과세되는 부분이 서로 나뉘어져 재산세를 납부한 부분에 대하여 다시 종합부동산세를 납부하는 것이 아니고, 양도소득세와 사이에서는 각각 그 과세의 목적 또는 과세 물건을 달리하는 것이므로, 이중과세의 문제는 발생하지 아니한다.

b) **遡及立法 課稅의 問題**　　구 종합부동산세법 부칙 제2조는 구 종합부동산세법이 그 시행 후 최초로 납세의무가 성립하는 종합부동산세에 대하여 적용됨을 명백히 규정하고 있으므로, 구 종합부동산세법

이 시행된 후 과세기준일 현재 과세대상 부동산에 대하여 종합부동산세를 부과하는 것은 소급입법에 의한 과세라고 하기는 어렵다.

c) **未實現 利得에 대한 課稅 및 原本蠶食의 問題** 종합부동산세는 본질적으로 부동산의 보유사실 그 자체에 담세력을 인정하고 그 가액을 과세표준으로 삼아 과세하는 것으로서, 일부 수익세적 성격이 있다 하더라도 미실현 이득에 대한 과세의 문제가 전면적으로 드러난다고 보기 어렵고, 그 부과로 인하여 원본인 부동산가액의 일부가 잠식되는 경우가 있다 하더라도 그러한 사유만으로 곧바로 위헌이라 할 수는 없을 것이다.

d) **自治財政權 侵害의 問題** 부동산 보유세를 국세로 할 것인지 지방세로 할 것인지는 입법정책의 문제에 해당되고, 입법정책상 종합부동산세법이 부동산 보유세인 종합부동산세를 국세로 규정하였다 하더라도 지방자치단체의 자치재정권의 본질을 훼손하는 것이라고 보기 어려우므로 종합부동산세를 국세로 규정한 종합부동산세법이 헌법에 위반된다고 볼 수 없다.

e) **憲法 第119條 違反의 問題** 국가에 대하여 경제에 관한 규제와 조정을 할 수 있도록 규정한 헌법 제119조 제 2 항이 보유세 부과 그 자체를 금지하는 취지로 보이지 아니하므로 주택 등에 보유세인 종합부동산세를 부과하는 그 자체를 헌법 제119조에 위반된다고 보기 어렵다.

ii) 世代別 合算課稅와 憲法 第36條 第 1 項 違反 與否 혼인한 부부 또는 가족과 함께 세대를 구성한 자에게 더 많은 조세를 부과하는 것이 혼인과 가족생활을 특별히 더 보호하도록 한 헌법 제36조 제 1 항에 위반되는지 여부가 문제되고, 특정한 조세 법률조항이 혼인이나 가족생활을 근거로 부부 등 가족이 있는 자를 혼인하지 아니한 자 등에 비하여 차별 취급하는 것이라면 비례의 원칙에 의한 심사에 의하여 정당화되지 않는 한 헌법 제36조 제 1 항에 위반된다.

우리 민법은 부부별산제를 채택하고 있고 배우자를 제외한 가족의 재산까지 공유로 추정할 근거규정이 없고, 공유재산이라고 하여 세대별로 합산하여 과세할 당위성도 없으며, 부동산 가격의 앙등은 여러 가지 요인이 복합적으로 작용하여 발생하는 것으로서 오로지 세제의 불비 때문에 발생하는 것만이 아니며, 이미 헌법재판소는 자산소득에 대하여 부부간 합산과세에 대하여 위헌 선언한 바 있으므로 적절한 차별취급이라 할 수 없다.

또한 부동산실명법상의 명의신탁 무효 조항이나 과징금 부과 조항, 상속세 및 증여세법상의 증여 추정규정 등에 의해서도 조세회피의 방지라는 입법목적을 충분히 달성할 수 있어 반드시 필요한 수단이라고 볼 수 없다.

그리고 이 사건 세대별 합산규정으로 인한 조세부담의 증가라는 불이익은 이를 통하여 달성하고자 하는 조세회피의 방지 등 공익에 비하여 훨씬 크고, 조세회피의 방지와 경제생활 단위별 과세의 실현 및 부동산 가격의 안정이라는 공익은 입법정책상의 법익인데 반해 혼인과 가족생활의 보호는 헌법적 가치라는 것을 고려할 때 법익균형성도 인정하기 어렵다.

iii) 綜合不動産稅 賦課로 인한 財産權 侵害 與否 　주택의 경우에는 헌법 제35조 제3항에서 특별한 보호가치가 있음을 천명하고 있고, 인간으로서의 존엄과 가치를 가진 개인의 주거로서 쾌적한 주거생활을 통하여 행복을 추구할 권리를 실현할 장소로 필수 불가결할 뿐만 아니라 합리적인 주택공급 정책의 수단을 통하여도 국민의 주거생활 안정을 도모할 수 있다는 점에서 주택의 가격을 기준으로 고액의 주택을 보유한 자를 정책 집행의 대상으로 삼아 주택가격을 안정시키려는 수단의 선택은 보다 엄격한 헌법적 심사의 기준에서 이루어져야 할 것이다.

이 사건 종합부동산세의 납세의무자 중 적어도 주거 목적으로 한 채의 주택만을 보유하고 있는 자로서, 그 중에서도 특히 일정한 기간

이상 이를 보유하거나 또는 그 보유기간이 이에 미치지 않는다 하더라도 과세 대상 주택 이외에 별다른 재산이나 수입이 없어 조세지불 능력이 낮거나 사실상 거의 없는 자 등에 대하여 주택분 종합부동산세를 부과함에 있어서는 그 보유의 동기나 기간, 조세 지불능력 등과 같이 정책적 과세의 필요성 및 주거생활에 영향을 미치는 정황 등을 고려하여 납세의무자의 예외를 두거나 과세표준 또는 세율을 조정하여 납세의무를 감면하는 등의 과세 예외조항이나 조정장치를 두어야 할 것임에도 이와 같은 주택 보유의 정황을 고려하지 아니한 채 다른 일반 주택 보유자와 동일하게 취급하여 일률적 또는 무차별적으로, 그것도 재산세에 비하여 상대적으로 고율인 누진세율을 적용하여 결과적으로 다액의 종합부동산세를 부과하는 것이므로, 그 입법 목적의 달성에 필요한 정책수단의 범위를 넘어 과도하게 주택 보유자의 재산권을 제한하는 것으로서 피해의 최소성 및 법익 균형성의 원칙에 어긋난다고 보지 않을 수 없다.

iv) 憲法不合致 決定과 暫定適用 命令 이 사건 주택분 종합부동산세 부과규정을 단순위헌으로 선언하여 즉시 효력을 상실하게 할 경우에는 주택분에 대한 종합부동산세를 전혀 부과할 수 없게 되는 등 법적인 공백 상태를 초래하게 되고, 일부 위헌적인 요소가 있는 이 사건 주택분 종합부동산세 부과규정을 존속시킬 때보다 단순위헌의 결정으로 인하여 더욱 헌법적 질서와 멀어지는 법적 상태가 초래될 우려가 있고, 위헌적인 규정을 구체적으로 어떠한 내용으로 합헌적으로 조정할 것인지는 원칙적으로 입법자의 형성재량에 속하므로 이 사건 주택분 종합부동산세 부과규정에 대하여는 헌법불합치 결정을 선고하되, 다만 입법자의 개선입법이 있을 때까지 계속 적용을 명하기로 한다.

2) 裁判官 조대현, 裁判官 목영준, 裁判官 김종대의 反對意見

i) 憲法不合致 部分에 대한 裁判官 목영준의 一部 合憲意見 납세의무자의 주관적 요소에 따라 납세의무자 여부와 적용세율을 달리하는 것은 재산세의 성격에 비추어 타당하지 않고, 종합부동산세법상 납세

의무자의 범위와 세율이 조세정책에 관한 입법자의 재량범위를 벗어났다고 볼 수도 없다.

그러나 주택의 장기보유자에 대한 조세부과는 '주택의 가격안정'이라는 목적을 이루기 위한 범위를 벗어날 뿐 아니라 이를 달성하는데 아무런 도움을 주지 못하므로, 과세표준을 시가에 근접한 공시가격을 기준으로 정하면서도 과세표준의 상승폭 제한 또는 물가상승에 따른 보유공제 등 과세표준에 대한 조정장치를 마련하지 않은 것은 헌법상 과잉금지 원칙에 위반하여 주택장기보유자의 재산권을 침해함으로써, 헌법에 합치되지 않는다 할 것이다.

ii) 裁判官 조대현의 合憲意見 종합부동산세의 본질은 국가재원을 조달하기 위한 재산보유세이고, 부동산 투기억제나 부동산 가격안정을 근본목적으로 하는 것이 아니므로, 과세대상 부동산의 장기보유 여부나 보유목적의 투기성 여하에 따라 종합부동산의 과세 여부나 과세범위를 달리하여야 하는 것은 아니므로, 종합부동산세를 부과하면서 주거목적으로 보유하는 1주택의 경우에 장기보유 여부나 다른 재산·소득의 유무를 고려하지 않고 일률적으로 과세하는 것이 헌법에 위반된다고 볼 수 없다.

종합부동산세의 세대별 합산과세제도는 세대별 부동산 보유를 하나의 과세단위로 파악하는 조세정책적 결정이고, 세대원들의 소유명의 분산을 통한 조세회피행위를 방지하여 종합부동산세 부담의 실질적 공평을 도모하려는 것이므로, 조세부담능력을 잘못 파악하였다거나 응능부담의 원칙에 어긋난다거나 헌법 제36조 제1항 또는 제11조 제1항에 위반된다고 보기 어렵다.

iii) 裁判官 김종대의 合憲意見 세대별 합산과세방식에 관해 보건대, 주택은 그 소유권이야 개인별로 귀속되겠지만, 그 사용은 세대를 이루어 사는 가족들의 공동주거로 쓰이는 특수성이 있다. 이 같은 과세목적물인 주택의 특성상 같은 세대를 구성한 구성원이 여러 주택을 소유하고 있을 때 개인별로 과세 않고 이를 세대별로 합산과세 하겠다는 것은 입법목적을 달성하기 위해 꼭 필요할 뿐 아니라 과세단위에 관한 논리상의 결함도 없으므로, 헌법에 위반된다고 볼 수 없다.

1주택 보유자에 대한 과세예외조항에 관해 보건대, 주거목적의 1주택이라고 해도 고가의 주택보유자에 대해서는 그 주택가액에 상응하는 보유세를 부담하게 함으로써 조세부담의 형평성을 제고할 필요가 있고, 그와 같은 주택보유자에 대하여 보유기간이나 조세지불능력을 고려한 과세예외조항이나 조정장치를 두지 않았다고 하여 입법재량의 한계를 일탈하였다고 보기는 어려우므로, 헌법에 위반된다고 볼 수 없다.

[評　　價]

세대별 합산 과세방법은 헌법재판소가 과거 부부자산소득 합산과세 제도에 대하여 위헌선언을 한 것과 동일한 맥락에서 헌법 제36조 제1항에 위반된다는 단순위헌을 선언한 것이고, 한편 종합부동산세의 과세표준 및 세율로 인한 납세의무자의 세부담 정도는 입법재량의 범위 내에 있지만, 주택분 종합부동산세의 경우에는 납세의무자 중 적어도 주거목적으로 1주택 장기보유자 등 일정한 경우에까지 과세 예외조항이나 조정장치를 두지 아니하고 일률적 또는 무차별적으로, 그것도 재산세에 비하여 상대적으로 고율인 누진세율을 적용하여 다액의 종합부동산세를 부과하는 것은, 그 입법 목적의 달성에 필요한 정책수단의 범위를 그러한 주택 보유자의 재산권을 침해한다고 보아 잠정적용의 헌법불합치 선언을 한 것이다. 이러한 헌법재판소의 판시태도는 그간의 결정에서 보여준 조세제도의 흠결에 대해 재산권보호에 충실한 판결의 내용을 이어받는 것이어서 일관성 있고, 논리적인 판결이라 평가할 수 있다.

(9) 放送法 第73條 第5項 등 違憲確認[10)]

[事件內容]

청구인은 국내외 지상파 방송광고 판매대행 사업 및 국내외 CATV, 위성방송, DMB 등의 방송광고 판매대행 사업 등을 목적으로 설립된 주식회사로서 현재 CATV나 위성방송, DMB 등에 대하여 방송광고 판매대행 사업을 하고 있다.

그런데 방송법 제73조 제5항은, 지상파 방송사업자는 한국방송광고공사 또는 대통령령이 정하는 방송광고 판매대행사가 위탁하는 방송광고물 이외에는 방송광고를 할 수 없도록 하고 있고, 방송법시행령 제59조 제3항에서는 대통령령이 정하는 방송광고 판매대행사를 방송광고 판매대행을 위하여 설립된 주식회사로서 한국방송광고공사가 출자한 회사로 한정하고 있다. 따라서 한국방송광고공사의 출자 없이 설립된 청구인 회사는 위 방송법 조항과 시행령 조항에 의해 지상파방송사에는 방송광고 판매대행 사업을 할 수 없다. 이에 청구인은 위 규정들이 청구인의 직업선택의 자유와 평등권 등을 침해한다고 주장하며, 2006. 3. 16. 이 사건 헌법소원심판을 청구하였다.

[爭　　點]

한국방송광고공사와 한국방송광고공사가 출자한 회사에게만 지상파 방송광고 판매대행을 허용하는 것이 헌법에 위반되는지 여부가 쟁점이었다.

[判示要旨]

1) 過剩禁止原則 違反 與否

이 사건 규정은 한국방송광고공사에게만 지상파 방송광고 판매대행

10) 헌재결 2008. 11. 27, 2006헌마352.

을 할 수 있도록 하던 것을 해제하여 한국방송광고공사가 출자한 회사의 경우에도 지상파 방송광고 판매대행을 할 수 있도록 함으로써 외관상으로는 제한적 경쟁체제를 도입하였다. 그런데 실제 이 사건 규정이 만들어진 2000년 이후 오늘날까지 한국방송광고공사가 지상파 방송광고 판매대행을 할 수 있도록 출자를 한 회사는 한 곳도 없으며, 이와 같이 한국방송광고공사가 경영상의 판단을 이유로 지금처럼 계속해서 출자를 미룬다면, 한국방송광고공사의 독점체제는 무너지지 않을 것이다. 이것은 이 사건 규정에서 지상파 방송광고 판매대행사업자를 합리적이고도 객관적인 기준에 의해 정하고 있는 것이 아니라 아무런 기준 없이 한국방송광고공사와 이로부터 출자를 받은 회사로 한정하여 특정 주체에게만 지상파 방송광고 판매대행을 할 수 있도록 하는 방법을 택하고 있는데 기인하는 것이다. 이 사건 규정이 이와 같이 한국방송광고공사의 재량적 판단에 지상파 방송광고 판매대행 시장의 경쟁체제의 실현 여부를 맡겨 놓은 것은 제한적으로라도 경쟁체제를 도입한 것이라고 말할 수 없다.

한편, 위에서 본 바와 같이 한국방송광고공사와 이로부터 출자를 받은 회사에게만 지상파 방송광고 판매대행을 할 수 있도록 하는 것은 이 사건 규정의 입법목적을 달성하는 적절한 수단이 아님은 물론, 기본권 제한을 최소화하는 방법도 될 수 없다. 그럼에도 불구하고 입법자는 다른 방법을 외면한 채, 한국방송광고공사와 이로부터 출자를 받은 회사만 지상파방송광고의 판매대행을 할 수 있도록 함으로써 기본권 침해의 최소침해성 원칙을 위반하고 있다. 결국 이 사건 규정은 과잉금지원칙을 위반하여 청구인의 직업수행의 자유를 침해하고 있다.

2) 平等權 侵害 與否

한국방송광고공사나 이로부터 출자를 받은 회사에게만 지상파 방송광고 판매대행을 맡길 이유는 없다. 위와 같은 입법목적의 달성은 한국방송광고공사이거나 이로부터 출자를 받았는지 여부로 좌우되지는 않으며, 지상파 방송광고 판매대행사가 공영인지 민영인지, 또는 공적 부분의 출자가 있었는지 여부를 불문하고 실질적인 경쟁관계를 형성할 수 있는 복수의 광고판매 대행사가 존재하는지, 공공성이나 다양성 등을 제고하기 위한 실질적인 제도를 구축하고 있는지 여부에 달려 있는 것이다. 그러나 이 사건 규정은 민영 방송광고 판매대행사는 사적 이익만을 위해 설립된 회사라고 단정하고 한국방송광고공사와 이로부터 출자를 받은 회사에만 지상파방송사업자에 대한 방송광고 판매대행을 할 수 있도록 하고 있는바, 이는 차별목적과 수단 사이에 비례성을 상실한 것이라 할 것이다. 따라서 이 사건 규정은 청구인의 평등권을 침해하고 있다.

3) **審判對象 擴張 및 憲法不合致 決定과 暫定適用 命令**

이 사건 심판대상 규정들에 대해 단순위헌결정을 하여 당장 그 효력을 상실시킬 경우 지상파 방송광고 판매대행을 규제하는 근거 규정이 사라져 방송광고 판매대행사업자가 난립함으로써 지상파 방송광고 판매대행 시장을 무질서한 상태에 빠뜨리게 될 것이므로 헌법불합치결정을 하기로 하는바, 방송법 제73조 제5항과 방송법시행령 제59조 제5항은 그 위헌성이 제거될 때까지 잠정적으로 적용되어야 하고, 늦어도 2009. 12. 31.까지는 개정을 하여야 할 것이다.

[評 價]

이 판결에서 헌법재판소는 위 사건 법률규정에 의할 경우 한국방송광고공사로부터 출자를 받게 되면, 아무리 민영 방송광고 판매대행사라고 하더라도 한국방송광고공사의 규제 하에 놓일 수밖에 없으며, 그렇게 되면 한국방송광고공사의 지배로부터 자유로운 민영미디어랩으로서의 역할을 기대하기 어렵게 되므로 한국방송광고공사로부터 독립한 자유로운 민영 방송광고 판매대행사의 등장이 어려워지므로 위헌으로 보고 있다.

이러한 헌법재판소의 판시는 민영 방송광고 판매대행사의 직업수행의 자유와 평등권을 보호하는 것을 내용으로 하고 있다. 그러나 헌법재판소는 방송광고가 차지하는 표현의 자유의 의미와 중요성에 대해서는 강조하지 않고 이를 간과하고 있어 아쉬움이 남는 판시라고 볼 수 있다. 자유로운 방송광고 판매대행이라는 경제적 측면에 대한 접근도 중요하지만, 이 분야에 있어 보다 더 다양한 표현의 자유가 보장되기 위해서는 민간 운영 대행사의 역할이 중요하다고 보이기 때문이다. 방송광고는 경제적 이익을 추구하는 면도 있지만, 표현의 자유의 기능이 반영되는 중요한 공간이기 때문이다.

(10) 公職選擧法 第56條 第1項 第1號 違憲確認 ― 大統領選擧寄託金額數[11)]

[事件 內容]

청구인은 2007. 8. 9. 중앙선거관리위원회에 제17대 대통령선거 예비후보자로 등록하고 같은 날 '대통령선거 출마 기자회견문'을 발표하였으며, 2007. 12. 19. 실시되는 제17대 대통령선거에 무소속으로 출마하고자 한다고 주장하였다. 청구인은 대통령선거 후보자로 등록할 때 5억원의 기탁금을 납부하도록 한 공직선거법 제56조 제1항 제1호가 평등권과 공무담임권 등을 침해한다며 2007. 9. 12. 이 사건 헌법소원심판을 청구하였다.

[爭　點]

대통령선거시에 후보자가 부담하는 기탁금액 5억원이 과도하여 헌법상 공무담임권을 침해하는지 여부

11) 헌재결 2008. 11. 27, 2007헌마1024.

[判示要旨]

1) 多數意見

후보자난립 방지를 위하여 기탁금제도를 두더라도 후보예정자의 참정권과 정치적 의사표현의 자유를 과도하게 제약하지 않는 한도 내에서 입법자의 정책적 재량이 행사되어야 한다. 그 금액이 현저하게 과다하거나 불합리하게 책정된 것이라면 허용될 수 없다.

5억원의 기탁금은 대통령선거 입후보예정자가 조달하기에 매우 높은 액수임이 명백하다. 주요 정당의 경우 국고보조금을 받으므로 5억원의 기탁금 마련이 가능할 것이나, 국고보조금이 지급되지 않는 군소정당의 추천을 받을 후보예정자이거나 무소속 후보예정자의 경우 특별히 재력가가 아니라면 부채를 지거나 기부를 받지 않는 한 5억원 마련은 사실상 어려울 것이다.

일단 후보자 등록단계에서 5억원을 조달할 수 없으면 후보자가 될 수 없으며, 아무리 훌륭한 자질을 가지고 있거나 사회적으로 지지를 받는 사람들이라도 5억원이 지나친 부담이 되어 입후보를 포기하게 한다면 이들에게는 대통령직에 대한 피선거권의 행사가 봉쇄당하게 된다. 그러한 사람들이 소수에 그치더라도 그러한 소수자들의 기회가 박탈당하는 것은 정당하지 않다. 일부 소수층의 참정권 제한은 문제될 것이 없다고 한다면 다수결의 원리에 의하여 지배되는 정치과정에서 필연적으로 발생하는 '소외된 소수자'들의 인권을 헌법보장의 사각지대에 방치하는 결과가 되어 결국 헌법의 기본권 보장정신에 어긋나기 때문이다.

대통령제를 둔 외국에서는 대통령선거에 기탁금제도를 두는 나라 자체를 찾아볼 수 없으며, 유일하게 프랑스에서 기탁금제도를 찾아볼 수 있으나 우리 돈 260만원 정도에 그치고 있다. 선거제도의 차이점을 감안한다고 하더라도 지구상에 유래가 없는 그런 고액의 기탁금제도를 우리나라에서만 두어야 하는 합리적 이유를 발견하기 어렵다.

결론적으로, 이 사건 조항이 설정한 5억원의 기탁금은 대통령선거에서 후보자난립을 방지하기 위한 입법목적의 달성수단으로서는 개인에게 현저하게 과다한 부담을 초래하며, 이는 고액 재산의 다과에 의하여 공무담임권 행사기회를 비합리적으로 차별하므로, 입법자에게 허용된 재량의 범위를 넘어선 것이다. 이 사건 조항은 청구인의 공무담임권을 침해한다.

2) 裁判官 이공현의 合憲意見

선거는 후보자에 대한 정보제공 및 후보자의 공약 또는 비전의 제시 과정에서 개인과 집단의 이익을 위하여 악용될 가능성이 있으며, 후보자에 대한 신분보장(공직선거법 제11조)을 남용하고자 하는 이들 또한 있을 수 있다.

대통령선거는 국가의 원수이자 행정부의 수반으로서 국가의 독립, 영토의 보전, 국가의 계속성과 헌법을 수호해야 할 책무를 지는 가장 중요한 국가권력담당자인 대통령을 선출하는 것이다. 일정한 나이에 달한 국민 모두를 선거권자로 하고, 우리 사회가 그에 쏟는 에너지가 천문학적이라고 해도 과언이 아닐 정도라는 점을 고려하면 후보난립으로 인한 폐해가 다른 어느 선거에서보다 크다고 할 것이고, 후보난립을 방지할 필요성은 매우 절실하다.

현재 대통령 선거의 경우 선거비용 제한액이 인구수에 950원을 곱한 금액으로(공직선거법 제121조 제1항 제1호) 각 후보자들이 막대한 금액을 선거비용으로 지출하고 있는 현실, 기탁금액은 불성실한 입후보자에 대한 실질적 제재 효과를 거둘 수 있는 금액이어야 한다는 점을 고려하면 기탁금 5억원이 목적달성에 필요한 금액으로서 과도하다고 볼 수 없다.

[評　　價]

이 판결은 그간 내려진 기존의 헌법재판소 기탁금 판결들(국회의원 기탁금 위헌결정: 헌재결 1989. 9. 8, 88헌가6; 헌재결 2001. 7. 19, 2000헌마

91)에서 나타난 것과 같이 입후보자에 대한 과도한 금전적 부담이 이를 감당할 수 없는 자들의 입후보를 제한하고 재력 있는 사람만이 입후보할 수 있도록 하는 것이어서 국민주권주의와 자유민주주의의 기본원칙에 위배됨을 다시 한 번 확인하고 있다.

2. 合憲決定 內容

(1) 國會法 第34條 등 違憲確認(交涉團體政策硏究委員任用등에관한規則 第 3 條, 제 4 條)[12)]

이 헌법소원사건은 교섭단체를 구성하였는지 여부에 따라 정책연구위원을 배정하는 국회법 제34조 제 1 항이 헌법에 위반되는지 여부에 관한 것이다.

헌법재판소는 "국회는 다양한 의견과 이해관계를 가진 국회의원들로 구성되기 때문에 그 본연의 권한과 임무를 효율적으로 수행하려면 의원들의 의사를 몇 가지의 교집합으로 묶어내고, 이에 대해 다시 토의를 거치면서 점차 하나의 공적 견해로 수렴해 가는 과정이 필요하다. 국회의 역할 중 가장 중요한 것은 국민의 요구와 기대를 수렴하여 입법화하는 일이다. 그런데 국민의 의사를 수렴하여 정책을 수립하고 이를 법률안으로 구체화하는 일은 국회의원 개개인보다 그들의 결사체인 정당 등 교섭단체가 하는 것이 더 적절하고 효율적일 것이다. 나아가 원내에서도 법률안을 발의하는 데에는 의원 10인 이상의 찬성이 있어야 하는 점(국회법 제79조 제 1 항), 이를 심의하기 위한 의사일정에 관하여 교섭단체 간의 타협과 조정이 필요한 점, 법률안 심의는 주로 본회의가 아닌 소관 상임위원회 중심으로 이루어지는데 상임위원회 수가 17개에 달하는 점(같은 법 제37조 제 1 항), 법안이 의결되기 위하여는 재적의원

12) 헌재결 2008. 3. 27, 2004헌마654.

과반수의 출석과 출석의원 과반수의 찬성을 필요로 하는 점(같은 법 제109조) 등을 고려하여 볼 때, 일정수 이상의 소속의원을 가진 교섭단체가 입법활동을 주도할 가능성이 높다. 이러한 상황에서 국회 입법활동의 활성화와 효율화를 이루기 위하여는 우선적으로 교섭단체의 전문성을 제고시켜야 하며, 교섭단체가 필요로 하는 전문인력을 공무원 신분인 정책연구위원으로 임용하여 그 소속의원들의 입법활동을 보좌하도록 할 필요성이 발생하므로 교섭단체에 한하여 정책연구위원을 배정하는 것은 입법재량의 범위 내로서 그 차별에 합리적인 이유가 있다 할 것이다"고 판시하였다.

위와 같은 다수의견에 대해 재판관 조대현, 재판관 이동흡의 각하의견은 "국회법 제34조 제1항은 국회 안에서 일정한 역할을 담당하는 교섭단체에 정책연구위원을 두어 교섭단체 소속 국회의원의 입법활동을 보좌하게 하는 것이므로, 교섭단체에 소속되지 아니한 국회의원을 불리하게 차별하는 것이라고 할 수는 있을지 몰라도, 교섭단체가 아닌 정당의 법적 지위에 영향을 주는 것이라고 할 수 없다. 국회의 교섭단체는 국회의원만으로 구성되어 국회의 업무를 일부 담당하는 국회 안의 조직이므로, 국회 밖에 있는 별개의 단체인 정당과는 구별하여야 한다. 국회의원만이 교섭단체의 구성원으로 될 수 있는 것이고, 국회의원이 아닌 정당원이나 정당은 국회 교섭단체의 구성원도 될 수 없고 교섭단체도 될 수 없다. 따라서 정당인 청구인은 국회법 제34조 제1항으로 인하여 평등권 기타의 기본권을 침해받을 가능성이 전혀 없으므로 이 사건 헌법소원은 부적법하다"고 판시하였다.

또한 재판관 김종대, 재판관 송두환의 반대의견(위헌의견)은 "인간의 존엄성과 자유로운 인격의 발현을 최고의 가치로 삼는 우리 헌법질서에서 소수에 대한 배려가 전혀 없다면, 다수에 의해 압도당한 소수는 영원히 소수로 머무를 수밖에 없으며, 이 경우 다양한 견해가 공존하는 다원주의 사회로의 발전은 결코 이루어질 수 없을 것이다. 소수정당의 보호는 이러한 맥락에서 중요성을 갖는다고 할 것인데, 소수정당을 지지하는 국민들의 의사도 입법으로써 반영될 수 있어야 할 것이고, 그러기 위하여는 입법활동을 보좌하는 전문인력인 정책연구위원을 소수정당에게 배정하는 것이 필요하다. 그러나 국회법 제34조 제1항은 정책연구위원의 배정에 있어서 오로지 교섭단체의 구성 여부만을 유일한 기준으로 삼아 의원 20인 이상을 확보하지 못한 정당에게는 정책연구위원을 전혀 배정하지 아니하도록 규정함으로써 소수정당을 합리적 이유 없이 차별하고 있다. 다만, 위 규정을 단순위헌으로 선언하는 경우에는 정책연구위원 배정의 일반적 근거가 소멸하여 정책연구위원을 전혀 배정할 수 없는 결과가 발생할 것이므로, 단순위헌을 선언하는 대신에 이 사건 규정의 잠정적 적용 및 일정 시한 내의 법률개정을 촉구하는 내용의 헌법불합치 선언을 하여야 할 것이다"고 설시하였다.

(2) 民法 第1066條 第1項 違憲訴願[13)]

본 헌법소원사건은 "민법 제1066조 제1항 중 '날인'을 자필증서에 의한 유언의 방식으로 정한 부분"의 위헌 여부에 관한 것이다. 이 사건의 쟁점은 민법 제1066조 제1항 중 '날인' 부분(이하 '이 사건 법률조항 부분'이라 한다)이 유언자의 재산권과 일반적 행동자유권을 침해하여 위헌인지 여부이다.

헌법재판소의 다수의견은 "이 사건 법률조항 부분은 유언자의 사망 후 그 진의를 확보하고, 상속재산을 둘러싼 이해 당사자들 사이의 법적 분쟁과 혼란을 예방하여 법적 안정성을 도모하며, 상속 제도를 건전하게 보호하기 위한 것으로서 그 입법목적은 정당하다. 자필증서에 의한 유언은 증인이나 제3자의 관여를 요구하지 않아 위조나 변조의 위험성이 상대적으로 크고, 유언자의 사후 본인의 진의를 객관적으로 확인하는 것

13) 헌재결 2008. 3. 27. 2006헌바82.

이 어려우므로 방식을 구비할 것을 요구하는 것 자체는 입법목적을 달성할 수 있는 적절한 수단이다.

이 사건 법률조항 부분은 법의식 내지 관행에 비추어 성명의 자서만으로는 당사자의 최종적인 진의를 확보하고 법적 안정성을 도모하고자 하는 입법목적을 달성하기에는 부족하다는 고려에 입각하고 있으므로 동일한 기능을 가진 두 가지 방식을 불필요하게 중복적으로 요구하는 것으로 볼 수 없다. 또한, 유언자로서는 무인으로 인장을 쉽게 대체할 수 있고, 민법이 정한 다른 방식의 유언을 선택하여 유증을 할 수 있으며, 생전에 수증자와 낙성(諾成)·불요식(不要式)의 사인증여 계약을 체결함으로써 원하는 바를 달성할 수도 있다.

요컨대, 그 입법목적을 달성하기 위해서는 전문의 자서와 서명을 요구하는 것만으로는 불충분하고 인장을 날인하게 할 필요가 있으므로, 날인을 요구하는 것은 기본권침해의 최소성 원칙에 위반되지 않으며, 이 사건 법률조항 부분은 법익의 균형성도 갖추었다. 따라서 이 사건 법률조항 부분은 헌법 제23조에 의하여 보장되는 유언자의 재산권과 헌법 제10조에 의해서 보장되는 일반적 행동자유권을 제한함에 있어 헌법 제37조 제 2 항에 위반되지 아니한다"고 설시하였다.

위와 같은 다수의견에 대해 재판관 김종대의 반대의견을 통해 "오늘날 날인은 자필에 비해 타인에 의한 날인가능성과 위조가능성이 커 의사의 최종적 완결 방법으로는 부적당하게 되어 각종 법률에서 서명(성명의 자서)만으로 처리하는 경향이 점차 확대되고 있다. 자필증서에 의한 유언에서 날인을 요구하는 목적은 유언장의 전문의 자서와 성명의 자서에 의해서 충분히 달성되므로 그 밖에 날인을 요구하는 것은 불필요하게 중복적인 요건을 요구하는 것으로 헌법 제10조에 의하여 보장되는 유언자의 일반적 행동의 자유를 제한함에 있어 최소침해성의 원칙을 준수하지 못하였고, 이 사건 법률조항 부분은 법익 균형성의 원칙에도 위반되므로 위헌으로 선언하여야 한다"고 판시하였다.

(3) 醫療法 第61條 第1項 중 「障碍人福祉法」에 따른 視覺障碍人 중 部分違憲確認[14]

헌법재판소 전원재판부는 2008년 10월 30일 재판관 6(합헌) : 3(위헌)의 의견으로 시각장애인에 대하여만 안마사 자격인정을 받을 수 있도록 이른바 비맹제외기준을 설정하고 있는 구 의료법 제61조 제1항 중 "「장애인복지법」에 따른 시각장애인 중" 부분 및 의료법 제82조 제1항 중 "「장애인복지법」에 따른 시각장애인 중" 부분이 헌법에 위반되지 않는다는 결정을 선고하였다.

헌법재판소는 위 조항들로 인하여 비시각장애인들의 직업선택의 자유가 제한되기는 하지만, 시각장애인에 대한 국가의 보호의무를 규정한 헌법 제34조 제5항의 요청 이외에, 시각장애인을 둘러싼 기본권의 특성과 복지정책의 현황, 안마사 직역 외에 생계보장을 위한 대안이 거의 없다는 점, 이러한 우리의 사회현실 등에 비추어 시각장애인 안마사제도가 사회적 약자인 시각장애인을 우대하기 위한 조치로서 불가피한 점, 이에 기초한 국회의 입법조치를 존중할 필요가 있는 점 등 제반 사정들을 종합하여 비맹제외기준을 설정한 위 조항들이 비시각장애인인 청구인들의 직업선택의 자유와 평등권을 침해하는 것으로 볼 수 없다고 판단한 것이다.

다만 헌법재판소는, 이와 같이 시각장애인의 생존권 등을 위해 불가피한 안마사제도로 인해 제한되는 일반국민의 기본권 역시 중요한 문제라는 점을 감안하여, 입법자를 비롯한 정부 당국으로서는 시각장애인에 대한 복지정책을 선진화시키는 등으로 상충하는 두 기본권을 공존시킬 수 있는 방안에 대하여 보다 진지하고 적극적인 검토를 할 필요가 있음을 아울러 지적하였다. 이에 대하여 위 조항들이 과잉금지원칙에 위배하여 직업의 자유의 본질적 내용을 침해하는 것으로 헌법에 위반된다는 재

14) 헌재결 2008. 10. 30, 2006헌마1098.

판관 3인(재판관 이강국, 재판관 이공현, 재판관 조대현)의 반대의견이 있다.

이 결정에서 헌법재판소는 "2006. 5. 25. '안마사에 관한 규칙'(2000. 6. 16. 보건복지부령 제153호로 개정된 것) 제 3 조 제 1 항 제 1 호와 제 2 호 중 각 '앞을 보지 못하는' 부분에 대하여 위헌으로 결정한 2003헌마715 등 사건의 경우(헌재 2006. 5. 25. 2003헌마715등, 판례집 18-1하, 112) 그 결정이유에서 비맹제외기준이 과잉금지원칙에 위반한다는 점과 관련하여서는 재판관 5인만이 찬성하였을 뿐이므로 위 과잉금지원칙 위반의 점에 대하여 기속력이 인정될 여지가 없다"고 설시하였다.

(4) 刑法 第241條(姦通罪)違憲提請[15)]

헌법재판소는 이 결정에서 재판관 이강국, 재판관 이공현, 재판관 조대현의 합헌의견은 "이 사건 법률조항은 혼인관계를 보호하고, 사회질서를 유지하기 위하여 간통 및 상간행위를 제재하는 것으로 정당한 입법목적 달성을 위한 적절한 수단이다. 다만 '형벌'의 제재 규정이 지나친 것인지 문제되나, 이는 기본적으로 입법형성의 자유에 속한다. 간통이 사회질서를 해치고 타인의 권리를 침해하는 경우에 해당한다고 보는 우리의 법의식 및 간통 및 상간행위에 대한 사전예방의 강한 요청에 비추어 간통 및 상간행위를 형사처벌하기로 한 입법자의 판단이 자의적인 것이라 할 수 없고, 이 사건 법률조항으로 인하여 침해되는 사익은 특정한 관계에서의 성행위 제한으로 경미함에 비하여 달성되는 공익은 높은 중요성이 있어 법익균형성 역시 인정되므로 이 사건 법률조항이 과잉금지원칙에 위배하여 개인의 성적 자기결정권, 사생활의 비밀과 자유를 침해한다고 볼 수 없다. 한편 이 사건 법률조항은 법정형으로 징역형만을 규정하고 있으나 지나치게 과중한 형벌을 규정하고 있다고 보기 어렵다"고 판시하였다. 또한 재판관 민형기는 합헌의견으로 "형법이 간

15) 헌재결 2008. 10. 30. 2007헌가17.

통죄를 범죄로 처벌하는 것 자체는 헌법에 위반되지 않으나, 이 사건 법률조항이 구체적인 행위 태양을 고려하지 않은 채 간통이라는 하나의 개념으로 일률적으로 형벌을 부과하는 것은 부당한 결과를 초래할 우려가 있으므로 입법자로서는 이를 입법적으로 개선할 수 있도록 정책적인 노력을 기울여야 할 것이다"고 주장하였다.

이에 대하여 "형법 제241조는 과잉금지 원칙에 위반하여 개인의 성적(性的) 자기결정권과 사생활의 비밀과 자유를 제한하는 것으로 위헌이다. 오늘날 성(性)에 대한 국민 일반의 법감정이 변하고 있고, 도덕적으로 비난받을 만한 행위 모두를 형사처벌의 대상으로 삼는 것은 바람직하지 아니하며, 간통 및 상간행위의 형사처벌이 일부일처제와 가정보호·부부간의 성적 성실의무 보호·여성의 보호에 실효적인 기능을 하지도 못한다는 점 등을 고려할 때 이 사건 법률조항의 수단의 적절성 및 피해의 최소성을 인정하기 어렵다. 또한 이 사건 법률조항은 개인의 내밀한 성생활의 영역을 형사처벌의 대상으로 삼아 국민의 성적 자기결정권 등 기본권을 지나치게 제한하여 법익균형성을 상실한 것이다"라는 재판관 3인(재판관 김종대, 재판관 이동흡, 재판관 목영준)의 위헌의견이 있었고, 재판관 김희옥의 헌법불합치 의견은 "이 조항은 간통 및 상간행위의 유형 중 단순히 도덕적 비난에 그쳐야 할 행위 또는 비난가능성이 없거나 근소한 행위에까지 형벌을 부과하여 국가형벌권을 과잉행사한 것이라"고 설시하였다.

또한 재판관 송두헌은 위헌의견으로 "위 조항이 간통 및 상간행위를 형사처벌하는 것 자체는 헌법에 반하지 아니하나, 법정형으로 징역형만을 규정한 것은 책임과 형벌간 비례원칙에 반한다"고 판시하였다.

비록 위헌의견이 다수이긴 하나 법률의 위헌선언에 필요한 정족수 6인에 미달하므로 합헌결정을 선고하였다.

(5) 國民年金法 第63條 第1項 第1號 但書 違憲提請[16)]

이 사건은 유족연금을 지급받을 수 있는 유족은 가입자 또는 가입자이었던 자의 사망 당시 그에 의하여 생계를 유지하고 있던 배우자로 하고 다만, 부의 경우에는 60세 이상이거나 장애등급 2급 이상에 해당하는 자에 한한다고 규정한 국민연금법 제63조 제1항 제1호 단서 규정의 위헌 여부가 쟁점이었다.

오늘날 노동시장의 유연화와 여성의 경제활동참가의 확대 등 사회경제적 환경이 변화하고 가족 내에서의 경제적 역할분담의 양상이 다양화되기는 하였으나, 이 사건 법률조항은 그 제정 및 시행 당시 우리나라의 기혼 남성과 여성의 사회경제적 지위, 취업 기타 소득활동 참가율, 기간 및 소득수준, 그리고 가정에서의 역할 등에 있어서의 현실적 차이를 반영한 것으로서 남성 배우자의 사망으로 생활이 곤란하게 된 여성 배우자를 보호하기 위한 것이었다. 이렇게 원래는 평등원칙에 합치하는 법률조항이 사회경제적 환경의 변화로 인하여 어느 때인가부터 평등원칙에 반하는 것으로 되는지 여부가 문제되는 사안의 경우, 사회경제적 환경의 변화와 그 시점에 대한 충분한 실증이 없는 이상, 그에 대하여 이견(異見)이 있을 수 있다고 하더라도 입법자의 판단을 존중함이 상당하다.

이 사건 법률조항은 우리나라 취업 시장의 현황, 임금 구조, 전체적인 사회보장수준, 우리 가족관계의 특성 등을 종합적으로 고려하여 유족급여의 제공 여부를 결정하고 있는 것으로서, 남성 배우자에 대한 실질적 차별을 내용으로 하고 있다거나 입법목적의 비중과 차별대우의 정도가 균형을 상실하였다고 볼 수 없어 평등원칙에 반한다고 볼 수 없다.

위와 같은 다수의견에 대해 재판관 김희옥, 재판관 김종대, 재판관 민형기, 재판관 송두환의 반대의견은 "이 사건 법률조항이 입법되던 당

16) 헌재결 2008. 11. 27. 2006헌가1.

시와는 달리 시대의 변화로 인해 여성의 경제활동인구가 증가하고, 가족 내에서 경제적 역할분담의 양상이 다양해진 오늘날, 부에 대한 유족연금 수급권을 처에 비하여 차별적으로 인정하는 것은 헌법 제11조의 평등원칙에 위반된다"고 설시하였다.

(6) 國會議員과 大統領 等間의 權限爭議[17)]

헌법재판소는 한나라당 국회의원 김성조 외 12인이, 정부가 사회기반시설에 대한 민간투자법 제 7 조의2에 따라 이른바 BTL(Build Transfer Lease)방식 민간투자사업을 추진함에 있어서 국회에 2006년도 동 사업의 총한도액과 시설별 한도액을 제출한 것에 대하여, 대통령·국무총리·기획예산처장관을 상대로 국회의 동의권과 국회의원의 심의표결권한을 침해하였다고 청구한 권한쟁의심판을 재판관 전원의 일치된 의견으로 부적법하다고 하여 이를 각하하는 결정을 선고하였다.

이 사건의 심판대상은 피청구인들의 2005. 9. 30.자 2006년도 민간투자사업 총한도액 제출행위가 국회의 '예산외에 국가의 부담이 될 계약' 체결에 대한 청구인들의 심의·표결권 및 국회의 동의권을 침해하였는지 여부이다.

헌법재판소는 종전사건의 선례(WTO 쌀 협상과 관련한 헌법재판소 2007. 8. 20. 선고 2005헌라8 결정과 FTA에 관한 헌법재판소 2007. 10. 25. 선고 2006헌라5 결정)와 같은 취지에서, 국회의원은 국회를 대신하여 국회의 동의권한 침해를 주장하며 이른바 제 3 자 소송담당의 형태로 권한쟁의심판을 청구할 수 없고, 국회의원의 각종 의안에 대한(이 사건의 경우 '예산 외에 국가의 부담이 되는 계약 체결에 대한 국회의 동의') 심의표결권한은 국회 내에서 주장할 수 있을 뿐이지 국회 외의 국가기관에 대하여는 그 침해를 주장할 수 없다는 이유에서, 이 사건 권한쟁의 심판청구는

17) 헌재결 2008. 1. 17, 2005헌라10.

부적법하다는 것이다.

위와 같은 다수의견에 대해 재판관 송두환의 별개의견은 "'제3자 소송담당'을 일반적으로 허용하는 법률상 명문 규정은 없다 하더라도 의회의 대정부 견제기능의 정상적 작동을 전제로 한 헌법상의 권력분립이 명목적 원리로 전락하는 예외적 상황에서는 헌법재판소가 실질적 권력분립원칙과 소수자보호라는 헌법의 정신에 따라 '제3자 소송담당'을 허용할 것인지 여부 및 어떤 범위와 요건에서 허용할 것인지를 결정할 수 있을 것이고, 국회의 교섭단체 또는 그에 준하는 정도의 실체를 갖춘 의원 집단에게는 제3자 소송담당의 방식으로 권한쟁의심판을 제기할 수 있는 지위를 인정하여야 할 것이다. 그런데 이 사건의 경우, 청구인들은 기존의 교섭단체에 소속된 의원들 중의 일부 의원들로서 이 사건 '사회간접자본시설에 대한 민간투자법' 중 개정법률안의 심의·의결과정, 또는 이 사건 2005. 9. 30.자 2006년도 민간투자사업 한도액 제출 후의 국회 내 심의과정에서 소수파 의원들이라는 이유로 심의·표결 권한을 행사할 수 없었다거나 또는 그 결과 이 사건 일련의 과정이 의회의 대정부 견제기능의 정상적 작동을 전제로 한 헌법상의 권력분립이 명목적 원리로 전락하였다고 볼 만큼의 예외적 상황에 해당하는 것이었다고 볼 수 없으므로, 청구인들이 제3자 소송담당의 방식으로 국회의 권한 침해를 다툴 수 있는 심판청구인 적격을 갖추었다고 인정하기는 어렵다"고 판시하였다.

또 다른 재판관 이공현의 별개의견은 "국회는 국회의원으로 구성되는 합의체 기관으로서 국회의 의사는 결국 표결 등으로 나타나는 국회의원들의 의사가 결집된 것이므로 개별 국회의원의 심의·표결행위가 국회의 의사형성·결정을 위한 단순한 내부적 행위에 불과한 것이라고 할 수 없으며, 이러한 심의·표결권한의 침해행위는 국회 내부에서 뿐만 아니라 국회 외의 다른 국가기관에 의해서도 행하여질 수 있고 다른 국가기관에 의해 심의·표결권한의 행사가 방해받는 경우에는 적법하게 권한쟁의심판을 청구할 수 있어야 할 것이다. 그런데 이 사건 심판대상인 2006년도 민간투자사업 총한도액 제출행위는 '사회기반시설에 대한 민간투자법' 제 7 조의2의 단순집행행위에 불과하고, 청구인들이 위 법률조항에 대한 심의절차에 참여하여 반대표를 행사하거나 의결권을 행사하지 아니하는 방식으로 심의·표결권한을 행사한 이 사건에서는 위 제출행위로 인하여 청구인들의 권한이 침해되거나 침해될 현저한 위험성이 있다고 보기 어렵다"고 판시하였다.

(7) 慶尙南道 等과 政府間의 權限爭議[18)]

헌법재판소는 재판관 전원의 일치된 의견으로(별개의견 1인) 경상남도와 경상남도 진해시가 부산광역시와 경상남도 일대에 건설되는 신항만의 명칭을 놓고 해양수산부장관과 부산지방해양수산청장을 상대로 제기한 권한쟁의 심판사건에서 부산지방해양수산청장은 권한쟁의 심판청구의 당사자능력 및 당사자적격이 없고, 해양수산부장관의 이 사건 '신항'의 명칭결정은 청구인들의 권한을 침해할 가능성이 없다는 이유로 부적법 각하 결정을 하였다.

헌법재판소는 "지방자치법 제11조는 지방자치단체가 처리할 수 없는 국가사무를 규정하고 있는바, 이에는 국가종합경제개발계획, 국가하천, 국유림, 국토종합개발계획, 지정항만, 고속국도·일반국도, 국립공원 등 전국적 규모나 이와 비슷한 규모의 사무(제 4 호)가 포함되어 있어 국가사무이므로, 국가가 신항만을 지정항만의 하위항만으로 하기로 결정한 이상 그 항만구역의 명칭을 무엇이라 할 것인지 역시 국가에게 결정할 권한이 있다고 할 것이다"고 판시하였다.

18) 헌재결 2008. 3. 27, 2006헌라1.

(8) 江南區 等과 國會 等間의 權限爭議[19)]

헌법재판소는 지방선거 선거비용을 해당 지방자치단체가 부담하도록 피청구인 대한민국국회가 2005. 8. 4. 법률 제7681호로 공직선거법 제122조의2를 개정한 행위는 청구인들의 지방자치권한을 침해한다고 볼 수 없다는 결정을 선고하였다. 한편, 피청구인 강남구선거관리위원회의 청구인 서울특별시 강남구에 대한 2005. 9. 26.자 지방자치단체 선거관리경비 산출 통보행위는 서울특별시 강남구의 법적 지위에 어떤 변화도 가져온다고 볼 수 없다는 이유로 재판관 전원의 일치된 의견으로 권한쟁의 심판의 대상이 되는 처분에 해당한다고 볼 수 없어 부적법하다는 결정을 선고하였다.

헌법재판소는 "지방의회의원과 지방자치단체장을 선출하는 지방선거는 지방자치단체의 기관을 구성하고 그 기관의 각종 행위에 정당성을 부여하는 행위라 할 것이므로 지방선거사무는 지방자치단체의 존립을 위한 자치사무에 해당하고, 따라서 법률을 통하여 예외적으로 다른 행정주체에게 위임되지 않는 한, 원칙적으로 지방자치단체가 처리하고 그에 따른 비용도 지방자치단체가 부담하여야 한다. 다만 국가적 통일성을 유지하기 위하여 국가의 관여가 필요하거나 특정 사안이 해당 지방자치단체의 문제에 그치지 않고 국가 전체의 문제와 직결되는 등의 경우에는 지방자치단체의 독자성을 보장하는 범위 내에서 필요에 따라 국가가 관여할 수 있다.

그런데 지방선거사무는 지방자치단체의 자치사무에 해당하지만, 지방선거는 주민의 대의기관을 구성하는 민주적 방법인 동시에 대표기관으로 하여금 민주적 정당성을 확보케 함으로써 대의민주주의를 실현하기 위한 불가결한 수단이라 할 것인바, 선거와 투표에 대한 관리가 공

19) 헌재결 2008. 6. 26. 2005헌라7.

정하게 이루어지도록 하기 위해서는 선거와 투표관리 등의 집행업무 담당기관을 일반행정기관과는 별도의 독립기관으로 구성하여 지방선거를 관리하도록 할 필요가 있고, 이에 이 사건 지방선거사무도 국가기관인 구·시·군 선거관리위원회가 담당하고 있다. 한편, 구 지방자치법이나 지방재정법에 비추어 보면, 지방자치단체의 사무를 다른 기관이 맡아 하고 있는 경우에도 그 비용은 원칙적으로 당해 지방자치단체가 부담하여야 할 것이므로 이 사건의 경우와 같이 지방선거의 선거사무를 구·시·군 선거관리위원회가 담당하는 경우에도 그 비용은 지방자치단체가 부담하여야 하고, 이에 피청구인 대한민국국회가 지방선거의 선거비용을 지방자치단체가 부담하도록 공직선거법을 개정한 것은 지방자치단체의 자치권한을 침해한 것이라고 볼 수 없다"고 판시하였다.

이에 대해 재판관 김종대, 재판관 목영준의 반대의견이 있었는데, 그 요지는 아래와 같다. "일반적으로 지방자치단체의 자치사무가 국가사무(위임사무 포함)와 구별되는 가장 큰 표지는 지방자치단체가 당해 사무에 대하여 법률의 범위 내에서는 중앙정부의 관여나 간섭을 받지 않고 자신의 책임 아래 이를 수행할 수 있어야 한다는 것이다. 그런데 우리 헌법은 선거관리를 위한 특별한 헌법기관인 선거관리위원회를 설치하고, 그 구성과 직무범위를 헌법과 법률을 통해 규율함으로써, 지방선거관리사무에 대하여 선거관리위원회가 전권을 행사할 뿐 지방자치단체는 물론 다른 국가기관이 개입할 여지를 완전히 배제하고 있다. 이와 같이 지방선거관리사무에 대하여 헌법기관이자 국가기관인 선거관리위원회가 전적인 권한과 책임을 가짐으로써 지방자치단체는 해당 단체장 및 지방의회의원을 선출하는 데 있어서 아무런 결정 및 관여를 할 수 없는 점에 비추어 볼 때, 지방선거관리사무를 지방자치단체의 자치사무에 포함시킬 수는 없다고 할 것이다. 공직선거법 제122조의2를 개정하여 지방선거관리비용을 해당 지방자치단체에게 부담시킨 것은 헌법과 법률에 의하여 부여받은 지방자치단체의 지방재정권을 침해한 것으로서 무효로 선언되어야 한다."

(9) 江南區廳 等과 監査院間의 權限爭議[20)]

이 사건의 심판대상은 감사원이 지방자치단체에 대하여 자치사무의 합법성뿐만 아니라 합목적성에 대하여도 감사한 행위가 법률상 권한 없이 이루어진 것인지 여부이다.

헌법재판소는 위임사무나 자치사무의 구별 없이 합법성 감사뿐만 아니라 합목적성 감사도 포함한 이 사건 감사는 감사원법에 근거한 것으로, 법률상 권한 없이 이루어진 것으로 보이지는 않는다고 판시하였다. 헌법재판소에 의하면 헌법이 감사원을 독립된 외부감사기관으로 정하고 있는 취지, 중앙정부와 지방자치단체는 서로 행정기능과 행정책임을 분담하면서 중앙행정의 효율성과 지방행정의 자주성을 조화시켜 국민과 주민의 복리증진이라는 공동목표를 추구하는 협력관계에 있다는 점을 고려하면 이 사건 관련 규정은 그 목적의 정당성과 합리성을 인정할 수 있고, 감사원법에서 지방자치단체의 자치권을 존중할 수 있는 장치를 마련해두고 있는 점, 국가재정지원에 상당부분 의존하고 있는 우리 지방재정의 현실, 독립성이나 전문성이 보장되지 않은 지방자치단체 자체감사의 한계 등으로 인한 외부감사의 필요성까지 감안하면, 이 사건 관련 규정이 지방자치단체의 고유한 권한을 유명무실하게 할 정도로 지나친 제한을 함으로써 지방자치권의 본질적 내용을 침해하였다고는 볼 수 없다.

이에 대해 감사원이 지방자치단체의 자치사무에 대하여까지 합법성 감사뿐만 아니라 합목적성 감사까지 하게 된다면 지방자치단체는 자치사무에 대하여 자율적인 정책결정을 하기 어렵고, 그로 인하여 독립성과 자율성을 크게 제약받아 중앙정부의 하부행정기관으로 전락할 우려가 다분히 있게 되어 지방자치제도의 본질적 내용을 침해하게 될 것이라는 재판관 이강국, 재판관 이공현, 재판관 김종대의 반대의견이 있었다.

---

20) 헌재결 2008. 5. 29, 2005헌라3.

(10) 國會議員과 國會議長間의 權限爭議[21)]

헌법재판소는 피청구인 국회의장이 2005. 12. 9. 제256회 국회(정기회) 제16차 본회의를 개의하고 사립학교법 중 개정법률안을 상정하여 가결선포한 행위가 청구인 국회의원들의 법률안 심의·표결권을 침해하였다고 볼 수 없어 위 가결선포행위의 무효확인을 구하는 청구인들의 심판청구는 이유 없다는 결정을 선고하였다.

국회의 자율권을 존중하여야 하는 헌법재판소로서는 법률안 가결선포행위와 관련된 사실인정은 국회 회의록의 기재내용에 의존할 수밖에 없는바, 회의록에 의하면 피청구인이 열린우리당 의원들로 하여금 단상을 선점하게 하였다는 사실이 인정되지 아니하고, 달리 피청구인이 정치적 중립의무를 위반하였다고 볼 사정이 없다.

이에 대해 본회의에 상정된 법률안에 대하여 회의 주재자인 피청구인이 청구인들의 질의·토론의 기회를 보장해주기 위한 아무런 조치를 취함이 없이 '질의신청 유무'에 대한 언급을 하지 않는 등으로 '질의부분'을 생략하고 '토론신청 유무'도 확인하지 않은 채 토론신청이 없을 것으로 예단하여 바로 표결처리에 나아가는 의사진행은, 질의·토론을 통한 의회민주주의와 입법절차의 본질적 내용을 훼손하는 것으로서 국회의장의 자율적 의사진행 권한의 한계를 넘는 것이어서 정당화될 수 없다는 재판관 김종대, 재판관 이동흡의 반대의견이 있었다.

Ⅲ. 마치는 말

헌법재판의 기능이 국민적 의사의 통합기능과 정치권력에 대한 통제라고 크게 나누어 볼 수 있는데, 2008년에도 이러한 헌법재판의 순기

21) 헌재결 2008. 4. 24, 2006헌라2.

능적인 역할이 돋보인 해라고 평가할 수 있다.

종합부동산세와 간통죄 처벌의 위헌논란으로 우리 사회가 입장차별로 이분되어 혼란스럽게 논쟁하였던 상황이 헌법재판소의 결정으로 일단락되고, 국민적 공감대가 형성된 것은 그야말로 어느 국가기관도 이루지 못한 성과를 보여준 것이라고 볼 수 있다. 또한 참고인에 대한 동행명령제에 대한 위헌결정은 신체의 자유에 대한 헌법재판소의 확고한 보호 의지를 보여주었고, 제한상영가의 개념에 대한 명확성위반결정과 음반 등의 분류보류결정에 대한 위헌결정은 표현의 자유를 지키는 헌법재판소의 지속적 노력을 보여준 중요한 판결들이었다.

1년 동안의 헌법재판소의 위헌결정과 합헌결정은 그야말로 재판소 내부의 고뇌의 결과물로 그 어느 때보다도 판시의 내용이나 전개에 있어 논증적이고 여러 시각이 집약된 모범적인 판결로 평가된다. 물론 권한쟁의 심판 등에 있어서 제3자 소송담당의 불인정의 입장처럼 보수적인 태도는 향후 개선되어야 할 점으로 지적할 수 있겠다.

2008년의 헌법재판소 결정이 만들어 낸 성과가 향후에도 그 정신이 이어지고, 이를 통해 우리 국민의 기본권 생활에 예측가능성과 안정이 더해지기를 기대해 본다.

[표 제 어]
leading cases(주요판례), statistics(사건통계), Constitutionality of law(위헌법률심판), Competence Dispute(권한쟁의심판), Constitutional Complaint(헌법소원)

[Abstract]

The Leading Cases in 2008

Jae Jin Myung(Associate professor of Law, Chungnam National University)

This essay explores leading cases of Constitutional Court in 2008. In 2008 1132 cases were filed, 1391 cases were settled. Among settled cases, there were Constitutionality of law 23 cases, Competence Dispute 9 cases and Constitutional Complaint 1359 cases. Among settled cases the Constitutional Court has judged 13 cases to be unconstitutional, 11 cases to be unconformable to constitution, 3 cases to be unconstitutional in certain context, 22 cases to be annulled, 90 cases to be constitutional and 486 cases to be rejected.

This essay handles 10 leading cases, which Constitutional Court has decided unconstitutional, and 10 leading cases, which Constitutional Court has judged to be constitutional.

Last 1 year has the Constitutional Court accomplished faithfully its solemn duty to protect people's basic rights and guard the constitutional order.

基本權保護義務違反의 審査基準
— 憲裁決 2008. 7. 31, 2006헌마711을 中心으로 —

張　永　喆*

Ⅰ. 序　論

최근 헌법재판소는 공직선거법상 선거운동원들에게 확성장치사용을 허용하여 소음을 유발함으로써 이웃주민들의 기본권을 사실상 제한한 사건의 헌재결정의 의의를 다음과 같이 설명하고 있다; "이 사건 결정은 헌법재판소가 기본권으로서 환경권의 법적 성격을 밝히고 헌법재판소를 통해 그 침해를 구제받을 가능성을 명시적으로 인정하고 있으며,

* 서울시립대학교 법학전문대학원 교수

국가가 환경권을 보장해야 할 의무가 있음을 헌법소원 심사의 기준으로 삼아 위헌 여부를 판단한 최초의 결정으로서 의미가 있다. 다만 이 사건에서는 심판대상 법률조항이 환경권을 침해하였는가 여부에 대해서 법정의견과 반대의견이 각각 4:4로 갈려서 합헌을 선언하였다."[1]

헌법재판소의 이러한 홍보자료에도 불구하고 이 사건을 구체적으로 분석하여 보면 기본권보호의무위반의 심사기준 및 심사밀도에 대한 혼란이 나타나고 있고, 환경권의 법적 성격에 대하여도 다수의견은 법률상 형성을 전제로 하는 기본권으로서의 성격을 인정하지만 합헌의견에 대한 보충의견에서는 헌법상 구체적 기본권성을 인정하는 논증을 전개하고 있다. 또한 이 사건에서는 기본권보호의무위반 여부에 대한 심사기준 선정 등으로 많은 논란을 일으켰던 1997년의 교통사고처리특례법(이하 '교특법'으로 약칭함) 제4조 등에 대한 헌법소원사건[2]에서 나타난 문제점도 계속하여 나타나고 있다. 기본권보호의무위반에 대한 심사기준 및 심사밀도에 대한 혼란의 원인을 규명하고 장래에 있을 헌재결정에서의 대책마련을 위한 연구의 필요성이 대두되는 것이다. 이러한 점에서 본 사건에 대한 분석을 중심으로 관련이론과 실무에서의 구현상황을 함께 고찰하여 기본권보호의무위반 여부에 대한 심사기준을 마련하고자 한다.

Ⅱ. 事件의 槪要

청구인은 2006. 5. 31. 실시된 전국 동시지방선거의 선거운동 과정에서 후보자들이 확성장치 등을 사용하여 소음을 유발함으로써 정신적·육체적 고통을 받았다고 하면서, 현행 공직선거법이 선거운동시 확성장치의 출력수 등 소음에 대한 허용기준 조항을 두지 아니하는 등 불

1) 헌재결 2008. 7. 31, 2006헌마711, 헌법재판소홈페이지(www.ccourt.go.kr) 참조함.
2) 헌재결 1997. 1. 16, 90헌마110, 판례집 9-1, 90면 이하.

충분하여 청구인의 행복추구권 및 환경권을 침해한다는 이유로 2006. 6. 20. 이 사건 헌법소원심판을 청구하였다가, 2008. 4. 11. 이 사건 헌법소원의 심판대상을 공직선거법 제79조 및 제216조라고 해 청구취지를 정정하였다.

Ⅲ. 決定理由의 要旨

1. 3인 裁判官의 合憲意見과 1인의 補充意見

(1) 3인 裁判官의 合憲意見

환경권의 법적 성격을 입법에 의한 구체화를 전제로 하는 법률상의 권리로 보고 국가가 환경보호의무를 이행하였는가를 판단하여야 한다고 주장한다. 즉 헌재는 보호의무의 준수 여부를 심사할 때에는 국가가 기본권적 법익보호를 위하여 적어도 적절하고 효율적인 최소한의 보호조치를 취했는가 하는 이른바 "과소보호금지원칙"의 위반 여부를 기준으로 삼아야 한다. 국가의 기본권보호의무란 제1차적으로 권력분립원칙과 민주적 정당성을 직접적으로 부여받은 입법자에게 있고 헌재 및 법원은 보충적으로 기본권의 과소보호금지원칙에 따라 소극적으로 입법적 보호조치의 명백성통제에 그쳐야 한다. 이 점에서 청구인의 수인기대불가능성과 생명·신체의 법익침해의 가능성이 전제되어야 할 것인데 이를 명백히 발견하기 어렵다. 또한 입법자는 공직선거법상 확성기사용방법, 기간, 장소, 대수 등에 대한 최소한의 필요한 규정을 두고 있으므로 입법의무를 완전히 해태하고 있다고 보기 어렵다. 선거운동의 자유와 환경보호의무를 비교형량하여 볼 때 확성장치소음규제기준을 두지 않은 것만으로 과소보호금지원칙위반이라 하기는 곤란하다.

(2) 1인 裁判官(조대현)의 合憲意見에 대한 補充意見

합헌의견과 결론은 같지만 보충의견에서는 환경권의 법적 성격을 헌법상의 구체적 권리로 보아 이 사건에서의 심사기준은 과소보호금지원칙이 아니라 과잉금지원칙이라 주장하고 있다. 3인의 합헌의견은 소음한도를 제한하지 아니한 입법자의 환경보호의무위반 여부(헌법 제35조 제2항)를 과소보호금지원칙을 기준으로 심사했다. 하지만 본 사안에서는 오히려 확성장치의 사용에 따른 소음공해의 무제한성을 문제 삼은 것으로 볼 수(도) 있다. 이는 즉 국가가 소음공해를 초래함으로써 청구인의 환경권(헌법 제35조 제1항)에 대한 과잉제한 여부의 정당성을 판단해야 함을 의미한다. 그러므로 비례의 원칙(과잉금지원칙)에 맞게 본 사안을 판단하면 과소보호금지원칙에 따른 심사는 불필요한 것이다. 비례의 원칙에 의하여 공직선거의 기능과 목적을 고려하여 확성장치사용을 허가하는 규정은 공공복리를 위한 입법목적의 정당성과 수단의 적절성을 인정할 수 있고, 확성장치사용의 소음한도를 규정하지 않았다 하더라도 장소, 시간, 용도 등을 제한하고 있으므로 피해의 최소성을 부인하기 어렵다. 공직선거의 공익성을 고려하고 확성장치사용에 대한 공직선거법 관련규정을 살펴볼 때 소음공해의 정도와 환경권침해의 수인기대가능성을 긍정할 수 있으므로 법익의 균형성도 인정할 수 있다.

2. 4인 裁判官의 憲法不合致意見

3인의 합헌의견과 마찬가지로 이 사건에서는 환경을 보장해야 할 국가의 기본권보호의무위반이 문제되고 그에 대한 심사기준은 과소보호금지원칙이다. 이는 헌법이 요구하는 최소한의 기본권보호수준에 미달하였는지를 판단하는 것을 내용으로 한다. 그 기본권보호수준이란 일률적으로 결정할 수는 없지만 사안에 따라 법익의 중대성, 헌법질서에서의 위상, 법익침해의 직접성·심각성·불가역성 등을 종합 검토하여 명백성 통제에서 엄밀한 내용통제에 이르는 다양한 심사를 할 수 있다. 이러한 점에서 본 사안에서는 기본권침해의 계속 반복의 위험성이 있고, 확성장치를 사용한 선거운동에 대한 부정적 인식의 불식필요성 내지 선거운동의 자유보장, 쾌적한 주거생활보장의무(헌법 제35조 제3항)를 고려하여 내용통제를 하는 것이 타당하다.

Ⅳ. 爭　點

1. 基本權保護義務의 發現樣相과 그 義務違反의 審查基準의 選定

이 사건 헌법소원에서 기본권침해 여부에 대한 심사기준으로 7인의 재판관은 과소보호금지를 1인은 과잉금지원칙을 적용하고 있다. 즉 7인의 재판관은 선거운동원에 의한 일반주민의 환경권침해를 판단하였고, 1인 재판관은 국가가 공직선거법상 선거운동의 보장의 일환으로 소음공해를 과도하게 방출하는 것을 허용한 것에 대한 환경권제한의 한계일탈 여부를 판단하고 있다.

헌법소원제기의 사실관계, 청구인, 심판대상 중 어느 것에 중점을 둘 것인가에 따라 국가-선거운동원-소음피해자의 삼면관계로 볼 수도, 국가-가해자 또는 국가-소음피해자의 양면관계로 볼 수도 있다. 여기서 보호의무위반에 대한 심사기준은 과소보호금지원칙인지 아니면 과잉금지원칙인지의 문제가 제기된다.

2. 過少保護禁止原則의 審査密度와 具體化可能性

과소보호금지원칙을 기준으로 보호의무위반에 대한 심사를 하고 있는 7인의 재판관들 중 합헌의견을 제시한 3인은 입법내용에 대한 명백성(합리성) 통제에 그치고 있고, 헌법불합치의견을 제시한 4인은 엄격한 내용심사를 하고 있다. 여기서 과소보호금지원칙은 명백성통제에 국한되는 한계를 갖는 심사기준인지 아니면 과잉금지원칙과 마찬가지로 다양한 심사밀도를 가질 수 있는 것인지 문제된다. 그리고 다양한 심사밀도를 갖는다면 과잉금지원칙과 같은 정도로 다양한 심사요소를 개발할 가능성이 있는지도 문제된다.

3. 環境權의 法的 性格과 保護義務의 再主觀化(즉 保護請求權)의 意味의 關係

3인의 합헌의견은 환경권을 침해된 기본권으로 보아 헌법소원제기의 적법성을 인정하고 있다. 다만 환경권의 내용은 법률에 의해 구체적으로 정해지므로(헌법 제35조 제2항) 자유권과 동일한 정도의 구체적 권리성을 획득할 수는 없지만 헌법위임에 의한 입법의무를 부담한다. 따라서 환경권은 종래의 학설에 의하면 국가목표규정, 추상적 권리, 불완전한 구체적인 권리, 상대적 권리의 성격 중 어느 것으로도 파악할 수 있다. 4인의 헌법불합치의견에서도 환경권침해 여부에 대하여는 환경권보호의무위반 여부에 대한 심사를 하는 것으로 판시하고 있는 것으로 보아 전술한 합헌의견과 동일하게 환경권의 법적 성격을 파악하고 있다. 하지만 보호권의 구체성정도에서는 결과적으로 차이가 나타난다.

이와 반면에 1인의 보충의견에서는 환경권형성에 대한 소극적인 부작위를 쟁점으로 보는 다수의견과 달리 환경권침해에 대한 적극적인 작위를 문제 삼는 점에서 환경권의 법적 성격을 구체적 권리로 보고 있다.

그러나 본안판단에서는 보호권으로 구체화되지 못하고 있다.

여기서 일부학설상 주장되고 있는 기본권보호의무를 실효성 있게 하려면 주관적인 보호청구권을 인정하여야 한다는 것과 환경권의 법적 성격의 상호 관련성에 대한 의문이 제기된다.

Ⅴ. 爭點에 대한 判斷

1. 基本權保護義務

(1) 槪念과 理論的 根據

기본권보호의무란 사회의 구성원인 사인간의 기본권제약현상에 대하여 국가가 보증인적 지위에서 피해자보호를 위한 적극적인 개입을 정당화하는 이론[3]이다(이를 독자성설이라 함). 전통적인 자유방임국가에서 사회국가로의 국가의 역할증대와 기본권의 객관적 성격 및 기본권의 사실적 제한 내지 기본권침해의 위험성[4]을 인정하는 것을 바탕으로 하고 있다.[5]

하지만 이러한 기본권보호의무에 관한 개념 및 이론적 근거에 반대하며 기본권보호의무를 주관적 방어권으로 수렴하여 해결하려는 주장[6]

---

3) 이승우, 기본권론, 두남, 2007, 55면; 전광석, 한국헌법론, 제 4 판, 법문사, 2007, 174면; 계희열, 헌법학(중), 신정 2 판, 박영사, 2007, 108면; 정태호, "기본권보호의무," 김남진교수정년기념논문집, 현대공법학의 재조명, 고려대법학연구소, 1997. 8, 361(375, 395)면.

4) 이에 관하여는 장영철, "기본권침해위험성에 관한 소고," 공법학연구 제 8 권 제 3 호(2007. 8), 285-303면.

5) K.-A. Schwarz, Die Dogmatik der Grundrechte - Schutz und Abwehr im freiheitssichernden Staat, in: Sicherheit statt Frieheit?, Berlin, S. 42 f.; 장영철, "기본권의 사실적 제한," 공법연구 제35집 제 1 호(2006. 10), 453-456면.

6) 송기춘, "국가의 기본권보장의무에 관한 연구," 서울대 박사학위논문, 1999; 김철수, 헌법학, 박영사, 2008, 408면; 김철수, 헌법학신론, 제18전정신판, 박영사,

이 있다(방어권 수렴론[7]). 즉 기본권보호의무란 국가가 보호하는 사인(가해자)에 의한 다른 사인(피해자)에 대한 간접적인 기본권 제한으로 보고 있다. 따라서 가해자에 대한 기본권의 제한의 법적 한계를 일탈하였는지 여부가 심사의 대상이 된다.

(2) 基本權保護義務의 發現樣相과 그 義務違反의 審査基準

전술한 독자성설에 의하면 기본권보호의무란 국가-사인(가해자)-사인(피해자)의 삼면관계에서 성립하고 헌법소원제기자인 피해자의 기본권 침해 여부에 대한 심사에 집중하게 된다. 예컨대, 교특법 제 4 조 등에 관한 헌법소원[8] 및 14세 미만의 형사미성년자규정(형법 제 9 조)에 관한 헌법소원사건[9]에서 일부 재판관들의 견해를 들 수 있다. 그 위반 여부에 대한 심사기준도 과소보호금지원칙을 기준(교특법에서는 7인, 형법에서는 1인)으로 하고 있다.

한편 방어권 수렴론에 의하면 기본권보호의무란 국가-사인(가해자) 간의 양면관계에서 가해자에 대한 기본권제한의 한계일탈 여부가 문제되는 것으로 본다. 예컨대, 제 2 외국어 과목에서 일본어를 제외한 서울대 '94년 입시요강사건[10]에서는 구속적 행정계획으로 입시요강의 법적 성격을 인정하면서 학문의 자유와 대학자율권의 주체로서의 서울대와 균등하게 교육을 받을 권리(헌법 제11조 및 제31조 제 1 항)의 주체로서 소

2008, 289면.

7) 독일에서 방어권수렴론을 주장하는 학자로 J. Schwabe, Probleme der Grundrechtsdogmatik, Darmstadt, 1977, S. 213 ff.; D. Murswiek, Die staatliche Verantwortung für die Risiken der Technik, Berlin, 1985, S. 88 ff.; 이론을 정리한 독일문헌으로 J. Dietlein, Die Lehre von den grundrechtlichen Schutzpflichten, Berlin, 1992, S. 35 ff. 독일의 수렴론을 소개한 논문으로는 송석윤, "기본권으로서의 안전권에 관한 시론적 연구," 법학논집 제 8 권 제 1 호(2003), 이화여자대학교 법학연구소, 18면; 장영철, "기본권의 제 3 자적 효력과 기본권보호의무," 공법연구 제29집 제 2 호, 2001. 2, 155(161-164)면.

8) 헌재결 1997. 1. 16, 90헌마110, 판례집 9-1, 90-155면.

9) 헌재결 2003. 9. 25, 2002헌마533, 판례집 15-2(상), 488-491면.

10) 헌재결 1992. 10. 1, 92헌마68, 76(병합), 판례집 4, 659-707면.

원청구인의 기본권충돌로도 보고 있다. 그러나 일본어를 제 2 외국어과목에서 제외한 서울대 '94년 입시요강은 교육법 및 교육법 시행령에 근거한 것으로 학문의 자유와 대학자율권에 대한 제한의 정당성 여부를 과잉금지원칙을 기준으로 판단하고 있다. 결국 헌재결정에서도 나타난 바와 같이 소원청구인의 기본권제한 여부는 서울대의 입시요강에 대한 법적 제한으로 불가피하게 초래된 반사적 불이익(즉 간접적 제한)으로 보고 있다.

(3) 이 事件에의 適用

기본권보호의무의 이론적 배경을 국가-사인(가해자)-사인(피해자)간의 삼면관계로 보고 있는 7인 재판관은 과소보호금지원칙을 심사기준으로 하고 있다. 반면에 보충의견을 제시한 1인 재판관은 기본권보호의무를 국가-가해자(선거운동원)간의 전통적인 기본권의 양면관계에서도 과잉금지원칙을 기준으로 판단할 수 있다고 보고 있다. 즉 공직선거법에 의하여 선거운동원에게 확성장치사용을 허용함으로써 소음공해를 초래하게 하여 피해자의 환경권을 간접적으로 침해한 것에 대한 법적 정당성을 판단하고 있다.

과소보호금지원칙을 심사기준으로 삼은 7인의 재판관들 중에서도 3인은 합헌의견으로 나타나고 있다. 이들은 기본권보호의무위반 여부에 대한 심사기준으로 과소보호금지원칙을 입법내용에 대한 명백성통제에 국한시키고 기본권침해의 (계속반복의) 위험성과 소원청구인의 수인기대가능성에 대하여 부인하고 있다. 그리고는 과소보호금지원칙의 위반 여부를 과잉금지원칙의 4가지 판단요소를 기준으로 심사하고 있다. 즉 목적의 정당성에 있어서는 공직선거법 제 1 조의 입법목적의 정당성을 거론하고, 수단의 적절성에 있어서는 입법자의 부진정 입법부작위로는 입법의무의 해태로 보기 어렵다고 하고, 확성장치의 사용을 1대, 1조로 제한(공직선거법 제79조 제 3 항)하여 피해의 최소성을 기하고 있다고 보고 있다. 그리고 법익의 균형성판단에 있어서는 공직선거법에 의한 가해자의 선거운동의 자유보장과 피해자의 환경권보호입법의무를 형량하여 전자에 우월성을 인정하고 있다. 결과적으로 기본권의 법적 제한의 한계일탈 여부에 대한 과잉금지원칙을 기준으로 소원청구인에 대한 기본권보호의무위반의 심사기준인 과소보호금지원칙을 대체하고 있다. 실질적으로 기본권보호의무위반에 대한 심사기준인 과소보호금지원칙을 국가-사인(간접피해자)의 양면관계에서 적용되는 '특수한 비례의 원칙'으로 보고 있는 것이다. 이러한 점을 간파한 (전술한) 보충의견에서는 이 사건은 합헌의견과 같이 과소보호금지원칙을 적용할 것이 아니라 해당 공직선거법조항으로 인해 피해자의 환경권에 대한 제한의 비례성을 판단하면 족하다고 하고 있다.

7인의 재판관 중 나머지 4인은 헌법불합치의견으로 소원제기인에 대한 입법자의 환경권보호의무에 논증을 집중하고 있다. 과소보호금지원칙의 심사밀도가 명백성통제에서부터 입법내용에 대한 엄격한 통제까지 다양하게 나타날 수 있다고 전제하고, 기본권보호의무위반 여부의 엄격심사기준으로 과소보호금지원칙이란 기본권침해의 (계속반복의) 위험성 내지 기본권의 사실적 제한을 인정하고 가해자의 선거운동의 자유와 피해자의 환경권보호의무를 형량하여 선거운동의 자유에 대한 영향 없이도(즉 기본권제한을 초래하지 않고) 피해자를 보호할 수 있다면 과소보호금지원칙위반을 인정할 수 있다고 하고 있다.

2. 過少保護禁止原則의 審査密度 및 審査要素의 具體化

살펴본 바와 같이 이 사건과 유사하게도 교특법 제4조 등에 대한 헌법소원결정에서 과소보호금지원칙을 기준으로 보호의무위반 여부에 대한 심사한 7인의 재판관 중 4인은 명백성통제를, 3인은 엄밀한 내용통제를 하여 각각 합헌과 위헌의 의견을 제시한 바 있고 과잉금지원칙을 기준으로 심사한 2인의 재판관은 위헌의견을 제시한 바 있다. 그렇다면 과소보호금지원칙은 명백성통제에 그치는 심사기준인지 아니면 엄격한 입법내용에 대한 통제도 가능한 심사기준인지 문제된다. 또한 이 사건과 교특법 제4조 등에 대한 헌법소원결정에서도 나타난 바와 같이 과소보호금지원칙이란 비례의 원칙위반 여부를 판단하는 4가지 심사요소를 원용하여 해결해야 하는 '특수한 비례의 원칙'에 불과한 것인지 아니면 보호의무위반 여부에 대한 독자적인 심사기준의 적용가능성이 있는지도 검토가 필요하다.

(1) 審査密度에 대한 見解

과소보호금지원칙이란 기본권보호의무 위반 여부를 판단하는 기준으로 국가의 그 보호정도는 적어도 적절하고 효율적인 최소한의 보호조치를 취했는지 여부로 보는 견해와 헌법이 요구하는 최소한도의 보호수준 내지 보호효과의 총합이 헌법상 보호수준에 미달하였는지 여부로 보는 견해가 있다. 이와 같은 보호수준에 대한 추상적인 기준제시로 인해 구체적인 판단에 있어서도 서로 다른 기준으로 보호수준을 결정하고 있다. 전자의 경우 권력분립 원칙과 민주주의 원칙을 존중하여 입법내용에 대한 입법자의 입법형성권을 존중하여 명백성통제에 그쳐야 하기 때문에 과소보호금지원칙을 '특수한 형태의 비례의 원칙'으로 구체화하고 있다. 후자의 경우 헌법소원청구의 사실관계를 바탕으로 생명·신체의 안전이라는 침해된 법익의 중대성과 헌법질서에의 위상, 법익 침해에 대한 위험의 직접성·심각성·불가역성 등을 종합 검토하여 불완전·불충분한 입법내용에 대한 통제를 시도하고 있다.

(2) 審査密度의 具體化方案으로 '特殊한 形態의 比例의 原則'에 대한 檢討

형식적으로는 과소보호금지원칙을 기준으로 심사하지만 실질적으로는 그 구체적 기준에 대한 불명확성으로 인해 비례의 원칙에 따른 심사를 하고 있다. 그리하여 국가-가해자-피해자의 삼면관계에서 가해자와 피해자간의 국가에 의한 기본권보호의 균형성에 대한 심사를 하는 대신에 국가-가해자 또는 국가-피해자간의 양면관계에서 기본권제한의 법적 한계일탈 여부에 집중하고 있다.

하지만 필자는 사익간의 균형성을 심사하는 대상으로 하는 기준과 공익과 사익간의 비례성을 심사하는 기준의 차이점을 설명하여 과소보호금지원칙이 '특수한 형태의 비례의 원칙'으로 대체되는 데 한계를 제시하고자 한다.[11] 기본권제한입법의 한계를 판단하는 기준으로서 비례의 원칙이란 국가안전보장, 질서유지, 공공복리로 포섭될 수 있는 입법목적 달성을 위한 입법수단(내용)의 비례성을 판단하는 것이다. 이를 국가-가해자-피해자의 삼면관계에서 피해자의 기본권보호의무위반에 대한 심사기준인 과소보호금지원칙에 적용하면 가해자의 기본권보호목적을 위해 입법자의 입법수단(즉 부진정 부작위입법)의 비례성을 판단하는 것으로 응용할 수 있다.

1) 目的의 正當性

피해자와 마찬가지로 가해자도 기본권주체로서 원칙적으로 헌법상 부여된 자유를 향유할 수 있다. 이 사건에서도 선거운동원의 선거의 자유는 선거권행사의 전제 내지 선거권의 중요한 내용으로 보장될 필요가 있다고 그 목적의 정당성을 설명하고 있다. 결국 과소보호금지원칙에서 목적의 정당성이란 기본권행사목적을 의미하는 것으로 심사요소로서 주장할 실익이 없다.

2) 手段의 適切性(適正性)

주지하듯이 비례의 원칙에서도 목적달성에 기여할 수 있는 개연성이 있는 수단이라면 그 적절성을 긍정하고 있다. 이 요소를 과소보호금지원칙에서 수용한다면 피해자가 문제 삼는 입법자의 부진정 입법부작

11) 이에 관하여 자세한 것은 장영철, "과소보호금지원칙에 관한 연구," 헌법학연구 제14권 제 1 호(2008. 3), 119면 이하 참조할 것.

위는 가해자의 입장에서는 기본권행사목적달성에 전혀 문제가 없으므로 늘 수단의 적절성을 인정하게 된다. 이 사건에서도 명백성통제에 그치는 합헌의견은 수단의 적절성을 인정하고 있다. 따라서 과소보호금지원칙을 입법자의 입법형성권을 존중하는 명백성통제에 그치는 심사기준으로 평가한다면 기본권보호의무위반에 대한 심사기준으로서는 소원청구인의 기본권보호에 기여할 수 없는 전혀 무의미한 논증을 제시하는 것에 불과하다. 차라리 이런 경우에는 가해자의 기본권제한의 한계일탈 여부를 비례의 원칙을 기준으로 심사하여 반사적(간접적)으로 피해자를 보호하는 것이 정당하다. 교특법 제4조 등에 대한 헌법소원사건에서도 비례의 원칙을 기준으로 가해자의 기본권제한의 한계일탈을 논증하고 있다.

3) 被害의 最少性(必要性) ⇒ 基本權保護의 效率性으로 受容

비례의 원칙에서 피해의 최소성이란 목적달성을 위한 수단이라도 기본권제한의 여지가 최소화되는 수단이어야 함을 의미한다. 이를 과소보호금지원칙에 적용하면 가해자의 자유보호를 위해 피해자의 기본권보호수단은 전혀 필요 없는 것인지 문제된다. 하지만 이 사건에서 과소보호금지원칙을 '특수한 비례의 원칙'으로 본 합헌의견에서는 한정된 선거기간 내에 공직후보자와 사회자가 1대, 1조로 제한(제79조 제3항)하고 차량부착된 확성장치의 확성나발도 1개로 제한(동조 제5항)하여 입법자가 필요한 최소한의 조치를 취한 것으로 볼 수 있다고 한다. 이는 수단의 적절성판단에 있어서 공직선거법 조항을 열거하면서 환경권보호의무를 해태하였다고 명백히 판단하기 곤란하다고 한 논증을 반복한 것에 불과하다.

그렇다면 선거운동의 자유에 영향을 미치지 않는 범위 내에서 피해자에게 환경권을 보호하기 위한 최소한의 입법적 보완이란 효율적인 환경권보호의 입법조치를 강구하는 것이다. 예컨대, 공직선거법상(제102조) 오후 11시까지 허용된 확성장치사용시간을 오후 9시 이후 주거 밀집지역에서는 사용금지를 한다든가 9시 이후 심야시간에는 확성장치의 출력

수를 제한하는 규정을 두는 방안 등을 강구하는 것이다. 따라서 과소보호금지원칙에서 피해의 최소성이란 가해자의 자유행사에 지장을 초래하지 않는 범위 내에서 피해자보호를 위한 효율적인 제도적 방안을 고려하는 것으로 수용할 수 있다.

4) 法益의 均衡性(補充性)⇒ 私益間 均衡性으로 受容

비례의 원칙위반 여부의 심사요소로 법익의 균형성은 입법목적달성을 위한 공익과 이를 위해 투입한 수단으로 제약된 사익간에 균형을 이루어야 함을 말한다. 헌재결정에서 나타나듯이 전술한 다른 요소보다도 법익의 균형성 심사는 가장 핵심적인 심사기준으로 기능하고 있다. 그리하여 일부 학설에서는 이 요소를 협의의 비례의 원칙 또는 과잉금지원칙이라 구별하고 있기도 하다.

과소보호금지원칙에서 이 요소는 가해자와 피해자간의 기본권충돌(상충)의 문제로 나타난다. 예컨대, 사법관계에서는 기본권의 대사인적(제3자적) 효력과 연계되고, 행정법관계에서는 인·허가와 관련하여 이중 효과적(제3자효) 행정행위, 형사법관계에서는 형벌규정의 일반예방과 특별예방의 관점에서 과소보호금지원칙이 적용되는 분야로 나타난다.

따라서 기본권충돌(상충)의 해결방안으로 과잉금지원칙이 주장되듯이 과소보호금지원칙과 과잉금지원칙은 동전의 앞뒷면에 불과하다는 일치설(Kongruenzthese)이 주장[12]되고 있다. 이 사건의 3인의 합헌의견에서도 과소보호금지원칙을 기준으로 하면서도 입법목적과 피해자에 대한 국가의 환경권보호의무이행의 정도를 형량하여 법익의 균형성을 인정하고 있고, 1인 재판관의 보충의견에서는 아예 과잉금지원칙을 기준으로 피해자에 대한 보호의무 위반 여부를 판단하고 있다. 선거운동원의 자유보장과 소원청구인의 환경권보호수준은 천칭의 원리처럼 하나의 점에서

12) 과잉금지원칙과 과소보호금지원칙의 일치 여부에 대한 학설분석으로는 장영철, 상게논문, 116, 117면.

만 균형을 이룰 수 있다[13]고 보는 것이다.

그러나 많은 헌재결정에서도 나타난 바와 같이 합헌적 법률해석의 방법으로 입법자에게 입법사실에 대한 예측여지 및 평가대권을 인정하여 폭넓은 입법재량을 부여하고 있듯이 입법자가 가해자와 피해자간의 기본권보호의 수준을 정확히 판단하여 하나의 균형점을 찾기란 현실적으로 불가능하다. 또한 과잉금지원칙은 입법목적달성을 위해 기본권의 최소한 제한가능성을 판단하는 기준임에 반하여, 과소보호금지원칙은 기본권의 근본가치 또는 효율적인 기본권행사를 위해 최소한도 보호수단을 강구하여야 하는 원칙이다. 이러한 점에서 헌재(4인의 위헌의견)가 과소보호금지원칙의 심사밀도를 명백성통제에서부터 엄밀한 내용통제에 이르는 다양한 스펙트럼으로 나타난다고 하고 있는 것이다. 따라서 헌재는 과잉(제한)금지와 과소보호금지의 범위 내에서 광협의 판단여지를 갖는 것이다. 하지만 본 사건에서 나타난 바와 같이 심사기준선택의 어려움이 상존하게 된다. 이는 이하 별도의 목차에서 살펴보기로 한다.

결국 법익의 균형성판단에서 과소보호의 의미는 사인 간의 비교를 통해 결정되는 상대적 보호를 뜻한다. 따라서 기본권의 본질적 내용침해금지원칙과는 구별되며 가해자의 자유에 사실상 영향을 미치지 않고도 피해자보호를 하는 방안을 강구하여야 하는 한계가 있다. 피해자의 보호받는 이익은 가해자의 자유 실현의 이익보다 결코 우월할 수 없기 때문이다.

3. 過剩禁止原則과 過少保護禁止原則의 適用基準

(1) 過剩禁止原則의 適用基準

과잉금지원칙은 주관적 방어권이 행사되는 국가-사인의 양면관계에서 기본권의 법적 제한의 한계일탈 여부를 판단하는 기준이 된다. 이에

13) K.-E. Hain, Gesetzgeber in der Klemme zwischen Übermaß- und Untermaßverbot?, DVBl. 1993, S. 982 ff.

관한 헌재결정을 들어보면 법령에 의한 간접적인 기본권제한의 경우와 단순고권행정에 의한 기본권제한에 대하여 국가책임으로 귀속시킬 수 있는 경우가 이에 속한다. 전자에 해당되는 결정으로는 대도시 내에서 법인에 대한 중과세규정으로 인한 거주이전 및 직업수행의 자유와 평등권제한,[14] 거주지를 중심으로 추첨에 의한 입학전형을 하여 종교의 자유와 거주이전의 자유 및 평등권제한[15] 여부에 대하여 해당법령에 대한 기본권과잉제한 여부를 판단하고 있다. 후자의 경우로는 행정상 사실행위, 행정계획, 행정지도 등 단순고권행정[16]의 경우에 대하여 국가의 책임귀속을 인정하여 과잉금지원칙을 기준으로 판단하고 고시, 훈령, 예규, 지침 등 법령보충적 행정규칙에 대한 기본권제한 여부도 과잉금지원칙을 기준으로 판단[17]하고 있다.

또한 외형상 국가-사인-사인 삼각관계로 보이는 경우에도 과잉금지원칙을 적용할 수 있다. 국가-제 1 차 피해자-제 2 차 피해자의 관계에 있어 제 1 차 피해자가 헌법소원을 제기하는 것이 일반적이어서 양면관계로 수렴될 수 있는 경우이다. 이는 이성의 원리 내지 자기주장의 원리[18]에 따라 제 1 차 피해자가 합리적 이성의 소유자라면 피해를 감수하는 것이 일반적이라 보기 어렵기 때문이다. 예컨대, 18세 미만의 청소년 출입을 금지하는 법령에 대한 소위 당구장결정[19]에서 당구장영업자와 청소년이 피해자로 나타난 경우를 들 수 있다. 하지만 제 2 차 피해자가

14) 헌재결 1998. 2. 27, 97헌바79, 판례집 10-1, 153면.

15) 헌재결 1995. 2. 23, 91헌마204, 판례집 7-1, 267면.

16) W. Roth, Faktische Eingriff in Freiheit und Eigentum, Berlin, 1994, S. 282. FN 8. (자연적 행위능력이 아닌) 법적 행위능력은 국가에 의해서 부여된 법률행위의 경우에나 타당한 것이지 단순고권행정에는 해당되지 않는다. 따라서 정당한 법적 행위능력을 행사하는 한 원칙적으로 국가나 사인의 책임은 없다. 이에 관하여 자세한 것은 W. Roth, aaO., S. 166 f.

17) 예컨대, 헌재결 2001. 7. 19, 2000헌마546, 판례집 13-2, 103면; 헌재결 1998. 10. 29, 98헌마4, 판례집 10-2, 637면.

18) 자기주장의 원리와 그에 관한 독일연방헌재결정의 예에 대하여는 W. Roth, aaO., S. 363 f. u. 366 f.

19) 헌재결 1993. 5. 13, 92헌마80, 판례집 5-1, 365면.

헌법소원을 제기하더라도 제1차 피해자의 손해가 경미하거나 전가할 수 있는 경우, 제1차 피해자에 대한 기본권 제한이 적법한 것으로 수인의 기대가능성이 있는 경우,[20] 제1차 피해자가 국가의 단순한 도구로 이용되는 경우[21]에는 양면관계로 수렴될 수 있다. 따라서 이러한 예외적인 경우에는 제2차 피해자에 의한 헌법소원에 대하여 헌재는 공권력행사의 위헌 여부를 과잉금지원칙을 기준으로 심사하여야 한다.

(2) 過少保護禁止原則의 適用基準

과소보호금지원칙은 기본권의 사실적 제한에 의한 기본권보호의무의 해태를 문제 삼는 국가-사인-사인의 삼면관계에서 심사기준이 된다. 이는 국가권력에 의한 사인간의 기본권충돌에 대한 조정기준으로 기능함을 의미한다. 따라서 사인간에는 가해자-피해자의 관계에 있고, 국가의 입장에서 보면 수익자-손해자의 관계에 있는 삼면관계를 형성하는 경우가 이에 해당된다. 예컨대, 헌재결정에서는 국가기간뉴스사업자로 연합뉴스사를 선정하여 혜택을 부여함으로써 경업관계에 있던 뉴스통신사의 영업의 범위가 부당하게 축소되므로 이러한 범위 내에서 영업활동의 자유와 평등권이 제한되고 있다고 판시[22]한 바 있다. 또한 납세필병마개제조업자 선정과 관련된 전심절차인 취소소송에서 원고적격부인으

20) 예컨대, 선거입후보자가 지방공사 직원을 선거운동원으로 활용하는 것을 금지하고 있는 공직선거법에 대한 헌법소원청구결정에서 청구인이 입는 이러한 불이익은 청구인의 법적 지위에 대한 직접적 침해가 아니라 청구인이 단순히 일정 생활관계에 필연적으로 관련됨으로써 파생하는 간접적, 사실적 연관성에 불과하다"고 판시하고 있다. 헌재결 1997. 9. 25, 96헌마133, 판례집 9-2, 410면.

21) 예컨대, 재무부장관이 제일은행장을 매개로 국제그룹해체를 지시한 것은 이에 해당된다. 헌재결 1993. 7. 29, 89헌마31, 판례집 5-2, 87면.

22) 헌재는 "뉴스통신진흥에관한법률 제10조 등은 청구인 회사(뉴스통신사)와 서로 경업관계에 있는 연합뉴스사를 국가기간뉴스통신사로 지정하고 이에 대하여 재정지원 등 혜택을 부여함을 그 내용으로 하는바, 그 혜택의 범위에서 제외된 청구인 회사의 경우 영업활동이 부당하게 축소되므로 그러한 범위에서 기본권에 대하여 직접 법적인 제한을 받는 것으로 보아야 한다"고 판시하고 있다. 헌재결 2005. 6. 30, 2003헌마841, 판례집 17-1, 996면.

로 각하되어 제기된 헌법소원사건에서도 헌재는 일반법규에서 경쟁자보호규정을 두지 않은 경우에도 기본권인 경쟁의 자유와 평등권이 제한되었다고 판시[23]한 바 있다. 이들 결정에서는 선정의 공정성에 대하여 자의금지원칙을 기준으로 경쟁기관들 간의 장·단점을 상호 대비하여 행정기관의 재량권 일탈남용 여부를 판단하고 있다. 결국 이들 결정에서와 같이 자의금지원칙을 입법자의 입법형성권에 우호적인 합리성심사로 보지 않고 삼면관계에서 자의금지원칙을 기준으로 심사하는 것은 과소보호금지원칙의 적용례에 속한다.

다음으로 과소보호금지원칙은 기본권의 사실적 제한의 양상이 개별·구체적으로 초래되는 피해로서 수인 불가능한 경우에 한하여 적용된다. 즉 일반·추상적 또는 대량적으로 초래되는 수인가능한 손해인 경우에는 과소보호금지원칙의 적용범위에 속하는 것이 아니라 과잉금지원칙에 의한다.

4. 保護義務의 再主觀化(즉 保護請求權)可能性과 環境權의 法的 性格의 關係

(1) 保護義務의 再主觀化可能性에 學說

객관적 성격의 보호의무에 상응하는 소위 보호(청구)권 내지 안전권

23) 헌재는 "설사 국세청장의 지정행위의 근거규범인 이 사건 조항들이 단지 공익만을 추구할 뿐 청구인 개인의 이익을 보호하려는 것이 아니라는 이유로 청구인에게 취소소송을 제기할 법률상 이익을 부정한다고 하더라도, 국세청장의 지정행위는 행정청이 병마개 제조업자들 사이에 특혜에 따른 차별을 통하여 사경제 주체간의 경쟁조건에 영향을 미치고 이로써 기업의 경쟁의 자유를 제한하는 것임이 명백한 경우에는 국세청장의 지정행위로 말미암아 기업의 경쟁의 자유를 제한받게 된 자들은 적어도 보충적으로 기본권에 의한 보호가 필요하다. 따라서 일반법규에서 경쟁자를 보호하는 규정을 별도로 두고 있지 않은 경우에도 기본권인 경쟁의 자유가 바로 행정청의 지정행위의 취소를 구할 법률상의 이익이 된다 할 것이다"고 판시하고 있다. 헌재결 1998. 4. 30, 97헌마141, 판례집 10-1, 496, 507-508면.

이란 주관적 공권성립을 주장하는 견해(적극설)가 있다. 그 이유로 기본권의 객관적 내용은 주관적 공권강화를 위하여 개발한 이론이라는 점, 인간존엄성보장을 내용으로 하는 기본권보호의무는 개인적 보호를 지향한다는 점, 국가의 폭력독점과 피해자에 대한 구체적 위험상태야기의 국가책임을 인정하여야 한다는 점, 주관적 권리구제절차인 헌법소원청구인용의 필요성 등을 들고 있다.

이와 반대로 재주관화가능성에 소극적인 견해가(소극설)가 있다. 그 이유로 기본권보호의무의 제 1 차 수신인인 입법자에게 다수결을 내용으로 하는 민주주의 입법원리에 반하여 기본권뿐만 아니라 헌법체계전반의 변화를 초래하게 된다는 점, 기본권은 그 성격에 따라 주관적 내용과 객관적 내용으로 구분하는 것이 일반적으로 승인된 이론이라는 점, 헌재는 입법부작위에 대한 통제에 관하여 원칙적으로 소극적이라는 점, 객관적 성격의 보호의무는 원리, 원칙과 유사한 성격을 가지므로 구체화의 방법은 다양할 수 있다는 점 등을 들고 있다.

(2) 保護義務의 再主觀化와 環境權의 法的 性格과의 關係

보호의무의 재주관화는 우리의 경우 헌법소원청구의 형식요건충족을 위해 필요한 것은 아니다. 왜냐하면 자유권중심의 기본권목록만을 갖고 있는 독일과 달리 우리 헌법은 자유권, 청구권, 생활권 및 종합적 성격을 나타내는 기본권 등 다양한 기본권목록을 내포하고 있기 때문이다. 권리와 의무가 상응하는 기본권의 경우, 예컨대 환경권과 환경보호의무,[24] 근로의 권리와 근로의 의무는 국가의 기본권보호의무 이행정도에 따라 언제든지 국민은 헌법소원제기가 가능하다. 헌재가 입법자의 형성권을 널리 인정하는 생활(존)권, 청구권의 경우에도 헌법소원청구를 위한 보호청구권을 도출할 필요가 없다. 그리고 자유권에서 도출되는 보호

---

24) 환경권의 의의와 특성에 대하여는 허 영, 헌법이론과 헌법, 신 2 판, 박영사, 2008, 629면 이하.

의무의 경우에도 납세필병마개제조업자선정결정, 국가기간뉴스사업자결정 등에서 본 바와 같이 청구인은 평등권침해와 결합하여 청구하므로 별도로 보호권을 도출할 필요는 없다.

그러므로 주관적 공권으로서 보호권 인정 여부가 문제되는 것은 본안심사에서이다. 하지만 전술한 적극설에서의 논거로 보호권을 전제로 본안심사를 하는 것이 아니라 구체적 사실관계의 분석, 기본권침해의 위험의 양상, 가해자의 자유실현의 가능성과 피해자의 손해 등을 비교 형량하여 보호수준을 본안에서 결정함으로써 보호권의 구체화정도가 결정되는 것이다. 이를 반사적 이익, 무하자재량행사에 관한 형식적 청구권, 행정개입청구권으로 구분[25]하는 행정법상 개인적 공권이론을 차용하여 설명하면 반사적 보호권(Grundrechtsreflexe), 형식적 보호권(formelles Leistungsgrundrecht), 실질적 보호권(materielles Leistungsgrundrecht)으로 변용할 수 있다.[26]

이 사건에서도 보호권으로서의 실질을 갖는 환경권은 본안심사의 기준과 밀도 등에 따라 그 구체화의 정도가 상이하게 나타났다. 기본권보호의무위반 여부에 대하여 과잉금지원칙을 기준으로 심사한 1인의 합헌의견에서 환경권은 반사적 보호권으로, 과소보호금지원칙을 기준으로 한 3인의 합헌의견에서는 형식적 보호권으로, 4인의 위헌의견에서는 실질적 보호권으로 나타나고 있다. 이런 점에서 주관적 공권으로서 환경권 침해 여부에 대하여 과잉금지원칙을 기준으로 심사하는 것은 삼면관계에서의 기본권보호의무이론과 과소보호금지원칙의 독자적 기능을 인식하지 못한 것이다.

---

25) 이들에 관하여 자세한 것은 표명환, "기본권보호의무와 행정법상의 개인적 공권이론," 헌법학연구 제10권 제 1 호(2004. 3), 277(299-305)면.

26) K. Stern, Das Staatsrecht der Bundesrepublik Deutschland, Bd. Ⅲ/1, München, 1988, S. 992 f.

Ⅵ. 結 論

이 사건에서 다수재판관들은 환경권보호의무위반에 대하여 국가-선거운동원-소원제기인의 삼면관계를 전제로 과소보호금지원칙을 심사기준으로 삼았다. 그러나 환경권은 심사밀도에 따라 형식적 보호권(명백성통제, 3인의 합헌의견)과 실질적 보호권(내용통제, 4인의 위헌의견)으로 나타났다. 형식적 보호권으로 판단하고 있는 재판관들은 과소보호금지원칙을 '특수한 형태의 비례의 원칙'으로 보는 전제에서 수단의 적절성과 피해의 최소성 판단에서는 기본권침해여지를 발견하기 곤란하고, 법익의 균형성판단에서도 "돈은 묶고 입은 푸는" 선거운동의 자유라는 공익목적에 우위를 두는 해석론을 전개하고 있는 것이다. 환경권보호의무위반에 대하여 선거운동원-소원제기인간의 수평적 비교가 아닌 국가-소원제기인과 국가-선거운동원의 양면관계로 구분하여 수직적 관계를 단순히 합산하는 논증을 펴고 있기 때문이다. 이와 유사하게 소수재판관(1인)은 환경권의 구체적 권리성을 인정하는 차이점이 있지만 그 침해 여부에 대하여 국가-선거운동원의 양면관계에서 선거운동의 자유의 과잉행사에 대한 법적 한계일탈 여부를 판단하고 있다. 결국 환경권은 반사적 보호권에 불과한 것으로 나타나고 있다.

국가의 기본권보호의무란 기본권의 사실적 제한 내지 기본권침해의 위험성을 인정하는 것을 전제로 한다. 만약 그렇지 않고 기본권의 법적 제한의 틀 속에서 부진정입법부작위에 의한 기본권침해의 직접성, 현재성, 자기관련성을 의제하여 해결하려는 시도는 한계가 있다. 입법부작위에 의한 직접성 인정은 헌재결정에 나타난 바와 같이 극히 예외적이며, 현재성 또한 머지않은 장래에 법적 효력발생이 확실하여 현재성의 예외를 인정하는 소위 '상황성숙이론'을 적용하기 곤란하고, 자기관련성 또한 명백성통제에서 나타난 바와 같이 수인의 기대가능성을 주관적인 것으로 보아 부인해 버리면 그만이다. 따라서 입법부작위에 의한 법적 흠결에 대하여 사실적인 기본권제한으로 인정하고, 그 유형화를 시도하여 국가-수익자-피해자의 삼면관계에서 나타나는 피해자의 개별·구체적 위험에 대한 예방의 필요성을 판단하는' 심사기준인 과소보호금지원칙을 엄밀히 활용하는 방안을 강구하여야 한다.

보호의무위반에 대한 엄격한 입법내용통제에 대하여 헌법재판가부장주의(Verfassungspaternalismus) 내지 헌법법정(Verfassungsareopag) 등이라 비판[27]하며 권력분립주의를 강조하는 견해가 있다. 하지만 권력분립주의란 그 자체가 목적이 아니라 국민의 기본권보장을 목적으로 하는 통치기관의 운영원리에 불과하다. 따라서 입법자의 민주적인 입법형성권을 존중하면서도 소수자의 기본권보호를 위해 헌법해석의 범위 내에서 적극적으로 헌법재판에 임하는 것은 오히려 헌법제정자가 기대하는 헌법재판의 기능을 정당하게 수행하는 것이다.

다른 한편 최근에 행정입법에 대한 통제권을 확보하려는 헌재와 대법원간의 논쟁이 점입가경이다. 헌법해석이 아닌 법률해석과 사실관계의 분석이 요청되는 행정입법에 대한 통제에 있어서 일반법원이 조직 및 기능상 우월하다는 점에서 헌재는 상대적으로 취약하다. 헌재는 종래 헌법소원의 보충성원칙의 적용을 받지 않는 일반법원에서의 권리구제의 사각지대에 그 심사대상을 확대하여 기본권보호에 커다란 공을 세웠다. 하지만 이제 일반법원의 적극적인 권리구제의 시도로 헌재와 일반법원의 권한갈등양상이 새롭게 나타나고 있다. 이러한 점에서도 헌재는 헌법해석의 권한행사에 있어서 고유한 본래의 권한을 행사하는 기관으로 제 기능을 발휘해야 할 것이다. 본고에서 시도한 과소보호금지원칙의 적용기준 및 심사밀도의 다양화방안도 헌법해석의 범위 내에서 헌재가 적극적으로 활용할 수 있는 위헌심사기준의 하나인 것이다.

---

27) 이에 관하여는 K. Stern, Verfassungsgerichtsbarkeit und Gesetzgebung, 세계헌법연구 제3호, 133면 이하.

[표 제 어]

Untermaßverbot(과소보호금지원칙), grundrechtliche Schutzpflichten (기본권보호의무), Übermaßverbot(과잉금지원칙), Kongruenzthese(일치설), Subjektivierung von Schutzpflichten(보호의무의 재주관화), Schutzpflicht der Umwelt(환경보호의무), zweipoliges Verfassungsrechtsverhältnis(양면관계), mehrpoliges Verfassungsrechtsverhältnis (삼면관계)

[참고문헌]

김철수, 헌법학, 박영사, 2008.

송기춘, "국가의 기본권보장의무에 관한 연구," 서울대 박사학위논문, 1999.

송석윤, "기본권으로서의 안전권에 관한 시론적 연구," 법학논집 제 8 권 제 1 호(2003), 이화여자대학교 법학연구소.

이승우, 기본권론, 두남, 2007.

장영철, "기본권의 사실적 제한," 공법연구 제35집 제 1 호, 2006. 10.

______, "기본권침해위험성에 관한 소고," 공법학연구 제 8 권 제 3 호, 2007. 8.

______, "기본권체계 내에서 평등권의 기능에 관한 연구—헌법재판소결정에 나타난 평등권과 개별기본권의 상호관계를 중심으로—," 공법연구 제34집 제 4 호 제 1 권, 2006. 6.

______, "혁신도시입지선정공표행위에 대한 헌법소원에 관한 소고," 헌법학연구 제13권 제 3 호, 2007. 9.

______, "헌법상 세악사유의 의미와 보호," 공법연구 제30집 제 4 호, 2002. 6.

______, "기본권의 제 3 자적 효력과 기본권보호의무," 공법연구 제29집 제 2 호, 2001. 2.

______, “과소보호금지원칙에 관한 연구,” 헌법학연구 제14권 제1호, 2008. 3.

전광석, 한국헌법론, 제4판, 법문사, 2007,

정태호, “기본권보호의무,” 김남진교수정년기념논문집, 현대공법학의 재조명(1997. 8), 고려대법학연구소.

표명환, “기본권보호의무와 행정법상의 개인적 공권이론,” 헌법학연구 제10권 제1호(2004. 3).

허 영, 헌법이론과 헌법, 신2판, 박영사, 2008.

Dietlein, J., Die Lehre von den grundrechtlichen Schutzpflichten, Berlin, 1992.

Doldorer, M., Objektive Grundrechtsgehalte, Berlin, 2000.

Hain, K.-E., Gesetzgeber in der Klemme zwischen Übermaß- und Untermaßverbot?, DVBl. 1993.

Roth, W., Faktische Eingriff in Freiheit und Eigentum, Berlin, 1994.

Stern, K., Das Staatsrecht der Bundesrepublik Deutschland, Bd. Ⅲ/1, München, 1988.

______, Verfassungsgerichtsbarkeit und Gesetzgebung, 세계헌법연구 제3호, 133면 이하.

Unruh, P., Zur Dogmatik der grundrechtliche Schutzpflichten, Berlin, 1996.

[Zusammenfassung]

Eine Studie über den Maßstab für die Bemessung grundrechtlicher Schutzpflichten

— im Hinblick auf die Entscheidung des koreanischen Verfassungsgerichts v. 31. 7. 2008. 2006HunMa711 —

Young Chul Chang(University of Seoul, Law School)

Nach der Entscheidung des koreanischen Verfassungsgerichts (2006 HunMa 711 od. 90 HunMa 110) ist das Untermaßverbot ein Maßstab für die Bemessung grundrechtlicher Schutzpflichten. Es ist mittlerweile ein in der verfassungsrechtlichen Praxis etablierter Begriff geworden. Trotzdem ist der Inhalt des Untermaßverbotes nach wie vor ungeklärt. Das hindert auf einen Seite die Verfassungsrechtsprechung nicht daran, es als Argumentationsfigur einzusetzen. Auf der anderen Seite könnte eine klarere Bestimmung ihm zu durchaus mehr Bedeutung verhelfen, zumal es ein wesentliches Instrument zur Bemessung grundrechtlicher Schutzpflichten darstellt.

In diesem Sinne versucht dieser Aufsatz, den Inhalt des Untermaßverbotes zu konkretisieren. Dabei stellt er zunächst die bisherigen Lösungsansätze und Gegenpositionen in Anlehnung an die Entscheidung des koreanischen Verfassungsgerichts(2006 HunMa 711) dar und untersucht die wesentlichen Probleme bei der Definition klarer Kriterien für das Untermaßverbot. Darauf aufgebaut wird sodann Inhaltsbestimmung, die dem Begriff handhabbare Kriterien verleiht sowie seine Anwendungsbereiche und Grenzen im Vergleich mit dem Übermaßverbot aufzeigt.

民法 第764條의 違憲與否에 관한 憲裁決定에 대한 批判的 檢討
—1991. 4. 1, 89헌마160 全員裁判部 決定—

曺 小 永*

Ⅰ. 들어가는 말

사람은 그 누구에 의해서도 대체될 수 없는 나만의 양심에 따라 행동함으로써 인격적인 자기표현을 할 수 있기 때문에 인간으로서의 존엄과 가치를 가진다.[1] 우리 헌법은 자기 양심에 어긋나는 신념이나 행동을 강요당하지 않고 자기 양심에 따라 행동할 수 있는 양심의 자유를

* 부산대학교 법학전문대학원 교수

1) 허 영, 헌법이론과 헌법, 박영사(2008), 572면.

보장하고 있다. 헌법이 보호하려는 양심은 어떤 일의 옳고 그름을 판단함에 있어서 그렇게 행동하지 않고는 자신의 인격적인 존재가치가 파멸하고 말 것이라는 강력하고 진지한 '마음의 소리'이다.[2] 우리 헌법이 보호하려는 양심은 이처럼 진지하고 절박한 구체적인 양심이며, 우리의 일상생활에서 일어나는 구체적인 상황에 즈음해서 어떻게 하는 것이 옳은 것인가를 말해주는 인간의 '내면적인 법관'을 보호하려는 것이다. 때문에 이러한 양심은 자연인인 인간 고유의 기본권 영역으로서 기본권 주체성 인정에 있어서, 그리고 양심의 자유를 제한할 수 있을 것인가에 있어서 여타의 기본권 영역과는 차이가 있는 특유한 기본권 영역임을 인식할 수 있었다.

그런데 헌법재판소는 1991년에 그 때까지 명예훼손과 관련된 불법행위에서의 명예회복을 위한 적당한 처분으로 인정되었던 사죄광고제도가 법인의, 그 대표이사의 양심에 대한 강제적 조치임을 이유로 위헌결정을 내린 바 있다. 이 놀라운 결정 속에서 더 놀랍게도 헌법재판소는 어떻게 법인이 양심의 자유의 주체가 될 수 있는 것인가에 대해서, 또한 법인의 경우에 그 대표이사의 양심을 강제한 것으로 어떻게 간주할 수 있는 것인가에 대해서 상세한 법적 논리를 밝히지 않은 채로 간명하고 확정적인 결정을 내렸던 것이다. 법원에 의한 강제명령을 받은 자가 단지 하기 싫은 일을 해야만 한다는 것이 반드시 양심의 문제로 확정될 수 있는 것인지, 또한 그 양심의 문제가 기본권의 성격상 법인에게 인정될 수 있는 것인지, 그리고 법인에게 강제된 명령의 이행이 법인의 대표이사의 양심을 제한하거나 침해하는 것으로 동일시될 수 있는 것인지에 대한 헌법적인 검토의 필요성을 헌법적 과제로 남겨 둔 이 헌법재판소의 결정은 그로 인해 비판의 여지를 아직도 지우지 못한 채 남아 있다고 할 것이며, 바로 이 점이 이 글의 출발점이다. 이러한 문제의식을 바탕으로 하기 때문에, 이 글에서는 당해 결정과 관련하여 그간 많

2) Vgl. BVerfGE 12, 45(55).

은 학자들이 평석해왔던 다른 내용들,[3] 결정유형의 문제, 인격권 관련 문제, 기본권 상충이론의 적용문제 등은 다루지 않기로 하겠다.

Ⅱ. 憲法裁判所의 決定 內容[4]

1. 事件의 概要

일간신문 및 월간잡지인 여성동아 등의 정기간행물을 발행하는 신문사인 주식회사 동아일보사와 동아일보사의 대표이사 겸 여성동아의 발행인인 자, 여성동아의 주간인 자, 여성동아의 기자인 자 등이 청구인이 되어, 여성동아 1988년 6월호에 게재된 기사로 인하여 자기의 명예가 훼손되었음을 이유로 김성희가 1988. 7. 18. 청구인들을 상대로 서울/민사지방법원에 손해배상 및 민법 제764조에 의한 사죄광고를 청구하는 관련소송을 제기한 것에 대해서, 위 소송사건에서 민법 제764조가 명예훼손의 경우에 사죄광고를 명할 수 있도록 한 것이라면 이는 헌법에 위반된다는 이유로 헌법재판소법 제41조 제 2 항에 의한 위헌제청을 신청하였으나(서울민사지방법원 89카33299 사건) 서울민사지방법원은 1989. 7. 10. 위 위헌제청신청을 기각하였고, 청구인들은 같은 달 15일 위 기각결정을 송달받고서 같은 달 24일에 헌법재판소에 위 민법 제764조에 대하여 헌법재판소법 제68조 제 2 항에 의한 헌법소원을 청구하였다.

3) 허 영, "사죄광고와 양심의 자유," 법률신문 제2045호(1991. 4. 1자); 최대권, "양심의 자유와 사죄광고," 서울대학교 법학 제39권 3호(1998. 11); 성낙인, "명예훼손에 대한 사죄광고제도와 헌법재판소의 결정," 언론중재위원회 홈페이지 게재, http://www.pac.or.kr/html/data/dt_zine_view.asp?seqid=51; 윤철홍, "명예훼손과 사죄광고를 명하는 판결에 관한 소고," 숭실대학교 법학논총 제13집(2003); 윤진수, "사죄광고제도와 민법 제764조의 위헌 여부," 사법행정 제371호(1991. 11); 이승우, "사죄광고제도에 대한 헌재결정의 평석," 인권과 정의 제181호(1991. 9) 등 참조.

4) 헌재결 1991. 4. 1, 89헌마160, 판례집 제 3 권 149, 1-11면.

2. 憲法裁判所의 判斷

사죄광고 게재가 민법 제764조 소정의 처분에 포함된다고 할 때 과연 동조항이 합헌이 될 수 있을 것인가에 대해서 세 가지의 구조로 판단하고 있다.

(1) 良心의 自由를 侵害하는가

헌법 제19조는 "모든 국민은 양심의 자유를 가진다"라고 하여 양심의 자유를 기본권의 하나로 보장하고 있는바, 여기의 양심이란 세계관·인생관·주의·신조 등은 물론, 이에 이르지 아니하여도 보다 널리 개인의 인격형성에 관계되는 내심에 있어서의 가치적·윤리적 판단도 포함된다고 볼 것이다. 그러므로 양심의 자유에는 널리 사물의 시시비비나 선악과 같은 윤리적 판단에 국가가 개입해서는 안되는 내심적 자유는 물론, 이와 같은 윤리적 판단을 국가권력에 의하여 외부에 표명하도록 강제받지 않는 자유, 즉 윤리적 판단사항에 관한 침묵의 자유까지 포괄한다고 할 것이다. 이와 같이 해석하는 것이 다른 나라의 헌법과 달리 양심의 자유를 신앙의 자유와도 구별하고 사상의 자유에 포함시키지 않은 채 별개의 조항으로 독립시킨 우리 헌법의 취지에 부합할 것이며, 이는 개인의 내심의 자유, 가치판단에는 간섭하지 않겠다는 원리의 명확한 확인인 동시에 민주주의의 정신적 기초가 되고 인간의 내심의 영역에 국가권력의 불가침으로 인류의 진보와 발전에 불가결한 것이 되어 왔던 정신활동의 자유를 보다 완전히 보장하려는 취의라고 할 것이다. 우리나라가 1990년에 가입한 시민적및정치적권리에관한국제규약(이른바 국제인권규약 B규약) 제18조 제 2 항에서도 스스로 선택하는 신념을 가질 자유를 침해하게 될 어떠한 강제도 받지 않는다고 규정하고 있다. 그런데 사죄광고제도란 타인의 명예를 훼손하여 비행을 저질렀다고 믿지 않는 자에게 본심에 반하여 깊이 "사과한다" 하면서 죄악을 자인하는 의미의 사죄의 의사표시를 강요하는 것이므로, 국가가 재판이라는 권력작용을 통해 자기의 신념에 반하여 자기의 행위가 비행이며 죄가 된다는 윤리적 판단을 형성강요하여 외부에 표시하기를 명하는 한편 의사·감정과 맞지 않는 사과라는 도의적 의사까지 광포시키는 것이다. 따라서 사죄광고의 강제는 양심도 아닌 것이 양심인 것처럼 표현할 것의 강제로 인간양심의 왜곡·굴절이고 겉과 속이 다른 이중인격형성의 강요인 것으로서 침묵의 자유의 파생인 양심에 반하는 행위의 강제금지에 저촉되는 것이며 따라서 우리 헌법이 보호하고자 하는 정신적 기본권의 하나인 양심의 자유의 제약(법인의 경우라면 그 대표자에게 양심표명의 강제를 요구하는 결과가 된다)이라고 보지 않을 수 없다.

(2) 人格權을 侵害하는가

더 나아가 살피건대 원래 깊이 "사과한다"는 행위는 윤리적인 판단·감정 내지 의사의 발로인 것이므로 본질적으로 마음으로부터 우러나오는 자발적인 것이라야 할 것이며 그때 비로소 사회적 미덕이 될 것이고, 이는 결코 외부로부터 강제하기에 적합지 않은 것으로 이의 강제는 사회적으로는 사죄자 본인에 대하여 굴욕이 되는 것에 틀림없다. 사과의 정도에 따라 굴욕감의 차이는 있을 수 있지만, 적어도 "사과"의 문구가 포함되는 한 그것이 마음에 없는 것일 때에는 당사자의 자존심에 큰 상처요 치욕임에 다름없으며, "사과문," "진사문," "해명서" 등 어떠한 명목의 것이든 관계없이 그러하다. 더구나 사죄광고란 양심의 자유에 반하는 굴욕적인 의사표시를 자기의 이름으로 신문·잡지 등 대중매체에 게재하여 일반 세인에게 널리 광포하는 것이다. 이러한 굴욕적인 내용을 온 세상에 광포하면서도 그것이 소송의 성질상 형식적 형성의 소에 준하는 것임에 비추어 그 구체적 내용이 국가기관에 의하여 결정되는 것이며 그럼에도 불구하고 마치 본인의 자발적 의사형성인 것 같이 되는 것이 사죄광고이며 또 본인의 의사와는 무관한 데도 본인의 이름으로 이를 대외적으로 표명되게 되는 것이 그 제도의 특질이다. 따라서 사죄광고 과정에서는 자연인이든 법인이든 인격의 자유로운 발현을 위해 보호받아야 할 인격권이 무시되고 국가에 의한 인격의 외형적 변형이 초래되어 인격형성에 분열이 필연적으로 수반되게 된다. 이러한 의미에서 사죄광고제도는 헌법에서 보장된 인격의 존엄과 가치 및 그를 바탕으로 하는 인격권에 큰 위해도 된다고 볼 것이다.

(3) 第37條 第2項에 의한 正當性이 認定될 수 있는 制限인가

가해자가 자발적인 사죄를 거부하거나 혹은 허위사실이 아니라 하면서 불법행위의 성립자체를 다툴 때에 국가가 사죄광고를 명하는 것은 피해자의 명예회복에 어느 정도 효과적인 것일는지 모르나 최후의 수단으로는 보여지지 않으며 오히려 필요와 정도를 넘어서는 수단인 것으로 보여진다. 즉 피해자가 받은 굴욕에 대하여, 사죄의 의사가 없거나 혹은 불법행위가 되지 않는다고 믿는데도 국가의 강제력으로 불법행위의 자인·사죄라는 사회적 굴욕을 새로 가해자에게 감수시켜 대응하는 것으로서 이는 분명코 일종의 응보적 보복에 가까운 것이어서 문명국가라면 응당 수호해야 할 기본가치인 인본주의에 배치된다고 할 것이며 이제는 시대적 감각을 잃은 원시형의 "이에는 이, 눈에는 눈"의 현대판 "탈리오"라고 보아 무방할 것이다. 민사책임이 행위자에 대한 형사법적인 공적 제재인 것에서 분화되어 피해자가 받은 손해의 합리적 전보라는 것을 목적으로 바뀐 오늘날에 있어서 국가에 의한 사죄의 강제는 분명히 민사책임의 목적과 본질에 어긋난 불필요한 효과의 추구라고 할 것이다. 생각건대 민법 제764조에서 명예회복을 위한 필요한 처분을 명할 수 있게 한 것은 그 처분에 의하여 사죄를 시킴으로써 피해자에게 응보적 주관적인 만족을 주기 위한 것이라기보다는 금전에 의한 손해배상만으로는 전보가 안 되는 훼손된 피해자의 인격적 가치에 대한 사회적·객관적인 평가 자체를 회복시키는 것을 가능케 하기 위한 데 있다고 할 것이다. 대저 하기 싫은 사죄의 의사표시를 본인의 이름으로 강제적으로 온누리에 광포시키는 것은 보복감정의 만족에 중범을 둔 고대법적 발상과 궤를 같이 한다고 할 것이며 명예훼손죄에 의한 형사적 처단으로 만족하여야 할 보복감정을 민사책임에서까지 확장하여 충족시키려고 했다 할 것으로 민사책임 속에 형사책임이 혼재된 전근대적인 것이며 이점에서 어디까지나 민사책임을 규정한 민법 제764조의 제도적 의의와 목적에는 적합치 않은 처분이라 볼 것이다. 현재 명예훼손의 경우에 곧 사죄광고가 주된 구제방법이 되어 왔기 때문에 그 역작용을 이때에 함께 청구할 수 있는 금전배상은 한낱 부수적·장식적 의미밖에 없게 되어 그 배상액은 극히 미미한 정도의 낮은 수액으로 고착되게 됨으로써 헌법 제21조 제 4 항 후단에서도 밝히고 있는 명예훼손의 경우에 손해전보라는 배상제도의 본질적 기능발휘에 오히려 장애요인이 되고 있다.

나아가 사죄광고제도에 의한 기본권 제한이 필요부득이한가의 여부를 살펴본다. 사죄광고제도가 피해자의 명예회복을 위한 유일한 제도는 결코 아닌 것이다. 비교법적으로 고찰하여 현재 일본에서만 사죄광고의 강제가 인정되고 있으나 그 곳에서도 위헌론이 강력하게 대두되고 있으며, 영미, 독일, 불란서, 스위스 등 제국에서는 현재 훼손된 명예회복의 방법으로 사죄광고를 인정하지 않고 있다. 영미의 경우도 명예훼손이 된 때에 회복방법으로 손해배상을 원칙으로 하고, 가해자의 자발적 사죄는 배상액의 감경사유로 그치고 있으며, 독일, 불란서, 스위스에서는 가해자의 주장의 취소를 명하거나, 명예훼손의 사실을 확인하는 판결 또는 명예훼손을 이유로 위자료의 지급을 명하는 판결 또는 명예훼손을 이유로 위자료의 지급을 명하는 판결의 요지공시 등에 의하여 피해자의 명예를 회복하는 방법을 인정하고 있다. 우리 민법 제764조의 적용에 있어서도 사죄광고를 구하는 판결이 아니고도 ① 가해자의 비용으로 그가 패소한 민사손해배상판결의 신문·잡지 등에 게재, ② 형사명예훼손죄의 유죄판결의 신문·잡지 등에 게재, ③ 명예훼손기사의 취소광고 등의 방법을 상정할 수 있다고 할 것인데, 이 경우에는 강제집행을 하게 된다 하여도 사죄광고의 경우처럼 양심결정의 강제나 인격권을 무시하는 등의 헌법위반의 문제는 별로 생길 수가 없다. 취소광고라 하더라도 윤리적 판단이 여기에 게재된 것이 아니고 공연히 적시된 사실의 존재의 취소를 명하는 데 그치는 것이기 때문이다. 민법 제764조에 기하여 명하는 처분이라 함은 피해자에 대하여 일단 생긴 사회로부터의 부정적 평가를 가능한 한 정정시키려는 처분 곧 부정적 평가의 자료가 되었던 정보의 정정의 효과가 있는 처분을 뜻한다 한다면 사죄광고 아닌 위에서 본 다른 방법도 민법 제764조의 소기의 목적을 달성하기에 필요하고 충분한 방법이 된다고 할 것이다. 이렇듯 국민의 기본권을 보다 덜 제한하는 명예회복에 필요한 다른 처분도 충분히 상정할 수 있고 또 금전배상청구도 배제하지 않는 터이며 결코 사죄광고만이 명예회복에 유일무이의 수단이 아니라고 한다면 구태여 가해자에게 양심표명의 강제 내지 굴욕감수를 강요하는 사죄광고제도는 어디까지나 과도한 것이며 또한 불필요한 국민의 기본권의 제한이 된다고 할 것이다.

(4) 結　論

따라서 민법 제764조가 사죄광고제도를 포함하는 취지라면 그에 의한 기본권 제한에 있어서 그 선택된 수단이 목적에 적합하지 않을 뿐 아니라 그 정도 또한 과잉하여 비례의 원칙이 정한 한계를 벗어난 것으로 헌법 제37조 제 2 항에 의하여 정당화 될 수 없어 헌법 제19조에 위반되는 동시에 헌법상 보장되는 인격권의 침해에 이르게 된다고 할 것이다. 그렇다면 민법 제764조가 동조 소정의 "명예회복에 적당한 처분"에 사죄광고를 포함시키는 것이라면 동 규정은 헌법에 위반될 수밖에 없다. 바꾸어 말하면 민법 제764조는 동조 소정의 "명예회복에 적당한 처분"에 사죄광고가 포함되지 않는다고 하여야 헌법에 위반되지 않는다.

Ⅲ. 法人의 基本權 主體性 認定 領域에 대한 論議

1. 序 說

법질서 속에서 법인격이 인정되는 활동주체로는 자연인과 법인이 존재한다. 그런데 자연인과 법인의 헌법적 의미는 유무론에서부터 구별론에 이르기까지 동일하다고 할 수 없었고, 현재에도 법인이 헌법상 보장된 기본권을 향유할 수 있는가, 어느 정도로 향유할 수 있는가에 대한 논의는 계속되고 있다. 법인의 기본권 주체성에 관한 이러한 논의들은 기본적으로 헌법과 기본권의 의미와 성격을 어떻게 파악하는가에 따른 견해의 차이로부터 진행되어 왔다고 할 것이다. 여기에서 자연인과는 다른 법인의 기본권 주체성에 관한 헌법적 논의를 하는 이유는 법인의 기본권 주체성을 인정하는 경우에 법인이 기본권 주체가 될 수 있는 범위와 정도에는 어떠한 제한이 있는가를 기본적으로 고찰해 보고자 함이다.

2. 否 定 論

기본적으로 기본권을 자연권으로서 인간의 천부적이고 선국가적인 자유와 권리로 이해하는 C. Schmitt의 입장에서는, 국가 법질서에 의해서 비로소 창설된 법인에게는 인정될 수 없는 권리로 파악된다.[5)]

3. 制限的 肯定論

법인의 기본권 주체성을 긍정하는 견해가 다수의 견해이며, 다만

5) 허 영, 헌법이론과 헌법, 박영사(2008), 363면.

긍정하는 각각의 경우에도 긍정해야 하는 이유, 기본권의 종류와 범위에 대한 논증과 설명에 차이가 있는 제한적 긍정론의 입장[6]이라고 할 것이다.

구체적인 법질서에 의해서 형성된 법적인 크기로서의 국민으로서 자연인과 법인은 규범적 일원체라는 점에서 차이가 있을 수 없기 때문에, 공법인을 제외한 법인에게는 당연히 기본권 주체성을 인정해야 한다고 보는 원래의 법실증주의적 관점,[7] 현대의 복잡한 사회에 있어서는 비록 법인의 의사나 행동이 자연인에 의해서 행해지고 있더라도 개개의 자연인의 그것과는 독립하고 그것을 일체로 파악한 법인의 의사나 활동을 문제로 하는 실익이 충분히 있기 때문에 법인에게도 인정될 수 있는 기본권들이 존재한다는 입장,[8] 법인도 법에 의하여 권리능력을 부여받고 있을 뿐만 아니라 법인의 활동은 궁극적으로 자연인의 이익을 목적으로 하는 것이므로 일정한 범위 내에서 법인을 기본권의 주체로 인정하는 것이 무방하다는 입장,[9] 현대 사회의 현실 속에서 법인도 자연인과 나란히 현대 사회의 중요한 구성요소이며 활동하는 실체를 갖추고 있는 것이라고 보아야 할 것이므로 법인의 설립목적과 기능 등에 따라 기본권 주체성을 인정해야 한다는 입장,[10] 법인의 기본권의 문제는 결사의 자유와 기본권의 객관적 규범질서로서의 성격을 염두에 두고 개인주의적 사상을 탈피해서 인간의 상호협동과 공동체이익을 중요시하는

6) 긍정론의 입장도 한정적 긍정론(김철수 교수, 권영성 교수)과 원칙적 긍정론(허 영 교수, 안용교 교수)의 입장으로 대별하여 분류하기도 하지만[정종섭, 법인의 기본권에 관한 연구 서설, 헌법논총 제2집, 헌법재판소(1991), 396-399면], 법인이 주체가 될 수 있는 기본권의 종류와 범위에 대해서 전면적인 인정이 아니라 제한적인 인정을 하고 있다는 점에서 이 글에서는 제한적 긍정론으로 동일한 궤로 파악하여 설명한다.

7) H. Kelsen, Allgemeine Staatslehre, 1925, ND 1966, S. 66, 149[허 영, 헌법이론과 헌법, 박영사(2008), 361면, FN 212 참조].

8) 김철수, 헌법학개론, 박영사(2006), 246면.

9) 권영성, 헌법학원론, 법문사(2006), 259면.

10) 안용교, 한국헌법, 고시연구사(1989), 277-278면.

현대생활의 가치적인 당위성의 측면 등을 거시적이고 종합적으로 검토하여, 자연적인 인격을 전제로 함으로써 그 성질상 법인에게 인정될 수 없는 기본권은 제외하되 법인의 설립목적이나 기능 등에 따라 구체적이고 개별적으로 각각 기본권 주체성을 인정할 수 있다는 입장[11] 등이 있다.

4. 整　理

결론적으로 정리해 보자면, 현대의 헌법학적 논의 속에서는 법인의 기본권 주체성을 C. Schmitt의 입장에 따라 완전하게 부인하는 입장은 찾기 어렵다. 큰 범주로서의 통설적 입장의 일단락은 법인에게도 제한적이지만 기본권 주체성을 인정할 수 있다는 것이고, 다만 어느 경우에 어떠한 정도로 제한되는 것인가에 대한 각각의 논증이 다를 뿐이라고 하겠다. 그리고 이러한 논의들의 가장 본질적인 차이점은 법인의 기본권 주체성이 법인의 구성원인 자연인과의 관계에서 인정된다고 보는가와 법인 그 자체에서 인정될 수 있다고 보는가이다. 물론 법인의 기본권 주체성을 인정하는 경우에도 기본권의 성질상 인정될 수 없는 것에 대해서는 큰 차이점이 없으며, 이러한 기본권으로는 인간이 자연인으로서 향유하게 되는 성질의 것[12]으로서 인간의 존엄과 가치의 요소를 이루는 기본권과 이를 실현시키기 위한 기본권이 그에 해당한다고 보고 있다.

법인의 기본권보장은 간접적으로 자연인의 기본권을 보장하는 것이 되기 때문이라거나 법인 활동의 효과가 결국에는 자연인에 귀속되기 때문에 법인의 기본권 주체성을 인정해야 한다는 입장[13]은 법인의 기본권

11) 허 영, 헌법이론과 헌법, 박영사(2008), 371-372면.

12) 인간의 존엄과 가치, 행복추구권, 생명권, 성별 · 가문 · 출신 · 신앙 등 인적 요소와 결합된 차별금지, 양심의 자유, 종교의 자유 등 내심의 자유, 혼인의 순결, 보건권, 생존권, 인신의 자유, 교육을 받을 권리, 자녀를 교육할 양친의 권리, 범죄피해자구조청구권, 선거권 · 피선거권 등의 참정권 등이 그것이다.

13) 김철수, 헌법학개론, 박영사(2006), 246면; 권영성, 헌법학원론, 법문사(2006),

주체성을 인정하는 이론적 근거를 법인의 구성원과의 관련성에서 구하는 견해로서, 기본권 보장의 본질이 자연인의 인권보장이라는 인권사상을 전제로 하는 것이며 따라서 현대 사회에서 불가피하게 법인에게 헌법상의 기본권을 한정된 범위와 정도에서 인정하더라도 그로 인하여 자연인의 인권에 어떠한 제한이나 침해가 있어서는 안 된다는 것을 기본적으로 담고 있다.[14] 검토하자면 이러한 입장들은 법인의 기본권주체성을 이끌어내기 위해 법인이 아닌 자연인을 앞에 내세우는 것으로 기본권을 자연법적인 인권으로 생각하는 결단주의적 논리의 부산물이라고 할 수 있다.[15]

한편, 법인의 기본권 주체성을 법인 그 자체에서 구하는 견해는 법인이 실제 사회에서 자연인과 같이 활동하는 실체이며 현대사회의 중요한 구성요소이므로 그 자체의 기능과 활동에 대해서 독자적으로 헌법상의 기본권을 인정하여야 할 이유와 실익이 있다고 보는 입장[16]이다. 하지만 이 경우에도 법인의 기본권과 그 구성원의 기본권 행사가 모순되거나 충돌되는 경우를 고려해야 하기 때문에 법인 그 자체에 대해서 기

259면; 官澤俊義, 憲法(東京: 有斐閣, 1983), 245면; 阿部照哉, "人權總論," 現代憲法座下(東京: 日本評論社, 1985), 87면. 阿部照哉는 법인의 기본권 인정의 근거로, 법인은 자연인에 의해 구성되고 법인의 인권보장은 간접적으로 자연인의 자유·권리의 보호가 되며 법인은 자연인과 같이 사회적 활동의 실체이며 법률상의 '人'으로서 사회의 구성요소라는 점을 들고 있다; 長尾一紘, 日本國憲法(京都: 世界思想史, 1988), 90면 이하; 小林直樹, 憲法講義(上)(東京: 東京大學出版會, 1989), 284면. 小林直樹는 "법인의 사회적 존재가 인정되고 나아가 그것이 결국에 자연인의 이익이나 권리의 실현을 도모하며 각각의 사회적 단위로서의 활동이 의미 있고 필요한 이상 조리상 가능한 범위에서 헌법상의 기본권을 보장하는 것이 필요하고도 합목적적이라고 생각된다"고 한다; 竹官崇, 憲法講話(東京: 有信堂, 1988), 59면 참조.

14) 그러므로 이 입장에 의하면 구성원으로서의 자연인이 없는 재단법인에 대해서는 기본권 주체성을 인정할 수 없게 된다.

15) 허 영, 헌법이론과 헌법, 박영사(2007), 364면.

16) 허 영, 헌법이론과 헌법, 박영사(2008), 371면 이하; 안용교, 한국헌법, 고시연구사(1989), 277면; 伊藤正已, 憲法(東京: 弘文堂, 1982), 198면; 佐藤幸治, 憲法(東京: 青林書院, 1990), 386면 참조.

본권 주체성 인정의 근거를 찾아야 한다는 것은 그 인정근거를 그 구성원의 기본권에서 바로 도출할 수는 없다는 논리이지 법인의 기본권문제를 법인의 구성원의 기본권과 관련시켜 이해할 필요가 없다거나 그렇게 해서는 안 된다는 의미가 아님을 강조하는 입장17)도 있다.

5. 問題의 提起

법인의 기본권 주체성을 생각함에 있어서 검토해야 하는 문제는, 法人이 그 구성원의 기본권을 행사할 수 있는가 하는 것과 법인의 구성원이 그것도 법인의 기관이 법인의 기본권과 어떠한 관계를 갖는 것인가 하는 문제이다. 이 양면의 검토가 필요한 이유는 기본권의 기본권주체에의 전속적 성질(專屬的 性質), 즉 기본권의 양도불가성(讓渡不可性)과 분할불가성이 우리 헌법상의 기본권의 본질적 속성임이 주지의 사실이기 때문이다. 이렇게 볼 때, 전자의 경우는 헌법적으로 그 답이 명확하다. 기본권은 그 기본권이 인정되는 주체의 일신전속적인 권리인 것이므로, 법인은 어떠한 경우에도 그 구성원의 기본권을 당해 구성원을 대신하여 직접 행사할 수 없다. 따라서 법인이나 권리능력 없는 사단은 그 자신이 직접 당사자가 되어 그 구성원의 기본권침해를 민사소송, 행정소송, 헌법소원 등으로 다툴 수 없는 것이다.

반면에 후자의 경우에는 헌법적 답을 구하기 위해서 더 ㅠ명되어야 할 법적 논점이 존재한다. 그 구조와 본질이 자연인과는 다른 존재인 법인이 해당 기본권의 주체가 될 수 있을 것인가는 상술된 헌법적 논증에 의해서 결론내려야 하지만, 설사 해당 기본권이 법인에게 인정되는

17) 정종섭, "법인의 기본권에 관한 연구 서설," 헌법논총 제 2 집, 헌법재판소(1991), 409면. 원래 법인이라는 것이 자연인인 개인이 경제적·사회적·정치적 이익 등을 추구함에 있어서 개개인이 단독으로 이를 추구하는 것이 보다 충실하고 효과적이기 때문에 생겨난 점을 감안해 보면 법인의 기본권보장문제를 법인의 구성원의 기본권보장과 완전히 단절시켜 이해하는 것은 문제점이 있다고 분석하고 있다.

경우라 할지라도 무형의 존재인 법인 자신에게 인정된 기본권을 법인의 기관이 법인 자신이 향유하는 것과 동일한 법적 의미를 가지고 행사할 수 있는 것인가에 대한 문제가 여전히 남겨져 있기 때문이다. 바로 이 문제에 대한 고찰이 민법 제764조에 대한 헌법재판소의 결정 속에서 쉽게 간과된 혹은 생략된 부분이다. 법인에게 강제된 사죄광고명령은 법인의 양심의 자유를 침해하지만 법인이기 때문에 자연인인 대표이사의 양심의 자유를 침해하는 것이 된다는 헌법재판소의 결론이 이 결론 이전에 규명해서 설명했어야 할 바로 그 논점인 것이다. 그리고 이 논의는 법인과 법인의 기관인 대표이사와의 관계에 대한 해석으로부터 시작되어야 하며, 이 관계의 해석에 관해서는 법인의 본질론과 관련된 사법적 사유구조가 바탕이 될 수밖에 없다.

Ⅳ. 法人과 代表機關의 關係에 대한 法理論的 考察

1. 法人 本質論에 대한 解釋

우리 민법전은 명문으로 법인에게도 권리주체성을 인정하고 있으므로(민법 제34조), 법인이 자연인과 마찬가지로 법적 활동을 하고 그에 따른 법률효과를 부담하는 주체임에는 논란의 여지가 없다. 이처럼 자연인의 권리능력 개념이 법인에게로 확장됨에 따라, 자연인의 천부적 성질을 전제로 한 것을 제외하고는 민·상법상 대부분의 제도가 법인에게도 그대로 적용되는 것이 원칙이다.

오늘날 법인의 사회적 실재성을 의심하거나 법인 조직의 법적·경제적 필요성 및 법인 공시를 위한 승인절차의 요구 등을 부정하는 사람은 없다. 그렇지만 법인의 활동 방식과 법률효과의 귀속 등에 관한 논제는 아직도 법리적 검토가 진행 중이라고 볼 수 있는데, 이는 사회 변화 속에서 법인제도의 합리적 운영 및 해석이라는 명제에 대해 고민할 수밖에 없기 때문으로 보인다. 어떤 주체가 어떤 방식으로 법인의 법적인 활동을 수행하는가 그리고 바로 그 법률효과가 법인에게 귀속된다는 법리적 논증체계는 무엇인가. 현대 법인제도의 복잡성과 다양성 속에서 이러한 난제들에 대한 답을 도출하는 것은 더욱 더 어려워지고 있지만, 그럼에도 불구하고 여러 측면에서의 실증적인 분석들이 제시되어 왔다. 그러나 어떠한 논의라 할지라도 이들에 대한 검토는 다소 진부하지만 법인의 본질적 성격 및 구조에 대한 종래의 법인본질론적 대립구도에서 출발할 수밖에 없는 것이 사실이다. 즉 양 이론의 기본 골격과 진정한 의미를 살펴보고 이를 바탕으로 섬세한 법리구성이 이루어져야 한다. 그간의 법인이론에 관한 다양한 견해들이 제시되었지만,[18] Savigny의 법인의제설과 Gierke의 법인실재설을 양대 기본구도로 파악하여도 큰 무리가 없을 것으로 보인다.[19] 법인은 법적 의제에 의하여 인정된 인공적 주체로서 자연인에 의제된 존재에 불과하다는 법인의제설과 법인을 의제의 산물이라기보다는 실질적으로 권리의무의 주체가 될 수 있는 실체를 가진 사회적 실재로 보고 논리를 전개하는 법인실재설이 그 것이다.[20] 물론 어느 입장에 서건 간에 법인은 관념체이므로 자신의 법적 활동을 실질적으로 수행하기 위하여 필연적으로 자연적 의사를 가진 기관인(organ person)을 매개체로 삼아야 하는 것을 인정해야하는 것은 분명해 보인다.[21] 다만 그 기관인의 행위를 법인의 행위로 귀속시키는 것에 대한 이론적 증명에 있어서는 차이가 존재한다. 앞에서 설명한 바와 같이 법인의 권리능력 인정에 대해서는 사법상 논란의 여지가 없는 반면에, 법인의 행위능력에 대해서는 오랜 논란을 이어 온 것도 이런 이

18) 고상룡, "법인론의 재검토 소고," 성균관법학 창간호(1987), 166면 이하 참조.

19) 송호영, "법인의 활동과 귀속의 문제 —법인본질논쟁의 극복을 위한 하나의 시론—," 민사법학 제31호(2006. 3), 한국민사법학회, 6면 참조.

20) Savigny와 Gierke에 대한 이러한 대립적 시각의 재검토가 필요하다는 주장도 있다(송호영, 전게논문, 12-13면 참조).

21) 송호영, 전게논문, 17-18면 참조.

유에서이다. 즉 의제설에 의하면 행위능력은 자연인의 전유물이므로 법인 자신은 행위능력이 없다고 설명하면서 이 같은 권리능력과 행위능력의 불일치를 대리이론의 도입으로 해결한다. 그리고 이 같은 논리의 연장선에서 고의나 과실이 전제되는 불법행위능력도 부정한다. 이에 반하여 실재설은 법인은 실재적으로 존재하는 유기체적 존재이므로 스스로 생각하고 그 생각한 것을 행동으로 옮길 수 있기 때문에 행위능력과 불법행위능력을 인정할 수 있으며, 법인의 의도 및 결정은 법인조직의 일부인 기관의 행위를 통하여 밖으로 표출된다고 설명하는 것이다.[22)]

다만 본 글에서는 법인 자신과 그 기관인인 대표이사와의 사법적 연결구조를 정치하게 분석하여 법리적 우월성을 입증하려는 것은 아니기 때문에, 양 이론의 결론적 내용에 실제적 차이가 크지 않다면, 일단 단일한 논리구조를 전제로 글을 풀어나가려 한다. 즉 의제설과 같이 법인과 기관과의 관계를 대리관계(代理關係)로 보든 실재설처럼 자연인과 유사한 기관관계(機關關係)로 보든,[23)] 이 논문의 주된 관심사는 법인의 활동은 필연적으로 자연인인 기관인의 활동을 매개로 할 수밖에는 없다는 점이고, 따라서 자연인인 기관인의 일정한 행위를(기관인에게 인정된 법적 권한 내의 행위를 전제로) 법인의 활동으로 어떻게 어느 범위까지 귀속시킬 수 있는가 하는 문제이다. 특히 여기에 헌법적 양심개념을 대입시켜야 한다는 점에서 어려움이 크다고 본다. 일단 사법적 분석으로는 이 같은 귀속의 문제를 일종의 규범적 문제로 파악하고 다양한 연구결과를 내놓고 있지만, 일반적으로 일정한 귀속규범에 의하여 자연인의 외형적 행동은 물론이고 주관적 인식까지도 법인에게 귀속된다는 입장에 큰 이의가 없어 보인다.[24)] 기관인의 활동 및 인식이 법인 스스로의 활

22) 고상용, 전게논문, 166면, 168면 참조.

23) 실재설이 법인의 기관을 일종의 신체조직과 동일하게 이해하고 이론을 전개하고 있지만, 이는 일종의 사실적인 비유일 뿐, 기관의 활동이 법인에 귀속됨으로써 법인자산의 활동으로 인정받을 수 있다는 점을 명확히 하고 있다(송호영, 전게논문, 18면 참조).

24) 법인으로의 귀속문제에 관한 독일에서의 논의는 "송호영, 전게논문, 17-22면" 참조.

동 및 인식으로 인정된다는 이 같은 설명은 자연스럽게 법률효과를 법인에게 부담시키는 논리와 조화될 수 있다.

2. 謝罪廣告命令 履行主體로서의 法人과 代表理事의 同一性?

그렇다면 신문사 대표이사인 기관인의 권한 내의 외형적 업무행위뿐만 아니라 그와 관련한 인식 등의 주관적 요소도 법인인 신문사로 귀속된다고 할 수 있는 것이고, 그로 인한 일체의 법적 책임을 신문사가 부담하는 것은 당연한 논리적 귀결이다.

본 사례에서 대표이사가 법원의 명령에 의하여 신문사의 사죄광고를 수행함에 있어 신문사의 대표이사로서 부당한 강요에 의한 행위라고 생각하였다면 이 같은 인식은 법인인 신문사의 인식으로 볼 수 있는 여지가 있다. 따라서 이러한 귀속관계로만 보면 기관인 대표이사의 양심을 전제로 판단한 헌법재판소의 입장이 일응 타당한 것으로 보인다—이 결정 논거에 대한 설명의 부재로 인해 우리는 헌법재판소의 판단의 근거가 무엇인지는 분명히 알 수 없다—. 하지만 이 결정에서 헌법재판소는 그들의 판단에 대한 선행문제로 해결했어야 하는 적어도 두 가지의 문제를 명확하게 정리해 내지 않았다. 법인인 신문사의 양심을 인정할 수 있는가의 문제와 신문사의 기관인인 대표이사의 업무상 행위와 관련한 양심을 헌법상 양심의 개념에 포함시킬 수 있는가의 문제가 바로 그것이다.

즉 대표이사인 자연인의 자연인으로서의 개인적인 양심과 신문사 기관인으로서의 양심은 구분되어 인정될 수 있는 것인가? 만약에 신문사 기관인으로서의 대표이사의 직업적 양심이라는 것이 그의 직업수행과 관련하여 인정될 수 있다면 그 양심이 헌법이 보호하는 양심에 해당된다고 할 수 있을 것인가? 물론 신문사 기관인으로서의 대표이사의 직업적 양심이 인정될 수 있고 그리고 그 양심이 헌법이 보호하는 양심의 범주에 해당되는 것이라면, 대표이사의 그 양심은 상술한 이론에 의하면 법인인 신문사에게 귀속될 수 있게 될 것이다. 하지만 이 경우에도 여전히 헌법적 검토의 필요성은 잔존한다고 할 것인데, 왜냐하면 이와 같이 법인인 신문사의 양심을 긍정하게 된다면, 양심의 자유라는 기본권의 성격상 법인에게는 인정될 여지가 없다는 것을 어떻게 설명해야 하는가의 문제가 다시 등장하게 되기 때문이다.

Ⅴ. 謝罪廣告制度와 關聯된 良心의 自由의 憲法的 檢討

1. 良心의 憲法的 意義

양심의 자유에서의 양심은 옳고 그름에 대한 가치평가와 이에 수반되는 당위의 의식이다. 헌법재판소의 결정들[25]에서 정의하고 있는 양심은 세계관·인생관·주의·신조 등은 물론 이에 이르지 아니하여도 보다 널리 개인의 인격형성에 관계되는 내심에 있어서의 가치적·윤리적 판단도 포함된다고 한 바 있다. 그런데 본 사죄광고의 위헌 결정 이후의 헌법재판소의 결정들 속에서 정의되고 있는 양심의 의의는 '진지성'의 명시 유무에 있어서 차이점을 보인다. 이 진지성의 의미는 독일연방헌법재판소가 판시하고 있듯이, 헌법이 보호하려는 양심이라는 것은 어떤 일의 옳고 그름을 판단함에 있어서 그렇게 행동하지 않고는 자신의 인격적인 존재가치가 파멸하고 말 것이라는 강력하고 진지한 마음의 소

25) 헌재결 1991. 4. 1, 89헌마160, 판례집 3, 152면; 헌재결 1997. 3. 27, 96헌가11, 판례집 9-1, 263면; 헌재결 1997. 11. 27, 92헌바28, 판례집 9-2, 571면; 헌재결 1998. 7. 16, 96헌바35, 판례집 10-2, 166면; 헌재결 2001. 8. 30, 99헌바92 등, 판례집 13-2, 203면; 헌재결 2002. 1. 31, 2001헌바43, 판례집 14-1, 56면; 헌재결 2002. 4. 25, 98헌마425 등, 판례집 14-1, 363면 등.

리[26]여야 한다는 뜻이다. 그러므로 헌법이 양심의 자유에 의해서 보호하려는 양심은 이처럼 진지하고 절박한 구체적인 양심이어야 한다. 또한 인간의 내심적 영역으로서의 핵심적 부분을 국가가 간섭할 수 없도록 하기 위한 것이 양심의 자유를 기본권으로 보장하는 의의라고 할 것이므로, 양심의 개념적 요소는 개방적·형식적·주관적으로 설정되어야 한다.[27] 하지만 적어도 헌법이 보호하는 양심이 되기 위한 주관성이라는 것도 구체적 상황 속에서의 구체적 인간의 단순한 개별적 선호나 따르기 싫음, 하기 싫음 그 이상으로 진지하고 강한 신념적 요소가 기본적으로 인정될 수 있는 것이어야 할 것이다.[28] 헌법이 보호하는 양심의 개념을 이와 같이 신중하게 해석하는 것은 양심의 자유의 보호범위를 축소하고자 하는 것이 아니며, 이러한 개념적 요소를 충족하지 못하는 신념·사상·의견 등의 경우에는 헌법상의 기본권 규범구조 속에서 양심의 자유가 아닌 여타의 다른 기본권조항들에 의한 보호가 예정되어 있음을 전제로 하는 것이다. 우리 헌법이 양심의 자유 외에 사상의 자유, 언론출판의 자유, 학문과 예술의 자유를 보장함으로써 이들 영역을 따로 보호하고 있는 이유도 그 때문이다.[29]

그렇다면, 헌법재판소가 사죄광고명령에 관하여 판단하고 인정한 신문사의 양심 혹은 대표이사의 양심이 헌법적인 양심이었던 것인가. 민법상의 불법행위가 성립된 경우에 법원이 그 피해자의 명예회복에 적당한 처분으로 선택한 사죄광고명령을 신문사 혹은 대표이사가 단순히 하기 싫어서 이행하지 않는 것이 아니라 그 이행으로 말미암아 신문사 혹은 대표이사의 인격적인 존재가치가 파멸되고 말 것이라는 강력하고 진지한 마음의 소리에 기인한 거부였음을 인정했던 것인가. 적어도 이 사건에 관한 한 가해자인 법인이나 대표이사가 입증하거나 보인 바 없으며,

26) Vgl. BVerfGE 12, 45(55).
27) 윤영미, "양심의 자유의 내용과 제한," 인권과 정의 제345호(2005. 5), 57면.
28) 최대권, "양심의 자유와 사죄광고," 서울대학교 법학 제39권 3호(1998. 11), 8면.
29) 허 영, 헌법이론과 헌법, 박영사(2008), 573-574면.

헌법재판소 또한 그 논증 속에서 보여준 바 없다. 이러한 진지성을 양심의 개념적 요건으로 인정하고 논증함 없이 어떤 강제 조치 또는 명령에 자발적 의사로 따르고자 하는 것이 아닌 경우가 양심의 문제에 해당되는 것으로 단순히 인정하게 된다면, 법원의 명령 또는 법적 강제조치는 모두 양심을 침해하는 문제로 간주되고 말 것이다. 때문에 법질서가 요구하는 특정행위에 대하여 마음이 내키지 않는 감정이나 이를 마지못해 하는 것은 양심상의 결정이라고 할 수 없고 양심의 자유의 문제가 될 수 없다.[30] 따라서 사죄광고명령의 강제가 법인인 신문사나 대표이사의 양심을 침해한 것이라고 한다면, 이 명령의 강제로 인해서 침해되는 신문사나 대표이사의 강력하고 진지한 인격적 파멸이 인정될 수 있어야 했던 것이다. 이러한 인정이 어렵거나 불가능했다면 법원의 사죄광고명령이 강제됨으로써 신문사나 대표이사가 하기 싫은 행위를 강제당한 현실적 결과는 업무와 관련된 자기결정권이나 행동의 자유와 같은 다른 기본권의 침해 여부를 검토할 수 있음은 별론으로 하고 적어도 양심의 문제로 결정해서는 안 되었던 것이다.

2. 新聞社 代表理事의 職務上의 良心을 認定할 수 있는 것인가

신문사 대표이사인 자연인은 당연히 헌법 제19조가 보장하는 양심

30) 한수웅, "헌법 제19조의 양심의 자유," 헌법논총 제12집, 헌법재판소(2001), 395면; 윤철홍, "명예훼손과 사죄광고를 명하는 판결에 관한 소고," 숭실대학교 법학논총 제13집(2003), 99면; 반면에 헌법재판소의 양심의 자유에 대한 설시내용이 옳다고 평가한 견해로는 이승우, "사죄광고제도에 대한 헌재결정의 평석," 인권과 정의 제181호(1991. 9), 138-140면; 윤진수, "사죄광고제도와 민법 제764조의 위헌 여부," 사법행정 제371호(1991. 11), 80면 이하; 김명재, "헌법상의 양심의 자유의 보호범위," 헌법학연구 제13권 제3호 제1책(2007. 9), 438-439면; 헌법재판소의 논증구조는 비판하되, 사죄광고의 강제가 양심의 자유에 대한 제약이라는 점을 인정한 견해로는 허 영, "사죄광고와 양심의 자유," 법률신문 제2045호(1991. 4. 1), 판례평석 내용 참조.

의 자유를 향유한다. 즉 대표이사는 한 개인으로서 여느 사람과 같이 선악·시비에 대한 주관적이고 개인적인 의식을 가지며, 자신의 인격의 정체성과 동질성을 유지해 주는 가치판단에 대한 자기만의 개인적인 통일적 의식을 가진다.[31] 그렇다면 헌법재판소가 법인의 경우에 사죄광고명령의 강제로 인해 대표이사의 양심의 자유를 침해한다고 한 것은 대표이사의 어떤 양심인 것인가. 자연인인 대표이사의 개인적인 양심인가 아니면 대표이사로서의 직무를 수행함에 있어서의 별도의 직업적 양심인가. 물론 법인의 양심의 자유를 침해하는 것이지만 법인이기 때문에 헌법적으로 인정할 수 없어서 법인의 기관(機關)인 대표이사에게 동일하게 인정하고자 하는 것이라면, 앞에서 상술했던 논리에 따라 이론적으로 타당하지 않다고 할 것이고, 그러므로 법인의 기관인 대표이사에게 이러한 직업상의 양심을 헌법적으로 인정할 수 있어야만 헌법재판소의 결론이 설명가능하게 되기 때문이다.

그런데 우리 헌법상 어떤 개인에게 이러한 개인으로서의 본질적인 양심의 자유 외에 그 개인이 어떤 법적 지위를 직업으로 인정받게 되는 경우에 그 지위에 따른 직무상의 양심을 인정하는 경우로 법관의 양심의 사례가 있다. 법관이 재판을 하는 경우에 재판의 공정성과 정당성을 보장하기 위하여 헌법은 명문으로 법관에게 개인으로서의 양심이 아닌 그리고 개인적인 양심과는 구별되는 법관으로서의 양심을 인정하고 그에 따른 재판업무수행을 명령하고 있다.[32] 이러한 법관의 법관으로서의 양심의 의미를 흔히 법관의 지위에서 가지는 직업적·기능적 양심이라고 평가한다.[33] 법관이 주관적·개인적 양심이 아니라 객관적인 '법관으로서의 양심'에 입각하여 헌법과 법률에만 구속된다고 할 때, 이 객관적 양심은 내심의 양식과 도덕감에 따라 심판하고 명확한 직업적 자각을

31) 정종섭, 헌법학원론, 박영사(2008), 1218-1219면.

32) 헌법 제103조.

33) 정종섭, 헌법학원론, 박영사(2008), 1219면; 김철수, 헌법학개론, 박영사(2006), 1363면; 성낙인, 헌법학, 법문사(2008), 1059면.

가질 것을 요구하는 것이라고 해석해 왔다.[34] 때문에 법관의 직무를 행함에 있어서 법관이 그 직업을 버리지 않는 한 이 양심의 준수는 헌법적 명령으로서 법관에게는 직업적 의무로 파악되어야 한다. 그리고 이와 같이 동일한 개인임에도 불구하고 분리된 양심을 인정하는 이유는 해당 직무수행에 있어서 법관의 개인적 양심과 법관으로서의 직업적 양심이 일치하지 않을 경우에 대한 갈등을 해결하기 위한 헌법적 방안인 것이다.

그렇다면 신문사 기관으로서의 대표이사에게도 이와 비슷한 구조로 설명될 수 있는, 즉 신문사 대표이사의 업무를 수행함에 있어서 헌법이나 법률에 의해서 확립하고 준수할 것이 요구된 직업적·기능적 양심을 인정할 수 있는 것인가. 그리고 사죄광고가 명령된 경우에 대표이사 개인의 양심과 대표이사로서의 직업적 양심이 갈등을 일으키고 있다고 볼 수 있는가? 주식회사의 대표이사는 회사와 위임관계에 있기 때문에 업무수행에 있어 선량한 관리자의 주의의무(duty of care)를 당연히 부담하며[35] 상법상 법령과 정관의 규정에 따라 회사를 위하여 그 직무를 충실하게 수행해야 하는 충실의무(duty of loyalty)까지도 부담한다(상법 제382조의3).[36] 이러한 회사법상의 의무 규정을 근거로 하여 대표이사에게 직업적 양심이란 것을 인정할 수 있을 것인지에 대해서는 의문이다. 더군다나 민법상의 불법행위가 인정된 전제 하에 법원이 명령한 사죄광고 조치를 거부하기 위한, 법질서 거부행위에 있어서의 직업적 양심을 인정할 수는 없다고 본다. 또한 신문사의 대표이사로서 법원의 사죄광고명령의 이행으로 인해 자신이 속한 신문사의 공적인 이미지나 신뢰도에 대한 타격이 될 수도 있다는 직무상의 직업적 인식이나 우려가 인정될 수

34) 구병삭, "법관 직권행사의 독립과 양심," 월간고시 120호(1984. 1), 16면; 김철수, 헌법학개론, 박영사(2006), 1363면; 성낙인, 헌법학, 법문사(2008), 1059면.

35) 이철송, 회사법강의, 박영사(2008), 594면.

36) 필자는 선관의무와 충실의무의 법적 성격을 서로 다른 것으로 파악하여 설명하였지만, 양자의 법적 성격에 대하여는 동질설과 이질설이 대립한다(이철송, 상게서, 604면).

있다 하더라도 이러한 인식이나 우려가 헌법상의 양심이 될 수는 없다고 할 것이다.

Ⅵ. 맺 는 말

법원에 의한 강제명령을 받은 자가 그 명령을 자발적으로 이행하고 싶지 않지만 그것이 법원의 강제적 명령이기 때문에 하기 싫은 일임에도 할 수 없이 해야만 한다는 것이 반드시 양심의 문제로 확정될 수 있는 것인가. 굳이 칸트의 말을 인용하지 않더라도, 양심이란 인간으로 하여금 객관적인 가치질서 및 규범에 따라 선악에 대한 올바른 결정을 내리게 하고 그에 따른 행위에 대해 책임을 지게 하는 인간정신의 내면의 소리이기 때문에, 한낱 개인의 지극히 주관적인 확신에 불과한 것이 아니며 고정된 것도 아니고 사회적인 관계와 객관적 가치질서 하에서 공존하는 우리의 생활공동체로부터 양심의 부담은 유래하게 되는 것이다.[37] 그러므로 양심은 개인적인 판단에 따라 자의적으로 내린 주관적 확신이 아니라 오히려 행위의 선악에 대한 판단을 이끄는 객관적인 가치질서에 따라 올바른 것을 실현하기 위한 숙고 속에서 내려지는 결단이어야 한다. 또한 동시에 양심은 일반화되거나 다수화될 수 없는 고유의 본성을 지니는 것이어서 인간의 내면적인 핵심적 부분으로서의 양심은 헌법적으로 반드시 보호되어야만 하기 때문에, 적어도 헌법적 보장이 인정되는 양심이기 위한 기본권 주체 자신의 인격에 대한 진지성이 요구된다. 따라서 이러한 양면적 요소들이 헌법 제19조가 보호하는 양심에 해당되는 가장 기본적인 개념 요소이기 때문에, 명예훼손의 불법행위를 행한 신문사에 대해서 내려진 사죄광고명령의 강제를 거부하고 싶은 신문사의 심적인 결정 부분은 헌법상의 양심의 영역에 해당된다고 할

37) 이인숙, "칸트에 있어서 '양심'의 의미," 고려대학교 철학연구 제28집(2004. 9), 26면.

수 없다. 이것이 법질서의 유지와 타인과의 공존적 사회관계를 전제한 법원의 강제적 명령이 신문사의 어떤 자유권(예를 들어, 자기결정권이나 일반적 행동의 자유권 등)에 대한 제약으로 인식될 수 있을지라도, 적어도 그 자유권이 양심의 자유가 될 수 없는 가장 근본적인 이유라고 하겠다.

또한 설사 법원의 명령에 의한 제한이 신문사의 양심의 자유에 대한 문제가 될 수 있다 해도 양심의 자유라는 기본권의 성격상 자연인이 아닌 법인에게 인정될 수 있는 것인가. 현대 헌법학의 대부분의 논의들이 법인의 기본권 주체성을 제한적으로 인정하되 검토되는 기본권마다의 성격이나 법인의 존립목적 등 일정한 사유에 기한 제한을 긍정하는바, 양심의 자유를 중심적 기본권으로 법인인 신문사에 대해서 인정할 수는 없다. 그렇다면 헌법재판소가 동 결정에서 판시하고 있는 것과 같이 법인인 신문사에게 강제된 명령의 이행이 법인의 대표이사의 양심을 제한하거나 침해하는 것으로 동일시할 수 있는 것인가. 법인의 활동과 법적 효과의 귀속문제를 근본적으로 해석해 내기 위한 법인본질론의 검토에 따르면 신문사 대표이사인 기관인의 권한 내의 외형적 업무행위뿐만 아니라 그와 관련한 인식 등의 주관적 요소도 법인인 신문사로 귀속된다고 할 수 있게 됨으로써, 신문사의 대표이사가 그에게 주어진 업무수행으로서 법원의 강제명령을 이행함에 있어서 명령에 대한 부당함을 주관적으로 인식하였다면 일응 이 같은 인식은 법인인 신문사의 인식으로 볼 수 있는 여지가 있다. 따라서 이러한 귀속관계에 대한 사법적 법리로만 보면 기관인 대표이사의 양심을 전제로 판단한 헌법재판소의 입장이 일면 설명되어질 수 있다. 하지만 법인인 신문사에 대해서는 양심을 인정할 수 없다는 점과 더 나아가 신문사의 기관인인 대표이사의 업무상 행위와 관련한 직업적 양심을 인정하기 어렵고 설사 인정할 수 있다고 하더라도 그것을 헌법상 양심의 개념에 포함시킬 수 없다는 점을 보태어 생각한다면, 1991년에 헌법재판소가 사죄광고제도에 대해서 내린 사형선고는 여전히 치명적인 헌법논증상의 오류를 간직하고 있다고 할 것이다.

[표 제 어]

meaning of conscience(양심의 의의), freedom of conscience(양심의 자유), the court-ordered publication of apology(사죄광고제도), constitutional right of legal entity(법인의 기본권), professional conscience of representative director(대표이사의 직업적 양심)

[참고문헌]

권영성, 헌법학원론, 법문사, 2006.
김철수, 헌법학개론, 박영사, 2006.
성낙인, 헌법학, 법문사, 2008.
안용교, 한국헌법, 고시연구사, 1989.
이철송, 회사법강의, 박영사, 2008.
정종섭, 헌법학원론, 박영사, 2008.
허 영, 헌법이론과 헌법, 박영사, 2008.

고상용, "법인론의 재검토 소고," 성균관법학 창간호(1987).
구병삭, "법관 직권행사의 독립과 양심," 월간고시 120호(1984. 1).
김명재, "헌법상의 양심의 자유의 보호범위," 헌법학연구 제13권 제 3 호 제 1 책(2007. 9).
성낙인, 명예훼손에 대한 사죄광고제도와 헌법재판소의 결정, 언론중재위원회 홈페이지, http://www.pac.or.kr/html/data/dt_zine_view.asp?seqid=51
송호영, "법인의 활동과 귀속의 문제—법인본질논쟁의 극복을 위한 하나의 시론 ," 민사법학 제31호(2006. 3).
윤영미, "양심의 자유의 내용과 제한," 인권과 정의 제345호(2005. 5).
윤진수, "사죄광고제도와 민법 제764조의 위헌 여부," 사법행정 제371호(1991. 11).

윤철홍, "명예훼손과 사죄광고를 명하는 판결에 관한 소고," 숭실대학교 법학논총 제13집(2003).

이승우, "사죄광고제도에 대한 헌재결정의 평석," 인권과 정의 제181호(1991. 9).

이인숙, "칸트에 있어서 '양심'의 의미," 고려대학교 철학연구 제28집(2004. 9).

정종섭, "법인의 기본권에 관한 연구 서설," 헌법논총 제 2 집, 헌법재판소(1991).

최대권, "양심의 자유와 사죄광고," 서울대학교 법학 제39권 3호(1998. 11).

한수웅, "헌법 제19조의 양심의 자유," 헌법논총 제12집, 헌법재판소(2001).

허 영, "사죄광고와 양심의 자유," 법률신문 제2045호(1991. 4. 1).

官澤俊義, 憲法(東京: 有斐閣, 1983).

阿部照哉, "人權總論," 現代憲法座下(東京: 日本評論社, 1985).

小林直樹, 憲法講義(上)(東京: 東京大學出版會, 1989).

伊藤正己, 憲法(東京: 弘文堂, 1982).

長尾一紘, 日本國憲法(京都: 世界思想史, 1988).

佐藤幸治, 憲法(東京: 青林書院, 1990).

竹官崇, 憲法講話(東京: 有信堂, 1988).

Kelsen, H., Allgemeine Staatslehre, 1925, ND 1966.

[Abstract]

Critical Examination on Decision of the Constitutional Court determined the Unconstitutionality of Civil Law § 764

So Young Cho(National University of Pusan, Law School)

Why do our Constitution protect conscience? The case for conscience is much weaker than the expanding rhetoric of freedom of conscience in modern legal and public discourse suggests. The Constitutional Court made a unconstitutional decision about the court-ordered publication of apology of civil law in April 1, 1991(89 hun-ma 160). The court-ordered publication of apology issued was regarded as a remedial measure against defamatory expression satisfied the requirements of torts. This article contains in several constitutional(or legal) question about this decision; What is the nature of freedom of conscience including the meaning of conscience?, Whether a legal entity like a corporation can possess conscience so that it can be protected under the freedom of conscience clause of our Constitution or not?, How should we interpret the relationship a legal entity and a representative director grounded on traditional theories of legal entity nature?, and Is the representative director admitted a kind of professional conscience as like a case of judge in our legal system? In relation to these issues, I examine by constitutional criterion under the cognition what our Constitution should be. So I set forth about the constitutional meaning of conscience, the nature of legal entity, protection limit of freedom of conscience to examine critically the Constitutional Court's decision issued.

(舊) 附加價値稅法 第30條 第1項에 대한 憲裁 2001. 4. 26, 99헌바108·2000헌바3·2001헌바1(倂合) 決定의 妥當性
— 課稅要件 明確主義를 中心으로 —

李 熙 勳*

Ⅰ. 들어가는 말

오늘날 세계 각국은 정도의 차이는 있지만 점차 증가하는 사회복지에 대한 국민의 요구, 환경보전을 위한 국가적 사업의 실시 등 과거와는 비교할 수 없는 대규모적인 국가적 과제에 직면하고 있다. 즉, 사회국가 내지 복지국가로 특징지워지는 현대국가는 이러한 일련의 과제의

* 선문대학교 법학과 교수

실현을 위해 재정적인 수단을 강구하게 마련이며, 오늘날 국가의 가장 중요한 재정 수단은 조세의 부과를 통한 수입이라고 할 것이다.[1] 이렇듯 국가의 각종 수입원 중에서 조세가 가장 큰 비중을 차지한다는 점에 비추어볼 때 오늘날의 사회국가는 필연적으로 조세국가[2]이며 조세국가는 그 기능적 측면에서 사회국가적 목적의 실현을 위한 헌법적인 토대를 이루고 있다.[3] 즉, 개인의 자유영역의 창조와 사회정의의 실현을 목표로 하는 사회국가는 오늘날 대부분 조세에 의존하고 있기 때문에 동시에 조세국가라고 할 수 있다.

우리나라의 조세 제도는 소득불평등을 나타내는 지니계수[4]를 세전과 세후로 비교해볼 때 거의 변화가 없어 다른 선진 외국의 경우 세전에는 한국보다 소득의 불평등도가 심하다고 보이지만, 세후에는 소득의 불평등도가 조세에 의해 완화되고 있다[5]는 점에서 한국의 조세제도는 다른 선진 외국보다 조세에 의한 소득재분배의 기능이 약한 문제 있는

1) 예를 들어 우리나라의 경우 2007년 세입예산은 156조 5,177억원으로, 이 중에서 국민이 세금으로 부담하는 국세수입은 134조 3,889억원으로 전체의 85.9%에 해당된다. 이에 대한 것은 http://www.nts.go.kr/youth/study/study__common05.asp?top__code=1001&sub__code=1001, 2009년 2월 10일 검색.

2) 조세국가에 대해 자세한 것은 Isensee, Josef, "Steuerstaat als Staatsform," in: Festschrift für Hans Peter Ipsen zum siebzigsten Geburtstag, Hrsg. von Rolf Stödter & und Werner Thieme, Tübingen 1977, S. 409 참조.

3) 김성수, "국가의 과세권과 국민의 재산권보장과의 관계," 고시계, 1991. 2, 69면 참조.

4) 지니계수란 분배의 불평등도를 측정하는 대표적인 지표로, '0'에서 '1'까지의 값으로 표현된다. 이 중에서 지니계수가 0이면 '완전 평등'을 의미하는 반면 지니계수가 1이면 극단적 불평등을 의미한다. 이에 대한 것은 http://news.hankooki.com/lpage/economy/200410/h2004100419123756300.htm, 2009년 2월 10일 검색.

5) 예를 들어 스웨덴과 미국의 세전·세후 지니계수의 변화율을 보면 각각 101%와 23%에 달하나, 우리나라의 지니계수의 변화율은 4.5%에 불과하여 소득재분배에 있어서 재정의 역할이 거의 없는 문제점이 있다. 특히, 외환위기 이후 고용사정 악화에 따른 소득의 불평등 정도와 빈곤율이 급격히 증가하고 있어 양극화 해소는 가장 시급한 정책과제에 해당한다고 할 것이다. 이에 대한 것은 http://www.pys21.net/bbs/view.php?DB=movement&num=89&start=80&S=&val=&word=, 2009년 2월 10일 검색.

조세제도라고 할 것이다. 우리나라의 조세제도에서 이러한 원인이 나타나는 이유는 여러 가지가 있겠지만, 이 중에서 직접세 부분에서는 자영업자들의 사업소득이 제대로 파악되지 못하고 있는 데 그 문제점 등이 있고, 간접세 부분에서는 간접세의 비중이 높아[6] 소득재분배에 기여하지 못할 뿐만 아니라 오히려 소득불평등을 악화시키고 있는 문제점 등이 있다.[7]

특히 이러한 간접세 중에서도 부가가치세[8]법상의 간이과세제도에 대해 지난 2001년에 헌법재판소는 간이과세 또는 과세특례 적용대상자가 일반과세에 관한 규정을 적용받기 위해서는 적용을 받고자 하는 달의 전달 20일까지 관할세무서장에게 신고하도록 규정한 (구) 부가가치세법 제30조 제1항[9]은 과세요건 명확주의 등[10]에 반하지 않는다는 결

6) 우리나라가 다른 국가들에 비해 세금 중 간접세의 비중이 높다는 점에 대해서는 아래의 표 참조.

	직접세	간접세
미국(2000년)	93.3	6.7
일본(2000년)	58.4	41.6
영국(2000년)	57.1	42.9
이탈리아(2000년)	52.1	47.9
한국(2003년)	48.7	51.3
독일(2000년)	47.4	52.6
프랑스(2000년)	43.3	56.7

이 표에 대한 자료출처는 이준구, 재정학, 다산출판사, 2004, 46면 참조.

7) 여기서 주의할 점은 간접세의 비중이 높다고 해서 일률적으로 소득재분배 기능이 낮다고 말할 수는 없다는 것이다. 그 이유는 간접세 중에서도 특별소비세 같은 것은 어느 정도 소득재분배 기능이 있기 때문이다.

8) '부가가치세'는 모든 거래단계에서 생성되는 부가가치에 과세하되 그 부담의 전가를 예상하는 다단계 일반소비세다. 최명근·나성길, 부가가치세법론, 세경사, 2007, 3면 참조.

9) 본 사건에서 심판대상이 되었던 (구) 부가가치세법은 1995년 12월 29일에 법률 제5032호로 개정된 후 1999년 12월 28일에 법률 제6049호로 개정되기 전의 것으로, 이 조문은 2009년 현재 부가가치세법 제30조 제1항에서 "간이과세자가 일반과세자에 관한 규정을 적용받고자 하는 경우에는 제25조 제1항의 규정에 불구하고 제4장부터 제6장까지의 규정을 적용받을 수 있다. 이 경우 그 적용

정을 하였다.[11)]

이하에서는 먼저 부가가치세법상의 간이과세제도의 의미와 연혁, 그리고 다른 나라의 입법례 및 그 구체적 내용을 고찰한다(아래 Ⅱ). 그리고 과세요건 명확주의의 의미에 대해 살펴본다(아래 Ⅲ). 다음으로 과세요건 명확주의에 비추어볼 때 지난 2001년에 헌법재판소가 간이과세 또는 과세특례의 적용대상자가 일반과세에 관한 규정을 적용받기 위해서

을 받고자 하는 달의 전달 마지막 날까지 대통령령이 정하는 바에 따라 사업장 관할세무서장에게 신고하여야 한다."라고 규정되어 있다.

10) 이 밖에 본 헌법재판소 결정에서는 (구) 부가가치세법 제30조 제1항 후문은 헌법상 적법절차 및 과잉금지 원칙에 비추어볼 때 "… 납세의무자는 과세특례 등을 적용받음으로써 세금계산서 작성·교부 면제, 장부 기장·비치 면제, 간편한 세액계산으로 인한 납세비용 절감 등의 혜택을 누릴 수 있으며, 현실적으로 일반과세에 비한 저율과세로 인해 결과적인 세부담 경감의 이익까지 누릴 수 있으므로, 특례규정 적용대상자의 대부분은 특례규정을 적용받기를 원하고 예외적인 극소수의 납세의무자만이 특례규정의 적용을 포기하는 것으로 보인다. 그러므로 입법자는 특례제도에서 정하는 기준금액이하의 사업자들에게는 특례규정이 적용되는 것을 원칙으로 하고, 특례규정의 적용을 원치 않는 예외적인 소수의 사업자들에게 포기신고를 하도록 부가가치세법을 규정하였고, 이것이 부가가치세법의 체계 및 간이과세나 과세특례제도의 취지에 비추어 불합리하다고 보이지는 아니한다. … 입법자는 기본적으로 이러한 자들에게 일정기간동안의 포기신고기간을 두어 자신의 의사에 따른 선택을 보장하고 있는데, 이는 절차적 차원에서 당사자인 납세의무자에게 자기의 입장과 의견을 자유로이 개진할 수 있는 기회를 법으로 보장하는 제도인 것이다. 다만 그럼에도 불구하고 구체적인 경우 일정한 범위의 납세의무자에게 예외적으로 생길 수 있는 불이익은 이러한 제도를 둠으로써 생기는 부가가치세법상의 다른 납세의무자들의 이익과 형량되어야 할 것인바, 부가가치 세제를 전체적으로 고찰해 볼 때, 이 사건 법률조항은 일정부분 자신의 과실로 포기신고기간을 도과하여 원치 않는 특례규정을 적용받게 된 소수의 납세자에 비하여, 전체 납세자의 관점에서 납세자의 이익과 편의를 최대한 고려하여 제정된 것으로 보인다. 그러므로 이 사건 법률조항이 적법절차나 과잉금지원칙에 위배된다고 보이지는 아니한다"고 합헌 결정을 하였다. 헌재결 2001. 4. 26, 99헌바108·2000헌바3·2001헌바1(병합), 13-1, 924면 이하 참조. 동 결정에서 헌법재판소는 심판대상 조문이었던 (구) 부가가치세법 제30조 제1항 후문이 과세요건 명확주의에 위반되는지 여부를 헌법상 적법절차나 과잉금지의 원칙에 위반되는지 여부보다 우선하여 판단하였는바, 본 논문에서는 이 중에서 논의의 초점을 전자에 두었고, 후자의 논의는 생략하였다.

11) 헌재결 2001. 4. 26, 99헌바108·2000헌바3·2001헌바1(병합), 13-1, 904면 이하 참조.

는 적용을 받고자 하는 달의 전달 20일까지 관할세무서장에게 신고하도록 규정한 (구) 부가가치세법 제30조 제1항이 과세요건 명확주의에 반하지 않는다고 결정한 것의 타당성을 검토한다(아래 Ⅳ). 끝으로 결론에서는 이상에서의 논의들을 요약·정리하여 제시한다(아래 Ⅴ).

Ⅱ. 附加價値稅法上 簡易課稅制度의 內容

1. 意　　義

(1) 意　　味

우리나라의 부가가치세법이 취하고 있는 전단계세액공제방식에 의하면 사업자가 재화나 용역을 공급할 때 거래상대방으로부터 부가가치세를 거래징수하고 세금계산서를 교부하면 이를 공급받은 사업자는 그 교부받은 세금계산서에 의하여 자신의 매출세액에서 이를 공제받기 때문에 세금계산서의 수수와 장부의 비치 및 기장이 필수적이다.

그러나 영세사업자의 경우에는 기장능력의 부족과 세재에 대한 미숙 내지 행정력의 부족으로 법이 요구하는 각종 의무의 이행을 기대하는 것이 어렵고, 또한 이러한 영세사업자는 다른 사업자보다 주로 소비자에게 공급하는 위치에 있기 때문에 소비형 부가가치세의 본질을 해하지 않는 범위 내에서 특례를 인정한 것이 부가가치세법상의 간이과세제도로, 동 제도는 1역년(曆年)간의 거래금액이 일정한 금액에 미달하는 중소사업자에 대하여 세 부담의 경감과 납세의 편의를 위하여 신고납부와 경정 및 징수와 환급에 관한 특칙을 부가가치세법에 둔 것이다.[12)]

12) 임승순, 조세법, 박영사, 2008, 941면 참조.

즉, 부가가치세법상 간이과세제도는 영세사업자들로 하여금 세금계산서 등의 근거자료에 대한 수수의무를 면제해 주고 간편한 방법으로 납세의무를 이행하도록 한 것으로, 간이과세자는 연 매출액 4,800만원 미만인 자영업자를 그 대상으로 하며, 간이과세자는 세금계산서를 기초로 하여 부가가치세를 정하는 일반과세자와 달리[13] 매출액에 업종별 부가가치율[14]을 곱한 금액의 10%를 과세하는 것을 주요 골자로 한다.[15]

(2) 沿 革

우리나라는 1976년에 부가가치세를 도입하였는바, 이 때에는 간이과세제도는 없었고, 연 매출액이 일정 금액에 미달하는 영세사업자의 편의를 위해 기장 및 세금계산서의 발행의무를 면제해 주는 과세특례제도를 두었었다. 이는 영세사업자들로 하여금 일반사업자와 동일한 정도로 부가가치세법상의 각종 협력의무를 강제하는 것이 어렵다고 보아 마련된 제도이다. 이후 20년이 지나도록 이러한 과세특례제도는 그대로 유지되다가, 20년이 지난 1996년에 이르러 정부는 1996년 7월 1일부터 과세특례제도를 그대로 존치시키되 연 매출액이 1억 5천만원 미만인 사업자를 간이과세자로 하는 간이과세제도를 추가적으로 도입하여 일반과세와 간이과세 및 과세특례제도로 운영하였다.[16]

그러다 정부는 2000년 7월 1일부터 기존의 과세특례자를 간이과세자에 포함시키고 간이과세자를 일반과세자에 포함시켜서 과세특례제도를 완

13) 박용대, "간이과세제도, 이제 개정해야 할 때이다," 세무사 제23권 제 4 호, 한국세무사회, 2005. 겨울, 20면 참조.

14) 부가가치율은 본래 매출액에서 부가가치액이 차지하는 비율이다. 따라서 매출액에서 부가가치의 창출을 위해 투입한 재화와 용역의 가액을 차감한 부가가치액을 분자로 하고, 매출액을 분모로 하여 산정되는 비율이다. 최명근 · 나성길, 전게서, 590면 참조.

15) 임승순, 전게서, 941면 참조.

16) 박용대, 전게논문, 21면 참조.

전히 폐지하여 과세특례제도의 적용을 받는 범위를 축소하였다. 따라서 2009년 현재에는 부가가치세법에 연간 매출액이 4,800만원 이상인 일반과세자와 연간매출액이 4,800만원 이하인 간이과세자만 존재하고 있다.17)

2. 簡易課稅制度에 대한 立法例

(1) 佛蘭西의 協議課稅制度

프랑스에서의 협의과세제도는 일정 소규모 이하의 특정한 업종의 개인사업자에 대하여 그들이 제공하는 자료에 의해 과세당국과 납세의무자가 협의하여 부가가치세액을 확정하는 제도로, 이 때 소규모 사업자라 하더라도 이들은 간간한 장부의 기장이 있어야 하며, 협의하는 데 기초가 되는 자료를 제공해야 한다. 이러한 기초자료에 근거를 두고 과세관청과 납세의무자가 과세표준과 세액을 협의하는 것이기 때문에 그 협의가 자의적인 것은 아니다.

따라서 협의과세는 소규모 개인사업자의 부가가치세 납세부담을 경감시키는 데 그 목적이 있는 것이 아니고, 소규모 영세사업자의 기장·신고절차를 간소화시켜서 납세순응을 용이하게 하고자 하는 데 그 목적이 있는 것이다.

그 절차에 대해 간단히 살펴보면 다음과 같은 여섯 개의 절차를 거친다. 첫째, 납세의무자는 매년 2월 15일까지 전년도의 매입액·연도말의 재고액을 협의과세용 신고용지에 의해서 과세당국에 신고한다. 둘째, 과세당국은 이 신고서 및 기타 자료를 기초로 하여 전년도와 당해 연도의 협의세액을 계산한 다음 이를 납세의무자에게 통지한다. 셋째, 협의할 세액의 통지를 받은 납세의무자는 그 통지를 받은 날로부터 30일이내에 동의하는지 여부를 과세관청에 회답해야 한다. 넷째, 납세의무자와

17) 김주택, "부가가치세법상 간이과세제도에 관한 연구," 산학경영연구 제19권 제1호, 한국산학경영학회, 2006. 4, 120면 참조.

과세당국간에 협의세액에 대하여 이의가 제기되면 납세의무자 또는 과세당국 중 일방이 협의세액의 심의를 현(縣)조세위원회에 신청한다. 다섯째, 현(縣)조세위원회는 의장인 행정법원 판사 1명, 세무공무원 3명 및 민간인 4명인 총 8명으로 구성한다. 여섯째, 과세당국이 현(縣)조세위원회가 제시한 금액으로 부가가치세액을 결정한 경우에도 납세의무자는 이에 불복하여 행정법원에 소를 제기할 수 있다.[18)]

(2) 日本의 簡易課稅制度

일본의 중소기업에 대한 납세편의를 위한 특례제도는 납세의무 면제제도, 한계공제제도, 간이과세제도 등의 3가지가 있으나, 납세의무 면제제도는 우리나라의 소액부징수에 해당하고, 한계공제제도는 1997년 4월 1일자로 폐지하였기 때문에[19)] 간이과세제도만을 검토하고자 한다.

일본의 간이과세제도는 당해 과세기간에 있어서 과세매출액[20)]의 크기에 따라 공제소비세액을 계산하는 방법을 채택하고 있다. 즉, 어느 과세기간에 있어서 과세매출액에 따른 산출소비세액에서 간주매입율을 곱한 금액(매입 소비세액)을 공제하는 방법이다. 따라서 실제의 과세매입 등에 따른 소비세액을 계산할 필요가 없고, 총과세 매출액만으로 납부소비세액을 산출할 수가 있다. 그 적용대상은 기준기간의[21)] 과세매출액이 4억엔(29억2천만원) 이하의 사업자이었지만, 1997년 4월 1일부터는 2억엔(14억6천만원) 이하의 사업자에게 적용하고 있다. 생각건대, 이 제도는

---

18) 프랑스의 협의과세제도에 대해 자세한 것은 최명근·나성길, 전게서, 581면 이하 참조.

19) 1994년도 법률 제109호 소득세법 및 소비세법의 일부를 개정하는 법률에 의거하였다.

20) '과세매출액'이라 함은 소비세기 과세되는 거래금액(소비세액 제외)의 합계액에서 그 거래에 관계되는 반품·에누리 등의 금액(소이세액을 제외)의 합계액을 공제한 잔액을 말한다. 또 매출액이라 함은 재고자산의 판매나 서비스의 제공 외에 재고자산 이외의 자산의 양도(기계·건물 등의 사업용자산의 양도 등)를 포함하는 광범위한 개념이다.

21) 기준기간이라 함은 개인사업자에 있어서는 전전사업연도를 말한다.

우리나라와 계산방법만 다를 뿐 기본개념은 같다고 할 것이다.[22][23]

3. 簡易課稅制度의 具體的 內容

(1) 適用對象

간이과세자가 될 수 있는 자는 직전 1역년(曆年)의 재화와 용역의 공급에 대한 대가(부가가치세가 포함된 대가로, 이하에서 "공급대가"로 줄임)가 4천800만원 이상으로서 대통령령이 정하는 금액 이하인 개인사업자이다(부가가치세법 제25조 제1항).

다만 간이과세가 적용되지 아니하는 다른 사업장을 보유하고 있는 사사업자와 1. 광업, 2. 제조업(다만 주로 최종소비자에게 직접 재화를 공급하는 사업으로서 기획재정부령이 정하는 것을 제외한다), 3. 도매업(소매업을 겸영하는 경우를 포함하되, 재생용 재료수집 및 판매업을 제외한다), 4. 부동산매매업, 5. 개별소비세법 제1조 제4항에 해당하는 과세유흥장소를 영위하는 사업으로서 기획재정부령이 정하는 것, 6. 부동산 임대업으로서 기획재정부령이 정하는 것, 7. 변호사업, 심판변론인업, 변리사업, 법무사업, 공인회계사업, 세무사업, 경영지도사업, 기술지도사업, 감정평가사업, 손해사정인업, 통관업, 기술사업, 건축사업, 도선사업, 측량사업 기타 이와 유사한 사업서비스업으로서 기획재정부령이 정하는 것, 7의2. 제17조 제2항의 규정에 따라 일반과세자로부터 양수한 사업, 8. 사업장의 소재지역, 사업의 종류·규모 등을 감안하여 국세청장이 정하는 기준에 해당하는 것은 부가가치세법 제25조 제1항 제1호의 규정을 적용하지 아니한다(부가가치세법 제25조 제1항 단서, 동법 시행령 제74조 제2항).[24]

---

22) 서희열, "부가가치세제의 평가와 합리적 제도개선에 관한 연구: 간이과세제도와 세금계산서제도를 중심으로," 논문집 제33집, 강남대학교, 1999. 8, 499면 이하 참조.

23) 이 밖에 영국과 독일은 우리나라와 일본 및 프랑스와 달리 소규모 사업자에 대해서는 부가가치세를 부과하지 않고 있다. 김주택, 전게논문, 117면, 각주 1번 참조.

24) 임승순, 전게서, 941면 이하 참조.

(2) 稅額의 計算

1) 總　　說

간이과세자의 과세표준은 그 공급대가이며, 납부세액은 납부세액 = (당해 과세기간의 공급대가 × 직전 3년간 신고된 업종별 평균 부가가치율 등을 고려하여 100분의 10에서 100분의 50의 범위 안에서 대통령령이 정하는 당해 업종의 부가가치율 × 100분의 10) - (매입세액 × 매입세액 공제율)의 산식에 의한다(부가가치세법 제26조 제2항과 제3항). 그 밖에 간이과세자에 대한 과세표준의 계산은 일반과세자에 관한 부가가치세법 제13조를 준용한다(부가가치세법 제26조 제5항).

2) 業種別 附加價値率

업종별 부가가치율이란 매출액 중 부가가치액이 차지하는 비율을 말하는바, 1. 제조업, 전기·가스 및 수도사업, 소매업, 재생용재료수집 및 판매업은 100분의 20(다만 소매업의 경우 2009년 12월 31일이 속하는 과세기간까지는 100분의 15로 한다). 2. 농업·수렵업·임업 및 어업, 건설업, 부동산임대업, 기타서비스업은 100분의 30, 3. 음식점업, 숙박업, 운수 및 통신업은 100분의 40(다만 음식점업 및 숙박업의 경우 2009년 12월 31일이 속하는 과세기간까지는 100분의 30으로 한다)이다(부가가치세법 시행령 제74조의3 제4항).

그리고 간이과세자가 2 이상의 업종에 공통으로 사용하던 재화를 공급하여 업종별 실지귀속을 구분할 수 없는 경우에 적용할 부가가치율은 다음 산식에 의하여 계산한 율의 합계로 한다. 이 경우 휴업 등으로 인하여 당해 과세기간의 공급가액이 없는 경우에는 그 재화를 공급한 날에 가장 가까운 과세기간의 공급대가에 의하여 계산한다(동법 시행령 제74조의3 제5항).[25)]

---

25) 임승순, 상게서, 942면 이하 참조.

$$\text{당해 재화와 관련된 업종별 부가가치율} \times \frac{\text{당해 재화의 공급일이 속하는 과세기간의 당해 재화와 관련된 각 업종의 공급대가}}{\text{당해 재화의 공급일이 속하는 과세기간의 당해 재화와 관련된 각 업종의 총공급대가}}$$

3) 買入稅額 控除率

간이과세는 부가가치액을 먼저 산정하여 이에 세율을 곱하여 세액을 산출하는 구조로서 결과적으로 전단계거래액공제법과 같이 되므로 원래는 매입세액 공제가 문제될 수 없지만, 세금계산서의 수수를 정착시키기 위하여 일정 범위 내에서 간이과세자에게도 매입세액 공제를 허용하고 있다.

즉, 간이과세자가 다른 사업자로부터 부가가치세법 제16조 제 1 항의 규정에 의한 세금계산서 또는 동법 제32조의2 제 3 항의 규정에 의한 신용카드매출전표 등(이하에서 "세금계산서 등"으로 줄임)을 교부받아 대통령령이 정하는 바에 따라 동법 제20조 제 1 항의 규정에 의한 매입처별 세금계산서합계표 또는 대통령령이 정하는 신용카드매출전표 등 수취명세서를 사업장 관할세무서장에게 제출하는 때에는 다음 각 호의 규정에 의하여 계산한 금액을 각 과세기간에 대한 납부세액에서 공제한다. 다만 동법 제17조 제 2 항 각호의 규정에 의한 매입세액의 경우에는 그러하지 아니하다(동법 제26조 제 3 항 제1-3호).

공제하는 내용은 당해 과세기간에 교부받은 세금계산서 등에 기재된 매입세액에 제 2 항의 규정에 의한 당해 업종의 부가가치율을 곱하여 계산한 금액(동법 제26조 제 3 항 제 1 호)이고, 간이과세자가 제 2 항의 규정에 의한 당해 업종의 부가가치율이 서로 다른 업종을 겸영하는 경우에는 대통령령이 정하는 바에 따라 안분하여 계산한 매입세액에 동항의 규정에 의한 당해 업종의 부가가치율을 각각 적용하여 산출한 금액(동법 제26조 제 3 항 제 2 호)이며, 간이과세자가 과세사업과 면세사업을 겸영하는 경우에는 대통령령이 정하는 바에 따라 계산한 금액(동법 제26조 제3항 제3호)이다. 이는 소규모사업자로 하여금 세금계산서를 받도록 유도하기 위한 것이다.

매입세액공제액 및 동법 제26조의3의 의제매입세액공제액 및 동법 제32조의2 제1항에 의한 신용카드세액공제액 규정에 의한 금액의 합계액이 각 과세기간의 납부세액을 초과하는 때에는 그 초과하는 부분은 없는 것으로 한다(동법 제26조 제6항). 다만 과세관청의 결정·경정에 의하여 1역년(曆年)의 공급대가가 간이과세의 적용기준을 초과하는 경우에는 일반 과세자에 대한 세액산정규정(동법 제17조)에 의한다(동법 제26조 제7항).[26]

4) 擬制買入 稅額控除

대통령령이 정하는 업종을 영위하는 간이과세자가 부가가치세의 면제를 받아 공급받은 농산물·축산물·수산물 또는 임산물(이하에서 "면세농산물 등"으로 줄임)을 원재료로 하여 제조·가공한 재화 또는 창출한 용역의 공급이 과세되는 경우에는 대통령령이 정하는 바에 따라 계산한 금액을 납부세액에서 공제할 수 있다(부가가치세법 제26조의3 제1항). 여기서 '대통령령이 정하는 업종'이란 음식업을 말하며(동법 시행령 제74조의5 제1항), 동법 제26조의3 제1항의 규정에 의하여 납부세액에서 공제할 금액은 부가가치세의 면제를 받아 공급받은 면세농산물 등의 가액에 기획재정부령이 정하는 율을 곱하여 계산한 금액으로 한다(동법 시행령 제74조의5 제2항).

또한 동법 시행령 제74조의5 제2항의 규정에 의하여 납부세액에서 공제한 면세농산물 등을 그대로 양도 또는 인도하거나 부가가치세가 면제되는 재화 또는 용역을 공급하는 사업 등을 위하여 사용 또는 소비하는 때에는 그 공제한 금액을 납부세액에 가산하여야 한다(동법 시행령 제74조의5 제3항).

---

26) 임승순, 상게서, 943면 이하 참조.

이렇듯 동법 제26조의3 제1항의 규정에 의하여 공제를 받고자 하는 사업자는 기획재정부령이 정하는 의제매입세액공제신고서와 다음 각호의 어느 하나에 해당하는 관계증빙서류를 관할세무서장에게 제출하여야 한다. 제1호: 소득세법 제163조 또는 법인세법 제121조의 규정에 의한 매입처별 계산서합계표, 제2호: 기획재정부령이 정하는 신용카드매출전표등수취명세서(동법 제26조의3 제2항과 동법 시행령 제74조의5 제4항).[27)]

(3) 申告와 納付, 更正과 徵收 및 納付義務의 免除

1) 申告와 納付

간이과세자는 각 과세기간의 과세표준과 납부세액을 그 과세기간종료 후 25일 이내에 대통령령이 정하는 바에 의하여 사업장 관할세무서장에게 신고하고 납부하여야 하고(부가가치세법 제27조 제5항), 간이과세자는 대통령령이 정하는 바에 따라 동법 제20조 제1항의 규정에 의한 매입처별 세금계산서 합계표를 동법 제27조 제5항에 규정된 당해 확정신고와 함께 제출하여야 한다(동법 제27조 제6항).

2) 更正과 徵收

간이과세자에 대한 과세표준과 납부세액은 부가가치세법 제21조의 규정을 준용하여 결정 또는 경정할 수 있고(부가가치세법 제28조 제1항), 간이과세자에 대한 부가가치세의 징수에 관하여는 동법 제23조의 규정을 준용한다(동법 제28조 제5항).

3) 納付義務의 免除

간이과세자의 당해 과세기간에 대한 공급대가가 1천 200만원 미만인 경우에는 부가가치세법 제26조 제2항의 규정에 의한 납부세액은 제27조의 규정에 불구하고 이를 납부할 의무를 면제한다. 다만 동법 제26조의2의 규정에 의하여 납부세액에 가산하여야 할 세액은 그러하지 아

27) 임승순, 상게서, 944면 참조.

니하다(부가가치세법 제29조 제1항).

그리고 동법 제27조 제1항의 규정에 따라 납부할 의무가 면제되는 사업자가 자진 납부한 사실이 확인되는 경우에는 관할세무서장은 이를 환급하여야 한다(동법 제29조 제4항). 이는 종전의 소액부징수제도를 납부의무 면제제도로 바꾸어 그 세원을 관리할 수 있도록 한 것이다.

또한 동법 제27조 제1항의 규정을 적용함에 있어서 당해 과세기간에 신규로 사업을 개시한 간이과세자에 대하여는 그 사업개시일부터 그 과세기간종료일까지의 공급대가의 합계액을 6월로 환산한 금액을 기준으로 하고, 휴업자·폐업자 및 과세기간 중 과세유형을 전환한 간이과세자에 대하여는 그 과세기간 개시일부터 휴업일·폐업일 및 과세유형 전환일까지의 공급대가의 합계액을 6개월로 환산한 금액을 기준으로 한다. 이 경우 1월 미만의 단수가 있는 때에는 이를 1월로 한다(동법 제29조 제3항).

(4) 簡易課稅의 拋棄

부가가치세법상의 간이과세제도는 영세사업자의 보호를 위한 것이므로, 사업자가 그 적용에서 벗어나고자 하면 언제든지 이를 포기할 수 있다. 즉, 간이과세의 적용을 받지 아니하고자 하는 자는 일반과세를 받고자 하는 달의 전달 마지막 날까지 관할 세무서장에게 간이과세 포기신고서를 제출하면 된다(부가가치세법 제30조 제1항, 동법 시행령 제78조 제1항). 이때 포기의 사유에는 제한이 없다. 다만 이러한 포기신고를 함이 없이 일반과세자로 부가가치세 신고를 한 것만으로는 과세특례규정의 적용을 배제할 수 없다.[28]

이렇듯 간이과세를 포기한다는 신고를 한 개인사업자는 그 적용받고자 하는 달의 1일부터 3년이 되는 날이 속하는 과세기간까지는 일반과세자에 관한 규정을 적용받아야 한다(동법 제30조 제4항). 따라서 간

28) 대판 1990. 9. 11, 90누4068 참조.

이과세의 포기신고를 한 개인사업자가 다시 특례를 적용받는 것은 그 절차와 기간에 있어 어느 정도 제한을 받게 된다.[29]

Ⅲ. 課稅要件 明確主義의 意味

1. 租稅法律主義와 課稅要件 明確主義의 意味

헌법 제38조에서는 "모든 국민은 법률이 정하는 바에 의하여 납세의 의무를 진다"라고 규정되어 있고, 헌법 제59조에서는 "조세의 종목과 세율은 법률로 정한다"라고 규정되어 있는바, 이는 조세법률주의를 선언한 것이다. 이러한 조세법률주의[30]는 조세평등주의와 함께 조세법의 기본원칙에 속하는바,[31] 이는 법률에 근거가 없으면 국가는 조세를 부과·징수할 수 없고, 국민도 법률에 근거가 없으면 조세납부를 요구받지 아니한다는 원칙을 뜻한다. 따라서 조세 기타 공과금의 부과·징수는 반드시 국회가 제정한 형식적 의미의 법률로써 해야 한다. 이 조세법률주의는 과세요건 법정주의와 과세요건 명확주의 및 소급과세금지의 원칙 등을 그 주요 내용으로 한다.[32]

29) 임승순, 전게서, 948면 참조. 이 밖에 과세사업자의 유형전환에 대한 것은 최명근·나성길, 전게서, 604면 이하 참조.

30) 이러한 조세법률주의는 1215년 영국의 대헌장인 마그나 카르타(Magna Carta)에서 시작되었다. 홍성방, 헌법학, 현암사, 2008, 779면 참조. 이는 조세가 국가재정의 가장 중요한 재원이기는 하지만 국민의 재산권 내지는 경제활동에 매우 민감한 영향을 미치기 때문에 의회주의의 초기부터 대의기관으로 하여금 정부의 조세정책에 적극적으로 관여할 수 있게 한 것으로, "대표 없이 과세 없다"는 사상이 바로 이것을 표명해 준다. 우리 헌법 제59조에서 "조세의 종목과 세율은 법률로 정한다"라고 규정되어 있는 것은 바로 이러한 사상의 직접적인 표현이라고 하겠다. 허 영, 한국헌법론, 박영사, 2008, 895면 참조.

31) 박종수, "세법상 유형화·포괄화의 정당성과 한계," 조세법연구 제10집 제2호, 한국세법학회, 2004. 11, 129면; 전광석, 한국헌법론, 법문사, 2007, 518면; 헌재결 1995. 11. 30, 94헌바40·95헌바13(병합), 7-2, 630면 등 참조.

32) 권영성, 헌법학원론, 법문사, 2009, 893면 이하 참조.

이 중에서 '과세요건 명확주의'란 납세의무를 성립시키는 납세의무자·과세물건·과세표준·과세기간·세율 등의 과세요건을 법률로 규정했다고 하더라도 그 규정내용이 지나치게 추상적이고 불명확하면 과세관청의 자의적인 해석과 집행을 초래할 염려가 있으므로, 그 규정 내용이 명확하고 일의적이어야 한다는 것을 뜻한다.33) 즉, 과세요건 명확주의는 과세요건과 부과, 징수 절차를 규정한 법률 또는 그 위임에 따른 명령이나 규칙은 그 내용이 일의적이고 명확해야 하며, 함부로 불확정개념이나 개괄조항을 사용해서는 안 된다는 원칙이다.34)

이러한 과세요건 명확주의는 법규범을 준수해야 하는 일반인의 입장에서 볼 때 법규범이 규율하고자 하는 의미내용이 명확한 경우에만 그 규범을 행위준칙으로 삼아 자신이 행한 행위의 결과를 예측할 수 있어 법적 생활에 안정성을 얻을 수 있기 때문이고(예측가능성과 법적안정성), 법규범을 집행하는 국가권력의 입장에서 볼 때에도 법규범이 규율하고자 하는 의미내용이 명확한 경우에만 그 규범을 자의적으로 집행하지 않을 수 있기 때문에(자의적 법집행의 배제) 조세입법에서 꼭 지켜져야 하는 원칙이다.35) 즉, 이 원칙은 과세요건을 명확하게 규정하여 국민에게는 예측가능성과 법적 안정성을 보장하고, 국가권력에게는 자의적인 조세 부과를 하지 못하도록 하기 위해서 조세입법에서 반드시 준수되어야 하는 원칙이다.

33) 헌재결 1989. 7. 21, 89헌마38, 1, 138면 이하; 헌재결 1992. 12. 24, 90헌바21, 4, 899면; 헌재결 1994. 8. 31, 91헌가1, 6-2, 153면; 헌재결 2002. 9. 19, 2001헌바74, 14-2, 327면; 헌재결 2002. 12. 18, 2002헌바12, 14-2, 847면 이하 등 참조.

34) 金子 宏, 租稅法, 弘文堂, 2005, 82-83면. 이에 대한 자료출처는 김성균, "과세요건 명확주의 관련 개별 법령에 대한 고찰," 공법학연구 제7권 제1호, 한국비교공법학회, 2006. 2, 523면, 각주 1번 재인용.

35) 강경근, "조세법률주의와 조세평등주의의 헌법적 연구—간편납세제도 도입에 관련하여—," 헌법학연구 제11권 제4호, 한국헌법학회, 2005. 12, 28면 참조.

2. 課稅要件 明確主義와 不確定 槪念의 憲法上 許容 與否

과세요건 명확주의는 조세법의 특수성 또는 입법 기술성의 제약성에 비추어볼 때 불확정 개념의 사용이 불가피한 경우가 발생될 수밖에 없다.36) 즉, 조세법규에 있어서 법규 상호간의 해석을 통하여 그 의미가 명확해질 수 있다면 다소 포괄적이고 추상적인 용어를 사용하는 것도 허용될 수 있다. 따라서 당해 조세법규의 체계 및 입법취지 등에 비추어볼 때 그 의미가 분명해질 수 있는 경우에는 과세요건 명확주의에 반한다고 볼 수 없다.37)

그리고 헌법재판소는 "과세요건 명확주의의 문제는 납세자의 입장에서 어떠한 행위가 당해 문구에 해당하여 과세의 대상이 되는 것인지 예견할 수 있을 것인가, 당해 문구의 불확정성이 행정관청의 입장에서 자의적이고 차별적으로 법률을 적용할 가능성을 부여하는가, 입법 기술적으로 보다 확정적인 문구를 선택할 것을 기대할 수 있을 것인가 여부 등의 기준에 따른 종합적인 판단을 요한다고 할 것이다"라고 밝혔다.38)

이렇듯 세법전에는 실제로 고도의 추상적인 개념이나 불확정 개념이 다수 사용되고 있다. 일본의 학자들은 이러한 볼확정 개념을 두 가지의 종류로 나누어 허용되는 경우와 허용되지 않는 경우로 구별하여 설명한다.39)

하나는 그 내용이 지나지게 일반석이거나 불넝확하여 해식에 의해서도 그 의의를 명확히 파악하기가 곤란하여 공권력의 자의나 남용을

36) 허강무, "조세법상 법치국가원리와 과세권의 한계," 토지공법연구 제22집, 한국토지공법학회, 2004. 7, 342면 참조.

37) 성낙인, 헌법학, 법문사, 2009, 927면; 헌재결 1995. 11. 30, 94헌바40·95헌바13(병합), 7-2, 630면 이하; 헌재결 1996. 8. 29, 95헌바41, 8-2, 124면; 헌재결 2002. 6. 27, 2001헌바44, 14-1, 596면 등 참조.

38) 헌재결 2002. 5. 30, 2000헌바81, 14-1, 474면 참조.

39) 金子 宏, 전게서, 82-83면. 이에 대한 자료출처는 김성균, 전게논문, 524면, 각주 9번 재인용.

초래할 위험이 있는 경우로서, 예를 들면 '공익상의 필요에 의해'라든지 '부동산의 안정적인 공급을 위해' 등과 같이 법규의 종국적인 목적 내지 가치개념을 내용으로 하는 불확정 개념이다. 이러한 불명확한 개념 하에서는 그 해석이 다양할 수밖에 없어 그 해석이 마치 새로운 입법을 하는 것과 같이 되어 국회의 입법권이 무의미해진다. 따라서 조세법규가 이와 같은 불확정 개념을 사용할 때에는 그 규정은 과세요건 명확주의에 반한다.[40]

이러한 견지에서 헌법재판소는 "사치성 재산에 대한 재산세의 표준세율을 그 가액의 1,000분의 50으로 중과하고 있는 (구) 지방세법(1998년 12월 31일에 법률 제5615호로 개정되기 이전의 것) 제188조 제1항 제2호 (2)목 중 '고급오락장용 건축물' 부분은 '고급오락장'의 개념이 지나치게 추상적이고 불명확하여 고급오락장용 건축물이 무엇인지를 예측하기가 어렵고, 과세관청의 자의적인 해석과 집행을 초래할 염려가 있으므로 헌법 제38조와 동법 제59조에 규정된 조세법률주의에 반한다"라고 보았다.[41]

다른 하나는 중간목적 또는 경험개념을 내용으로 하는 불확정 개념인바, 이것은 법문의 내용이 다소 불명확하게 보이더라도 법의 취지와 목적에 비추어볼 때 그 의의를 명확히 할 수 있는 것이다. 따라서 그것은 조세행정청에 자유재량을 인정하는 것이 아니고, 어떠한 구체적인 경우가 그것에 해당하는지 또는 아닌지의 문제는 법의 해석의 문제이며, 당연히 법원의 심사에 따를 문제라 할 것이다. 그 필요성과 합리성이 인정되는 한, 이러한 종류의 불확정 개념을 사용하는 것은 과세요건 명확주의에 반하는 것이 아니라고 보아야 할 것이다.[42]

이러한 견지에서 헌법재판소는 "(구) 지방세법(1994년 12월 22일에

---

40) 이철송, "조세법률주의의 발전," 법학논총 제24집 제2호, 한양대 출판부, 2007. 7, 566면; 허강무, 전게논문, 342면 참조.

41) 헌재결 1999. 3. 25, 98헌가11, 11-1, 177면 이하 참조.

42) 허강무, 전게논문, 342면 이하 참조.

법률 제4794호로 개정되기 전의 것) 제112조 제2항 및 (구) 지방세법(1998년 12월 31일에 법률 제5615호로 개정되기 전의 것) 제112조 제2항 중 각 전문의 '법인의 비업무용 토지'부분과 각 후문의 '법인의 비업무용 토지'에 관한 부분 중 '법인의 비업무용 토지'의 일상적 의미, 심판대상규정의 입법목적, 민법 · 상법 · 법인세법 등 관련규정의 내용, 취득세중과세제도의 전문성 · 기술성 등 제반 사정에 비추어볼 때 국민으로서도 심판대상규정의 위임에 따라 대통령령으로 정하게 될 '법인의 비업무용 토지'에 관한 기준과 범위의 대강을 어느 정도는 예측할 수 있다고 봄이 상당하므로, 심판대상규정이 가지고 있는 개념의 불명확성이나 위임의 포괄성이 조세법률주의에 반하지 아니한다"라고 보았다.[43]

Ⅳ. (舊) 附加價値稅法 第30條 第1項이 課稅要件 明確主義에 反하는지 與否에 대한 憲法裁判所 決定[44]의 妥當性 檢討

1. 事件의 槪要

(1) 99헌바108 事件

청구인은 1996년 1월 18일에 부동산임대업을 하고자 같은 해 1월 1일을 개업일로 하여 일반과세자로 사업자등록을 하고, 1997년 2월 1일에 임대용 건물을 준공하였다. 청구인은 1997년 2월에 위 건물의 임대를 시작하였고, 같은 해 7월 25일에 1997년 제1기 부가가치세의 과세표준을 임대료 금 4,912,052원으로 신고하고 이에 따른 부가가치세 금

43) 헌재결 2000. 4. 27, 2000헌바15 · 16 · 21(병합) 참조.

44) 헌재결 2001. 4. 26, 99헌바108 · 2000헌바3 · 2001헌바1(병합), 13-1, 904면 이하 참조.

491,204원을 납부하였다. 이천세무서장은 청구인이 최초로 부가가치세 예정 및 확정 신고를 한 1997년 제 1 기가 최초의 과세기간이라고 보고, 그 기간의 과세표준 금 4,912,052원을 기준으로 환산한 1역년(曆年)의 공급가액이 금 4,800만원에 미달한다고 보아, 최초의 과세기간에 대한 확정 신고가 있은 같은 해 7월 25일 후에 개시하는 과세기간인 1998년 제 1 기부터 과세특례자로 과세유형이 전환된 것으로 보고, 위 건물의 매입세액으로서 공제받았던 위 금액에 대하여 1998년 7월 15일에 (구) 부가가치세법(1995년 12월 29일에 법률 제5032호로 개정된 후, 1999년 12월 28일에 법률 제6049호로 개정되기 전의 것) 제26조의2[45]에 따라 재고매입세액 금 7,200만원을 부과하는 처분을 하였다.

이에 청구인은 수원지방법원에 이 처분에 대한 취소의 소를 제기하면서, 동 법원에 (구) 부가가치세법 제30조 제 1 항에 대한 위헌제청신청을 하였으나, 1999년 10월 27일에 위헌제청신청이 기각되자, 1999년 12월 6일에 동 법규정이 부가가치세법의 체계상 일반과세가 원칙이고 과세특례는 예외에 해당하는 조항이며, 따라서 신규로 사업을 개시하는 자가 과세특례규정을 적용받기를 원하는 경우에는 신고하도록 규정하고 있는 부가가치세법의 취지에 비추어, 과세특례자가 일반과세자에 관한 규정을 적용받고자 하는 경우 과세특례포기서를 제출하도록 하고 있는 이 사건 법률조항은 원칙과 예외를 전도한 불명확한 규정이며, 나아가 이 사건 시행령 조항이 과세기관의 과세유형전환에 관한 통지와 관계없이 바로 유형 전환효과가 발생하도록 규정함으로써, 이 사건 법률조항이 더욱 불명확해진다는 사유로 조세법률주의의 한 내용인 과세요건 명확주의에 반한다는 내용의 헌법소원심판을 청구하였다.

45) 위 본문의 (구) 부가가치세법 제26조의2의 규정에서는 "일반과세자가 간이과세자 또는 과세특례자로 변경되는 경우에는 당해 변경당시의 재고품 및 감가상각자산(제17조 제 1 항 내지 제 3 항의 규정에 의하여 공제받은 경우에 한한다)에 대하여 대통령령이 정하는 바에 따라 계산한 금액을 제26조 제 2 항의 규정에 의한 납부세액에 가산하여야 한다"라고 규정되어 있었다.

(2) 2000헌바3 事件

청구인은 1995년 9월 22일에 부동산 임대업을 하고자 부산 동래세무서에 일반과세자로 사업자등록을 하고 1996년 5월 3일에 부산 연제구 거제1동에 경보빌딩을 준공하여 임대사업을 시작하였다. 청구인이 최초 과세기간인 1996년 제1기에 대해 신고한 매출액을 12월로 환산한 금액이 4,800만원에 미달되어 1997년 1월 1일부터 과세특례의 적용을 받게 되므로, 청구인은 종전과 같이 계속하여 일반과세의 적용을 받으려면 1996년 12월 20일까지 과세특례포기 신고를 하여야 함에도 불구하고 그 기한을 넘겨 1997년 6월 20일에 그 신고를 함으로써 1997년 1월 1일부터는 과세특례자로 자동 전환되었다. 이에 따라 동래세무서장은 청구인에게 재고납부세액 금 36,592,140원을 부과하는 처분을 하였다.

이에 청구인은 위 부과처분에 불복하여 1999년 4월 23일에 부산지방법원에 행정소송을 제기하였고, 그 소송계속 중에 (구) 부가가치세법 제30조 제1항 후문의 위헌 여부가 그 재판의 전제가 된다 하여 위헌제청신청을 하였으나 기각되자, 2000년 1월 8일에 이 사건 헌법소원심판을 청구하였다.

(3) 2001헌바1 事件

청구인은 1996. 7. 1. 부산 사하구 다대동 1551의 26 지상에 근린생활시설 건물을 신축하고 임대하기 위해 서부산 세무서에 일반과세자로 사업자등록을 하고, 임대건물신축공사비에 포함하여 납부한 부가가치세액을 매입세액으로 신고하여 환급받은 후 임대수입금액에 관하여 1997년 제2기분 부가가치세 과세기간부터 일반과세자로서 부가가치세를 신고하여 납부하였다. 서부산 세무서장은 이 사건 임대건물의 최초 사업개시연도의 연간환산 과세표준이 간이과세자에 해당됨에도 법정기한 내에 간이과세 포기신청을 하지 아니하였다 하여 청구인을 간이과세자로 유형

전환 된 사업자로 보아 공제받은 매입세액에 대하여 재고납부세액을 계산하여 납부세액에 가산하여 1998년 제1기분 부가가치세 금 37,453,820원을 부과 처분하였다. 청구인은 이에 불복하여 2000년 6월 27일에 부산지방법원에 부가가치세 부과처분의 취소를 구하는 행정소송을 제기하면서, (구) 부가가치세법 제30조 제1항 후문 및 (구) 부가가치세법시행령(1995년 12월 30일에 대통령령 제14863호로 개정된 후, 1999년 12월 31일에 대통령령 제16661호로 개정되기 전의 것) 제74조의2 제3항에 관하여 위헌제청신청을 했던바, 위 신청이 같은 해 12월 14일에 기각되어, 2001년 1월 3일에 그 기각결정을 송달받고, 2001년 1월 14일에 이 사건 헌법소원을 제기하였다.46)

2. 決定要旨

헌법재판소는 위의 헌법소원에 대하여 전원일치의 의견으로 (구) 부가가치세법 제30조 제1항 전문이나 후문에 사용된 용어들, 예를 들어 간이과세자나 과세특례자 및 일반과세자의 개념은 부가가치세법 전체를 통해 명확히 정의된 법률상 개념이며, 신고의 요부 및 신고기간, 신고대상 등도 일반인이 모두 알 수 있는 일반적 표현 내지 산수적 표현을 사용하고 있는바, 법관의 특별한 보충적 해석이 없더라도 그 의미내용을 확정하기에 어렵지 않을 정도로 명확하다고 보인다. 또한 이 조항을 부가가치세법의 다른 조항에 비추어 보아도 조항의 취지, 형식이나 문언에 비추어 그 규정내용이 지나치게 추상적이고 불명확하다고 보이지는 아니한다고 밝혔다.47)

그리고 헌법재판소는 간이과세나 과세특례제도의 취지는 세법에 관

46) 이러한 사건의 개요에 대한 것은 헌재결 2001. 4. 26, 99헌바108 · 2000헌바3 · 2001헌바1(병합), 13-1, 912면 이하 참조.

47) 헌재결 2001. 4. 26, 99헌바108 · 2000헌바3 · 2001헌바1(병합), 13-1, 920면 이하 참조.

한 이해나 기장능력 등이 미약한 영세 사업자에 대하여 일반과세자에 비하여 간편한 납세절차를 적용하여 납세자의 이익과 편의를 도모하고자 하는 것인바, 신규로 사업을 개시하는 자가 사업개시년도부터 간이과세나 과세특례 규정을 적용받고자 하는 경우에만 간이과세 또는 과세특례 적용신고서를 제출하여야 하는 것이고, 기타의 경우에는 원칙적으로 납세의무자가 신고한 금액을 기준으로 법률의 규정에 따라 자동적으로 간이과세 또는 과세특례 규정을 적용받게 되는 것이다. 이러한 부가가치세법의 체계가 간이과세 또는 과세특례 규정 적용대상자가 일반과세자에 관한 규정을 적용받고자 하는 경우 간이과세 또는 과세특례 포기신고를 하도록 규정한 이 사건 법률조항과 모순된다고 보이지는 아니한다.

또한 청구인의 주장과는 달리 직전 1역년(曆年)의 공급가액 또는 1역년(曆年)으로 환산한 공급가액이 법률이 정하는 금액 이하인 경우에는 법률의 규정에 의해 바로 간이과세나 과세특례에 관한 규정을 적용받는 것이 원칙이며, 다만 이러한 경우에도 이 사건 법률조항은 개별적인 사정에 따라 일반과세에 관한 규정을 적용받는 것이 유리하게 되는 극히 일부분의 사업자에 대하여는 간이과세 또는 과세특례 포기신고를 받아 일반과세에 관한 규정을 적용받을 수 있도록 하는 예외를 규정하고 있다고 볼 수 있을 것인바, 앞에서 본 간이과세나 과세특례제도의 취지 및 그 적용현실에 비추어 이러한 예외적인 사업자에게 포기신고서를 제출하도록 한 이 사건 법률규정이 부가가치세법상 원칙과 예외를 전도하여 지나치게 추상적이거나 불명확한 규정으로 보이지 아니한다.

이 밖에 (구) 부가가치세법 시행령 제74조의2 제2항과 제3항은 과세유형 전환시의 통지절차와 일반과세자에서 과세특례자로 전환되는 경우 그 유형전환효과의 발생시점을 규정하고 있을 뿐이므로, 이로 인해 과세특례 포기신고제도와 그 신고기간 및 대상을 규정하고 있는 이 사건 법률조항이 더욱 불명확해진다는 청구인의 주장 또한 이유 없다. 그

러므로 이 사건 법률조항은 과세요건 명확주의에 위배되지 아니한다고 보았다.[48]

3. 上記의 憲法裁判所 決定의 妥當性 檢討

위에서 살펴보았듯이[49] 조세법의 주된 규율대상은 경제적 현상인바, 이러한 경제적 현상은 천차만별이고, 그 생성·변화가 극심하기 때문에 아무리 조세법률주의의 원칙을 준수해야 한다고 하더라도 법률로 조세에 관한 사항을 빠짐없이 망라하여 완결적으로 규정하기는 어렵다.[50] 독일 연방헌법재판소도 이러한 견지에서 현대 행정과제의 다양성은 항상 명확한 개념에 의해 일의적으로 파악될 수는 없기 때문에 입법자가 일반조항과 불확정 개념을 사용하는 것은 원칙적으로 허용된다고 밝혔다.[51]

즉, 조세법의 규율대상인 경제현상은 매우 복잡하고, 역동적으로 끊임없이 생성·변화하고 있다. 따라서 조세법에 관련된 모든 사항을 일일이 구체적으로 규정하는 것은 입법기술상 기대하기 어려우므로, 조세법 규정에 일반적·추상적 개념이나 포괄적인 '불확정 개념'을 사용하는 것은 필요하다.[52] 또한 이처럼 오늘날에는 국민의 경제생활영역이 예전과는 현격히 다르게 점차 증대하고 있고, 종전에는 몰랐던 양식의 경제거래가 발생하여 기존의 조세법 규정에만 의존해서는 제대로 국민의 경제적 급부능력을 파악하여 공평한 조세부과를 할 수 없을 정도에 이르게 되었으므로, 조세법 규정에 일반적·추상적 개념이나 포괄적인 '불확정

---

48) 헌재결 2001. 4. 26, 99헌바108·2000헌바3·2001헌바1(병합), 13-1, 921면 이하 참조.

49) 본 논문의 Ⅲ-2번 참조.

50) 헌재결 1989. 7. 21, 89헌마38, 1, 139면 이하 참조.

51) BVerfGE 8, 274(326); BVerfGE 49, 168(181); BVerfGE 78, 214(226) 등 참조. 이에 대한 것은 박종수, 전게논문, 155면 참조.

52) 김성균, 전게논문, 524면; Koch, Hans-Joachim & Rüßmann, Helmut, Juristische Begründungslehre, München, C. H. Beck, 1982, S. 194.

개념'을 사용하는 것은 필요하다.[53] 여기서 불확정 개념이란 법률이 행정처분의 요건을 규정함에 있어서 행정청에 재량·선택의 여지를 주는 추상적·다의적·불확정적 개념의 용어를 뜻한다.[54]

이렇듯 조세법에 있어서 불확정 개념이 그 필요성과 합리성이 인정되고, 합리적인 판단에 의하여 법률이 정하는 바의 의미와 내용을 객관적으로 인식할 수 있어 법적 안정성과 예측가능성을 크게 저해하지 않는다면 이러한 불확정 개념은 과세요건 명확주의에 반하지 않는다고 보아야 할 것이다.[55] 이러한 견지에서 부가가치세는 납세의무자의 신고에 의하여 과세표준과 세액이 확정되고 과세특례자로의 전환 여부가 결정되는바, 사업자는 과세유형의 수입금액 기준과세기간에 대한 확정신고를 할 때 자신이 과세유형전환이 되는지 미리 알 수 있다.

또한 (구) 부가가치세법 제30조 제1항의 입법취지가 일반과세자에서 과세특례자로 전환되어 적용될 때에는 납세협력비용 경감 등 납세자에게 유리한 면이 많기 때문에 그 적용기준에 해당하면 별도의 신고절차 없이 자동으로 과세특례자로 전환되어 과세특례를 적용받도록 하며, 구체적인 사정에 따라 일반과세를 적용하는 것이 납세자에게 유리하게 되어 과세특례자에서 일반과세자로 전환될 때에는 납세자에게 별도로 과세특례적용을 포기하는 의사표시를 세무서장에게 신고하도록 규정하고 있다고 할 것이다.

따라서 (구) 부가가치세법 제30조 제1항에서 과세특례자에 해당하는 사업자라 하더라도 그 적용을 받고자 하는 달의 전달 20일까지 사업장 관할세무서장에게 과세특례포기신고서를 제출하면 일반과세자에 관한 규정을 적용받을 수 있음을 규정하였던 것은 그 규정의 취지, 형식이나 문언에 비추어볼 때 그 내용이 과세요건 명확주의에 위배될 만큼

53) 박종수, 전게논문, 131면 참조.
54) 강경근, 전게논문, 30면 참조.
55) 김성균, 전게논문, 526면 참조.

불명확하다고 볼 수 없다[56]고 본 위의 헌법재판소 결정은 타당하다고 생각한다. 이러한 사유로 위의 헌법재판소 결정의 태도에 찬동한다.

Ⅴ. 맺 는 말

조세법의 규율 대상은 경제적 현상과 결코 유리될 수 없는 밀접한 연관성을 가지고 있고, 오늘날 이러한 경제적 현상은 하루가 멀다하고 급변하고 있기 때문에 국가가 이에 상응하여 적절한 조세를 부과하기 위해서는 조세법률주의의 내용 중에서 과세요건 명확주의가 철저히 준수되기 힘들고, 오히려 합리적인 판단에 의하여 법률이 정하는 바의 의미와 내용을 객관적으로 인식할 수 있어 법적 안정성과 예측가능성을 크게 저해하지 않는 범위 내에서 다소 불확정 개념을 사용할 필요가 있다.

이러한 견지에서 (구) 부가가치세법 제30조 제1항은 다음과 같은 세 가지 점에서 과세요건 명확주의에 반하지 아니한다고 할 것이다.

첫째, 일반인들이 동법 제30조 제1항 전문이나 후문에 사용된 용어들, 예를 들어 간이과세자나 과세특례자 및 일반과세자의 개념을 부가가치세법의 전체적 맥락에서 그 뜻이나 의미를 충분히 명확하게 알 수 있다는 점이다.

둘째, 신고의 요부 및 신고기간, 신고대상 등도 일반인이 모두 알 수 있는 일반적 또는 산술적 표현을 사용하고 있어 법관의 특별한 보충적 해석이 없더라도 그 의미나 내용을 확정하기 어렵지 않게 명확히 규정되어 있다는 점이다.[57]

---

56) 이에 대한 것은 헌재결 2001. 4. 26, 99헌바108·2000헌바3·2001헌바1(병합), 13-1, 928면 이하의 수원지방법원의 위헌제청신청기각 이유와 재정경제부 및 국세청의 의견 참조.

57) 헌재결 2001. 4. 26, 99헌바108·2000헌바3·2001헌바1(병합), 13-1, 904면 이하 참조.

셋째, 사업자가 부가가치세에 대해 과세유형의 수입금액 기준과세기간에 대한 확정신고를 할 때 자신의 과세유형전환의 유무를 사전에 알 수 있다. 따라서 동법 제30조 제1항에 의해 부가가치세법상 간이과세제도의 적용을 받는 사업자가 일반과세의 적용을 받고자 하는 달의 전달 20일까지 사업장 관할세무서장에게 과세특례포기신고서를 제출하면 일반과세자에 관한 규정을 적용받을 수 있도록 한 규정은 그 형식이나 문언에 비추어볼 때 그 내용이 과세요건 명확주의에 반할 만큼 불명확하다고 볼 수 없다[58]고 생각한다.

이러한 사유로 동법 제30조 제1항은 과세요건 명확주의에 반하지 않는다는 사유로 합헌이라고 본 헌재 2001. 4. 26, 99헌바108·2000헌바3·2001헌바1(병합) 결정의 태도는 타당하다고 할 것이다.

[표 제 어]

The Value-Added Tax Act(부가가치세법), The simplified taxation system(간이과세제도), The taxation exception(과세특례), The principle of law of taxation(조세법률주의), The principle of definitude in assessment requirement(과세요건 명확주의)

[참고문헌]

권영성, 헌법학원론, 법문사, 2009.
성낙인, 헌법학, 법문사, 2009.
이준구, 재정학, 다산출판사, 2004.
임승순, 조세법, 박영사, 2008.
전광석, 한국헌법론, 법문사, 2007.

58) 헌재결 2001. 4. 26, 99헌바108·2000헌바3·2001헌바1(병합), 13-1, 930면 이하 참조.

최명근 · 나성길, 부가가치세법론, 세경사, 2007.

허 영, 한국헌법론, 박영사, 2008.

홍성방, 헌법학, 현암사, 2008.

강경근, "조세법률주의와 조세평등주의의 헌법적 연구 -간편납세제도 도입에 관련하여-," 헌법학연구 제11권 제 4 호, 한국헌법학회, 2005. 12.

김성균, "과세요건 명확주의 관련 개별 법령에 대한 고찰," 공법학연구 제 7 권 제 1 호, 한국비교공법학회, 2006. 2.

김성수, "국가의 과세권과 국민의 재산권보장과의 관계," 고시계, 1991. 2.

김주택, "부가가치세법상 간이과세제도에 관한 연구," 산학경영연구 제19권 제 1 호, 한국산학경영학회, 2006. 4.

박용대, "간이과세제도, 이제 개정해야 할 때이다," 세무사 제23권 제 4 호, 한국세무사회, 2005. 겨울.

박종수, "세법상 유형화 · 포괄화의 정당성과 한계," 조세법연구 제10집 제 2 호, 한국세법학회, 2004. 11.

서희열, "부가가치세제의 평가와 합리적 제도개선에 관한 연구 : 간이과세제도와 세금계산서 제도를 중심으로," 논문집 제33집, 강남대학교, 1999. 8.

이철송, "조세법률주의의 발전," 법학논총 제24집 제 2 호, 한양대 출판부, 2007. 7.

허강무, "조세법상 법치국가원리와 과세권의 한계," 토지공법연구 제22집, 한국토지공법학회, 2004. 7.

Isensee, Josef, "Steuerstaat als Staatsform," in: Festschrift für Hans Peter Ipsen zum siebzigsten Geburtstag, Hrsg. von Rolf

Stödter & und Werner Thieme, Tübingen, 1977.
Koch, Hans-Joachim & Rüßmann, Helmut, Juristische Begründungslehre, München, C. H. Beck, 1982.

http://news.hankooki.com/lpage/economy/200410/h2004100419123756300.htm, 2009년 2월 10일 검색.
http://www.nts.go.kr/youth/study/study__common05.asp?top__code=1001&sub__code=1001, 2009년 2월 10일 검색.
http://www.pys21.net/bbs/view.php?DB=movement&num=89&start=80&S=&val=&word=, 2009년 2월 10일 검색.

[Abstract]

Validity of The Conclusion of The Constitutional Court on April 26, 2001 for 99HunBa108 · 2000HunBa3 · 2001HunBa1(annexation) on The Article 30, Clause 1 for The Value-Added Tax Act prior to Amendment

— Focused on The Principle of Definitude in Assessment Requirement —

Hie Houn Lee(Professor of Sunmoon University)

Article 30, clause 1(hereafter abbreviated as "the same legal provisions") for the Value-Added Tax Act prior to amendment is not contrary to the principle of definitude in assessment requirement among contents of the principle of law of taxation, which are ensured in Article 38 and Article 59 for the constitutional law, due to three reasons below.

First, it is because the meaning or significance in terms, which were used in the preamble or the back sentence of the same legal provisions, can be clearly known enough through the whole context in the Value-Added Tax Act.

Second, it is because even the report period or the report subject is prescribed in the same legal provisions so that all the general people can know, thus its meanings or contents are not difficult to be confirmed.

Third, in accordance with the same legal provisions, a business taxpayer can previously know the appearance of a change in the taxation type when making a return of confirmation on the reference taxation for turnover in taxation type on the Value-Added Tax. Accordingly, it is because of being incapable of being seen to be indefinite enough for the contents in the same legal provisions to be contrary to the principle of definitude in assessment requirement, in which a business taxpayer, who is applied the simplified taxation system by the Value-Added Tax Act, is allowed to be applied the provisions on a general taxpayer given submitting a report of abandonment on the taxation exception to the superintendent of a tax office within the jurisdiction over a business place until the 20th in previous month that is desired to be applied the general taxation.

For these reasons, the attitude in the conclusion of the constitutional court on April 26, 2001 for 99HunBa108 · 2000HunBa 3 · 2001HunBa1(annexation), which regarded the same legal provisions as constitutional for a reason of being not contrary to the principle of definitude in assessment requirement, is adequate.

基本權侵害事例의 研究方法

李 丞 祐*

Ⅰ. 基本權侵害事例問題의 位置와 問題提起

헌법사례문제의 대부분은 기본권침해사례의 문제이다. 이미 발표한 '규범효력과 사례연구방법'에서 논의하는 규범효력론의 경우도 그 밑바탕에는 기본권침해의 문제가 내재되어 있고,[1] 다만 규범 그 자체의 위헌·위법 여부를 다투고 있는 경우에 제기되는 문제가 규범효력론으로

* 경원대학교 법학과 교수

1) 이승우, "규범효력과 사례연구방법," 헌법판례연구 제9권, 2008, 173면 이하.

설명된 것에 불과하기 때문이다. 우리 헌법재판소에서 다뤄지는 판례의 대부분도 기본권침해의 문제임을 알 수 있다.

기본권침해사례의 문제를 해결하기 위해서는 무엇보다도 기본권의 내용에 대한 이해가 선행되어야 한다. 헌법상의 기본권규정은 양심·예술·종교·재산·언론의 자유 등에서 알 수 있듯이 다른 헌법규정에 비하여 추상성이 강한 불특정개념이기 때문에 그 해석을 통한 개념내용의 확정이 사례문제의 해결에 매우 중요하다. 즉 문제가 된 기본권 개념을 내세우며 기본권침해를 주장하는 것은 막연하기 때문에 의미가 없고, 사례문제는 그 기본권의 보호영역을 분명히 밝히고, 그 보호영역 가운데서도 어느 내용에 대한 침해가 있는가를 밝히는 것이 핵심이다.

그리고 기본권사례문제를 해결하기 위한 기본권의 구체적 내용에 대해서는 많은 헌법이론서들이 언급하고 있다. 다만 학자들에 의하여 정리된 헌법이론적인 관점에서의 기본권의 내용은 확정적인 것은 아니고 입법형성권에 의하여 새로이 정해지기도 하고 또한 최종적 헌법해석권한을 가진 헌법재판소의 결정에 따라 변화가 가능하다. 기본권의 내용에 대한 독창적인 이론의 개발이 학자들에 의해서는 물론이고 입법형성권의 행사 및 헌법재판소의 결정으로 이뤄질 수 있다는 것이며, 특히 헌법재판소의 결정에 대한 학자들의 판례평석을 통해 상호영향관계를 미치면서 기본권의 내용은 발전하게 된다.

아무튼 기본권침해사례문제를 해결함에 있어서 중요한 것은 기본권의 내용 중 어느 부분을 구체적으로 침해하는 것인가를 밝히는 것이고 또한 그에 대한 올바른 해결책을 제시하는 것이다. 따라서 여기서는 먼저 기본권침해사례의 일반유형을 살펴보고(II), 기본권침해사례의 해결지침을 설명한 다음(III), 마지막으로 개별 기본권에서 논의되는 특수한 해결지침을 찾아보려고 한다(IV).

Ⅱ. 基本權侵害事例의 一般類型

1. 法令이 基本權과 調和될 수 있는가를 묻는 問題

이것은 규범효력론에서 살펴본 내용이 적용되는 기본권침해사례의 문제이다. 이 유형의 문제는 다시 두 가지로 분류될 수 있는데, 첫째는 직접 법령의 내용이 기본권과 조화될 수 있는가를 묻는 문제이고, 둘째는 법령의 내용을 직접 제시하지 않고 일정한 국가작용의 근거가 기본권과 조화될 수 있는가를 묻는 문제이다.[2]

(1) 直接 法令內容 그 자체의 基本權調和 與否를 묻는 問題

이 유형의 문제는 법령이 어떤 성질의 것인지를 먼저 밝히고 그에 따른 해결책이 제시되어야 함은 이미 밝힌 바 있다. 또한 이 문제는 일정한 법령내용이 기본권과 조화될 수 있는가를 묻는 것이기 때문에 그 법령내용이 기본권을 제한하는 것인지를 밝히고, 그것이 제한에 해당한다고 할 때, 기본권제한입법의 한계조항에 비추어 정당화될 수 있는 제한인지를 밝혀야 한다. 대표적인 실례는 각종 법률제정에 따른 법령소원이 이에 해당한다. 이 경우 검토되어야 할 내용과 순서는 다음과 같다.

1) 문제된 법령의 법적 성격
2) 제한되고 있는 기본권과 그 구체적 내용
3) 법령소원으로 다투어지므로 침해의 직접성이 인정되는가의 여부
4) 기본권제한입법의 한계가 지켜지고 있는가의 여부
5) 하위법령은 상위법령의 수권규정에 포섭될 수 있는가의 여부

2) 허 영, 사례헌법학, 신조사, 2000, 34면 이하.

(2) 法令의 内容을 직접 提示하지 않고 일정한 國家作用이 基本權과 調和될 수 있는가를 묻는 問題

구체적인 근거법령을 제시함이 없이 정부가 어떠한 정책이나 조치를 취하려고 하는 경우를 예상하고 그 조치가 기본권을 침해하는 것은 아닌가를 묻는 문제이다. 이 문제는 국가작용의 법적 근거를 찾음과 동시에 어떤 기본권을 제한하게 되는가를 밝혀야 하는 문제이다. 특히 경찰권의 발동과 관련되는 경우 구체적 규정에 근거한 경우와 달리 경찰관직무집행법상의 일반조항에 근거하여 내려진 조치 등의 경우가 대표적인 경우이다. 따라서 이 경우의 검토할 내용과 순서는 다음과 같다.

1) 국가작용의 법적 근거의 제시
2) 근거법령의 합헌·합법 여부의 확인
3) 제한되는 기본권의 내용과 한계의 제시

2. 基本權主體가 일정한 國家作用을 요구할 수 있는가를 묻는 問題

국가의 적극적인 기본권보장을 요구할 수 있기 위해서는 기본권의 성질에 따라 다르게 설명되어야 한다. 자유권적 기본권의 경우 '국가로부터의 자유'가 핵심이기 때문에 오히려 국가의 소극적 대응을 요구하기 때문이다. 따라서 국가의 적극적 기본권보장을 요구하는 경우는 기본권의 효력 가운데서 적극적 효력을 가지는 것으로서 자유권 이외의 기본권에서 논의되고 있음을 알아야 한다. 특히 사회적 기본권의 경우와 국가의 적극적 기본권보호이론으로 부각되고 있는 국가의 기본권보호의무이론의 분야가 그것이다.

(1) 社會的 基本權의 경우

우리 헌법은 사회적 기본권을 구체적으로 규정하고 있기 때문에 그에 근거하여 기본권을 주장할 수 있다. 물론 사회적 기본권은 국가의 사회보장정책 등을 구체화해야 실효성 있는 기본권이 되는 것이지만, 국가의 사회보장정책이 구체화되고 있지 않거나 구체화되어 있는 법률의 내용이 헌법이 규정하고 있는 기본권보장정신에 부합되지 않는다고 생각할 경우 실질적인 기본권보장을 요구할 수 있는지가 문제로 된다. 예컨대 헌법 제32조 제 5 항에 근거한 연소근로자의 특별보호, 제34조 제 4 항에 근거한 노인복지향상, 제36조 제 2 항의 모성보호, 제34조 제 1 항에 근거한 인간다운생활의 수준 등 많은 문제가 이에 해당한다. 따라서 이러한 사회적 기본권을 내용으로 하는 기본권보장이 요구되는 경우 다음과 같은 내용에 대한 검토가 필요하다.

1) 국민이 국가를 상대로 어느 기본권을 주장하고 있는가.
2) 주장되고 있는 기본권의 성질과 내용이 어떠한가.
3) 기본권을 실현하기 위한 구체화된 법률에 따를 때 국민이 주장하는 일정한 행위의무가 국가에게 있는가.

(2) 國家의 基本權保護義務와 基本權保護請求權이 問題

국민에 대한 기본권침해는 국가로부터만 행해지는 것이 아니다. 제 3 자인 타인으로부터 기본권침해가 이루어지고 있는 경우 국민은 국가의 적극적 도움이 요구된다. 즉 피해자인 기본권주체는 가해자의 가해행위를 막아줄 것을 국가에게 요청할 수 있고, 이미 침해가 이루어진 경우(모든 형사범죄행위가 발생한 경우가 이에 해당함) 그 가해자를 처벌함과 동시에 피해액을 배상받아내도록 국가는 도와주어야 한다. 특히 그 가해행위가 생명과 건강 및 재산권에 심각한 침해를 줄 우려가 있는 경우(행정법상의 복효적 행정행위에서 자주 발생함) 긴급하게 적극적 국가작용을 요구할 수 있는 기본권보호청구권이 인정되어야 하고, 이 경우 국가는 기본권보호의무이론에 따라 기본권보호에 나서야 한다. 이러한 문제를 위해서는 다음과 같은 검토가 이루어져야 한다.

1) 기본권침해가 국가권력이 아닌 제3자인 타인으로부터 온 것인가.
2) 기본권주체가 생명과 건강 및 재산 등에 대하여 심각한 침해를 받고 있는가.

(기본권의 객관적 가치질서 측면에서 국가의 기본권보호의무의 존재확인)

3) 기본권주체가 일정한 행위(작위나 부작위)를 국가에게 요구할 수 있는가.

(국민의 기본권보호청구권의 인정 여부)

4) 국가는 일정한 행위 이외의 방법을 선택할 재량권을 가지고 있어 그 기본권보장에 한계가 있는 것은 아닌가. 즉 형식적 공권과 주관적 공권의 상호관계를 통한 해결책이 인정되는가.

(행정개입청구권, 무하자재량행사청구권 및 재량권이 0으로 수축되는 경우)

3. 일정한 國家作用이 基本權을 侵害했는가를 묻는 問題

대부분의 기본권침해사례의 문제는 이 일정한 국가작용의 결과 기본권을 침해하는 문제에 해당한다. 즉 입법작용의 결과 기본권을 직접 침해하는 법령이 제정된 경우 기본권침해를 전제로 법령소원이 이루어지고 있는 것이 그 예이고, 독일에서와 같이 법원의 재판작용이 기본권을 침해하는 경우에 행해지는 헌법소원의 경우도 이에 해당하며, 그 가운데서도 행정부의 집행작용의 결과 기본권을 침해한 경우에 권리구제가 요구되는 경우가 가장 많은 부분을 차지한다.

그런데 법령소원의 경우 앞에서 살펴본 법령이 기본권과 조화되는가의 형태로 제기되는 사례문제와 같은 문제이기 때문에, 그리고 법원의 재판작용이 우리 헌법소원제도에서 배제되고 있기 때문에 이 문제들에 대한 논의는 여기서 생략하기로 한다. 즉 여기서는 행정부의 집행작용의 결과 국민의 기본권을 침해한 경우의 사례문제에 대한 검토내용을 살펴본다.

1) 어느 기본권에 대한 침해사례의 문제인가.
2) 그 기본권의 보호범위 내에서도 구체적으로 어느 내용을 침해하고 있는가.
3) 기본권제한입법의 한계조항에 비추어 그 요건과 한계가 지켜지고 있는가.

4. 不平等한 差別待遇로 平等權을 侵害하고 있는가를 묻는 問題

평등권침해사례의 문제는 대부분의 기본권침해사례와 동시에 이루어지고 있고 또한 그 중요도가 크기 때문에 다각적인 검토가 요구된다. 따라서 여기서는 평등권침해와 관련된 사례문제가 제기되는 유형에 대해서만 간단히 살펴보고, 그 구체적인 논의는 따로 설명하기로 한다.

(1) 平等權과 個別基本權의 競爭關係

무엇보다도 평등권침해사례는 개별기본권의 침해사례와 동시에 제기된다. 이 경우 평등권을 개별기본권과 별도로 평가하고 해결책을 찾을 것인가 아니면 평등권을 '기본권실현의 방법적 기초'로 이해하고 개별기본권을 실현하는 과정에서 평등권의 침해 여부가 평가되어야 할 것인가를 주목해야 한다. 결국 평등권은 오늘날 '기본권실현의 방법적 기초'의 시각에서 평가되고 있기 때문에 극히 예외적인 경우가 아니면 개별기본권을 실현하는 과정에서 차별대우가 있었는가를 평가하는 것이 올바른 평가이다.

(2) 一般的 平等權과 個別的 平等權의 區別과 檢討

'모든 국민은 법앞에 평등하다'라는 일반적 평등권의 적용이 요구되는 문제인가, 아니면 헌법의 다른 규정에 근거를 둔 개별적 평등권의 문제인가를 먼저 밝히고 해결책을 찾아야 한다. 즉 헌법이 구체적으로 차별대우를 금지하고 있는 성별·종교·사회적 신분 등에 의한 차별대우금지, 사회적 특수계급제도의 금지, 특권제도의 금지, 혼인 및 가족생활에서의 남녀평등, 교육 및 시험의 기회균등, 선거권의 평등, 선거운동의 기회균등, 병역평등, 조세평등, 정당의 기회균등, 소송절차상의 무기평등 등에 해당하는 것과 그렇지 않은 것과의 구별이 요구된다. 그것은 특별법 우선의 원칙에 따라 개별적 평등권이 일반적 평등권에 비추어 우선 적용되어야 하기 때문이다.

5. 基本權侵害時의 救濟節次를 묻는 問題

기본권침해에 관한 사례문제의 경우도 일반적 헌법연습 방법론에서 살펴본 것처럼 실체법적 문제와 절차법적 문제가 구별되고 검토되어야 한다.[3] 특히 기본권침해를 전제로 그 구제절차를 묻는 문제가 아니라면 양자를 동시에 검토하여야 하며, 그 경우 기본권침해에 관한 실체법적 검토를 먼저 하고 권리구제를 위한 절차법적 검토를 살펴보는 것이 일반적이다. 다만 여기서는 기본권침해를 전제로 그 구제절차에 관한 검토 내용을 제시하기로 한다.

---

3) 이승우, "헌법연습 방법론에 관한 연구," 사회과학연구(경원대) 제 4 집, 1997, 361면 이하.

1) 공권력에 의한 기본권침해가 인정되는가.
2) 행정쟁송법상의 구제절차가 아닌 헌법재판상의 구제절차가 요구되는가.
3) 기본권침해와 관련된 헌법재판상의 권리구제제도는 헌법소원제도이기 때문에 이에 대한 제소요건(허용성) 등이 갖추어져 있는가.
4) 실체법적 검토가 필요한 경우 인용가능성의 검토가 요구된다.

Ⅲ. 基本權侵害事例의 一般的 解決指針

1. 基本權侵害事例의 原因과 根據에 따른 解決指針

기본권의 침해사례는 다양한 원인과 근거를 가지고 나타나기 때문에 그것을 찾는 것이 문제해결의 시발점이 되어야 한다. 즉 법률의 제정으로 기본권침해가 이뤄졌다고 보는가 아니면 법률집행과정의 마지막 단계인 행정처분의 결과로 기본권침해가 발생한 것인가를 분명히 이해해야 한다. 따라서 기본권침해사례의 경우 기본권적인 시각에서만 검토하지 말고 법률의 제정에서부터 법률의 집행에 이르는 모든 과정(행정법적 사고)을 고려하여 평가해야 한다.

(1) 違憲的인 法律制定으로 인하여 基本權이 侵害되는 경우

국회가 제정한 법률이 기본권을 침해하는 내용을 내포한 경우 그 법률은 위헌법률임은 물론이고 위헌법률제정 그 자체가 기본권을 침해하는 것으로 위헌임을 주장할 수 있다. 즉 법률의 구체적인 집행행위를 기다릴 필요없이 기본권침해의 직접성이 인정되는 경우 그 침해의 위헌성이 다투어질 수 있고, 이에 대한 권리구제수단으로 규범통제형 헌법소원 내지 법령소원제도가 있다.

(2) 違法한 行政處分으로 基本權이 侵害되는 경우

대부분의 기본권침해사례는 법률의 집행을 매개로 하여 발생한다. 즉 법률의 집행과정에서 법률집행을 매개로 하여 기본권이 침해되는 경우이다. 이 경우는 다음과 같은 2가지의 기본권침해사례로 나타나며, 이 경우 구체적 규범통제의 문제로 다루게 된다.

1) 法律에 근거한 法規命令, 즉 行政處分의 근거가 되는 授權法이 違憲이기 때문에 行政處分이 違法하게 되어 基本權侵害가 發生하는 경우

구체적 규범통제제도가 이에 대비한 제도이며, 헌법재판소에서는 위헌법률심판제도로 다투어진다.

2) 行政處分의 근거가 되는 授權法은 違憲이 아닌데 行政廳의 裁量權行使에 瑕疵가 있기 때문에 基本權侵害가 發生하는 경우

행정행위의 하자이론을 통하여 기본권침해문제가 평가되어야 하며, 행정심판 및 행정소송제도를 통하여 다투어지고, 재판소원이 인정되고 있지 않기 때문에 보충성의 원칙의 예외에 해당하는 극히 예외적인 경우에 헌법소원(검사의 불기소처분 등과 같은 처분소원)이 허용된다.

(3) 行政計劃·公法上 契約·事實行爲 등으로 인한 基本權侵害의 경우

위법한 행정처분이 아닌 다양한 행정작용의 결과 기본권이 침해되는 경우 행정쟁송법상의 권리구제가 원칙적으로 선행되어야 한다. 다만 우리의 판례는 행정쟁송법상 권력적 사실행위와 구속적 행정계획 등에서 권리구제를 받기 어려웠기 때문에 보충성의 원칙의 예외에 해당하면 헌법소원심판을 받아들이고 있다.[4]

---

4) 자세한 내용은 이승우, 국가구조론, 두남, 2008, 446면 이하.

2. 基本權侵害의 主體와 基本權의 效力에 따른 解決指針

기본권침해의 원인과 근거를 찾아 권리구제방법을 찾았다 하더라도 구체적인 침해주체를 밝히는 것이 중요하다. 왜냐하면 기본권에 대한 침해주체에 따라 주장되는 기본권의 효력이 다르게 되고 또한 적용되어야 하는 기본권이론이 다르기 때문이다. 예를 들면 기본권침해가 국가나 공공단체로부터 이뤄지고 있는가 아니면 사인(私人)으로부터 오는가를 판단하는 것은 중요하다. 주장하는 기본권의 효력이 대국가적 효력의 문제인가 아니면 대사인적 효력의 문제인가를 판단해야 하기 때문이다. 만약 대국가적 효력(對國家的 效力)의 문제라면 헌법 제37조 제2항이 규정하고 있는 기본권제한입법의 한계조항에 따라 그 기본권제한이 한계 내에서 이뤄지고 있는가를 판단해야 하고, 이때 적용되어야 할 가장 중요한 판단기준은 과잉금지의 원칙이 된다. 반면에 대사인적 효력(對私人的 效力)이 문제되는 경우 기본권의 상충관계이론으로 해결하도록 하여야 한다. 특히 기본권의 대사인적 효력의 문제가 논의됨에 있어서는 사적자치의 원칙이 가능한 지켜져야 함은 물론이다. 그리고 단순한 사인 상호간의 문제가 아니라 국가와 가해자 및 피해자와의 사이에 일정한 법률관계가 형성되어 있는 경우에는 국가의 기본권보호의무이론에 의하여 해결되어야 할 것인지도 살펴야 한다.

(1) 基本權의 對國家的 效力問題와 解決指針

기본권을 침해하는 원인과 근거가 밝혀지고, 그 근거법률이 헌법과 법률에 합치되는지가 평가된 다음에, 기본권침해 여부가 평가되어야 한다. 즉 기본권에 대한 합헌적 제한인가 아니면 기본권에 대한 위헌적 침해인가를 기본권제한입법의 한계조항에 따라 평가하여야 한다. 헌법 제37조 제2항은 법률에 의한 기본권의 제한이 가능하도록 법률유보를 규정하고 있기 때문이다. 따라서 기본권침해사례문제에서 가장 주의할 사항은 기본권침해를 주장하는 기본권주체의 의사를 감안하면서도 합리적 제한이 가능함을 전제로 국가의 제한의도를 충분히 살피고 한계일탈 여부를 평가하는 것임을 인식하는 것이다.

기본권의 대국가적 효력문제의 대부분이 기본권제한의 수단방법상의 요건과 한계가 지켜졌는가를 평가하는 것이기 때문에 그 판단기준으로 '과잉금지의 원칙'이 있다고 말한다. 그러나 기본권침해의 문제는 수단방법상의 관점만이 아니라 헌법 제37조 제2항의 기본권제한입법의 한계조항과 관련하여 다음과 같이 형식상의 요건과 한계·목적상의 요건과 한계·내용상의 요건과 한계 등도 아울러 평가되어야 한다.

1) 形式上의 要件과 限界

기본권제한입법의 근거법령의 형식요건과 관련된 이 문제는 앞에서 지적한 규범효력론의 관점에서 살펴보아야 한다. 따라서 법률의 경우 국회가 입법절차에 따라 제정한 법률인가를 살펴야 하고, 기본권을 침해하는 법률이 처분적 법률인지의 여부도 고려해야 하며, 법률과 같은 효력을 가지는 긴급명령 등의 긴급권발동의 경우와 국내법과 같은 효력을 가지는 국제법의 경우 법률과 같은 효력을 발하기 위한 헌법적 절차를 거쳐 발효되었는지가 평가되어야 한다. 특히 기본권을 제한하는 법규명령 등의 하위법령은 법률로 제한의 요건과 최대한도가 정하여진 경우에만 위임될 수 있기 때문에 그 요건과 한계가 지켜졌는가를 평가하는 것이 핵심이다.

2) 目的上의 要件과 限界

기본권제한의 실질요건에 해당하는 것으로서 우리 헌법은 국가안전보장, 질서유지, 공공복리라는 공익목적을 구체적으로 예시하고 있다. 따라서 기본권을 제한하는 국가의 조치는 위 3가지의 공익목적을 제시하지 않으면 안 된다. 다만 이러한 공익목적을 표면적으로나마 제시하지 않은 기본권제한은 사실상 없기 때문에 그러한 공익목적의 형식적 제시만으로 입법목적이 충족된 것으로 평가하는 것은 의미가 없다.

기본권제한의 목적상의 요건과 한계의 문제에 있어서 주의할 사항은 공익목적을 달성하기 위해 기본권을 제한하는 그런 법률제정이나 조치가 꼭 필요한가의 문제이다. 즉 공익목적의 존재 자체는 인정되는 경우라 하더라도 그와 같은 기본권제한조치가 아니면 공익목적의 달성이 불가한 경우가 아니면 한계를 벗어난 것이라고 보아야 하는 것이다. 이것은 결국 기본권제한이라는 수단과 방법이 공익목적을 달성함에 있어서 필수불가결한 것인가를 판단하는 문제이다. 따라서 이것은 공익목적이라는 보호법익과 기본권제한이라는 침해법익 사이에 법익의 균형관계가 유지되어야 하는 것을 의미한다. 법익의 균형성으로 평가되는 기본권제한입법의 한계문제가 여기에 해당한다.

그런데 공익목적이라는 보호법익과 침해법익의 균형성에 대한 판단은 원칙적으로 입법권자의 재량에 속하는 문제이기 때문에 그의 입법형성재량권(立法形成裁量權)의 문제로 평가하는 것이 요구된다. 예컨대 구체적 경우에 있어서 누가 보아도 공익목적에 다툼이 없는 경우(공공의 보건)는 물론이고 일부의 사람이나 보는 관점에 따라 공익목적에 의심이 있는 경우(중산층보호, 일부노동자보호)에 있어서도 입법권자의 판단은 존중되어야 한다. 따라서 입법목적상의 요건과 한계를 판단함에 있어서는 입법권자가 준수해야 할 사항으로서 첫째, 헌법이 직접 명시한 한계를 존중하고 있는가? 둘째, 입법권자는 입법형성재량권을 행사함에 있어서 공익목적을 그릇된 사실관계를 전제로 하고 있는 것(예컨대 단순한 추정)은 아닌가? 등에 대하여 판단함에 그쳐야 한다. 이것은 결국 입법권자가 제정한 법률은 합헌성의 의제(擬制)가 이뤄져야 한다는 것을 의미한다.

3) 内容上의 要件과 限界

우리 헌법은 기본권제한의 내용적 한계로서 "기본권의 본질적 내용"을 침해해서는 안 된다고 하였다. 따라서 모든 기본권제한의 문제에 있어서 항상 본질적 내용의 침해에 이르고 있는 것은 아닌가를 평가해야 한다.

그런데 기본권의 본질적 내용이 무엇인가를 제시하는 것이 어렵고 또한 그것이 무엇을 의미하는지에 대하여 논란이 많기 때문에 주의를 요한다. 다만 기본권의 본질적 내용의 침해란 "인간의 존엄과 가치"를 정면으로 침해하는 것을 의미하며, 또한 그러한 기본권제한의 결과 그 기본권의 보장이 유명무실해지는 경우 본질적 내용의 침해로 평가한다는 점에 대해서는 이론이 없다. 따라서 기본권의 본질적 내용의 침해에 관한 문제는 일반적인 지적이 어렵기 때문에 개별기본권의 내용에 대한 설명에서 본질적 내용의 침해의 예로 제시된 부분을 암기할 필요가 있다.

4) 手段·方法上의 要件과 限界(過剩禁止의 原則)

기본권의 대국가적 효력의 판단기준으로 '과잉금지의 원칙'이 중요하게 적용된다고 한 것은 기본권제한입법의 한계문제가 대부분 수단·방법상의 요건과 한계의 문제에 해당하기 때문이다. 이 과잉금지의 원칙은 비례의 원칙이라고도 하는데 제한하려는 기본권과 보호되는 법익 사이에 합리적인 비례관계가 유지될 것을 요구하는 요건과 한계이며,[5] 기본권침해에 대한 사법심사 내지 헌법재판의 대부분이 이 방법상의 요건과 한계가 지켜졌는가를 심사하는 것으로 평가되고 있다.[6]

과잉금지의 원칙을 적용하여 기본권침해 여부를 판단하기 위해서는 다음과 같은 3가지의 관점에서 그 평가가 이루어져야 한다. 첫째, 적합성의 원칙에 관한 것으로서 입법자가 기본권제한을 통해서 추구하는 정당한 목적을 달성하는데 가장 적합한 방법을 선택해야 한다는 것이다. 둘째, 최소침해의 원칙으로서 국민의 기본권이 필요한 정도를 넘어서 조금이라도 더 침해되는 일이 없도록 유의해야 한다. 셋째, 균형성의 원칙(狹義의 比例性의 原則)으로서 국민의 기본권을 제한하는 정도와 그 제한에 의해서 얻어지는 공익을 엄격하게 비교형량하여 더 큰 공익을 보호하기 위하여 불가피하게 국민의 기본권을 제한하는 부득이한 경우이어야 한다.

---

5) 이승우, 기본권론, 두남, 2007, 99면 이하.

6) 허 영, 한국헌법론, 박영사, 2008, 283면.

따라서 구태여 국민의 기본권을 제한하지 않고서도 충분히 공익목적을 달성할 수 있거나, 보다 더 가벼운 기본권제한만으로도 충분히 공공의 이익을 보호할 수 있는데도 불구하고 단순한 편의주의에 따라 무거운 기본권침해가 이루어지고 있는 것, 그리고 기본권의 제한을 정당화할 만한 공공의 이익이 인정될 수 없는데도 기본권을 제한하기 위한 법률을 제정하는 것 등은 명백히 방법상의 요건과 한계를 일탈한 과잉금지의 원칙을 위반한 기본권침해로서 위헌임을 면할 수 없다.

(2) 基本權의 對私人的 效力問題와 解決指針

사인에 의한 기본권침해와 그에 대한 해결지침은 전통적으로 기본권의 대사인적 효력이론으로 해결하는 것으로 알려져 있다. 그리고 기본권의 대사인적 효력이론은 직접효력설과 간접효력설이 주장되었지만 간접효력설이 타당한 것으로 인식되고 있다. 사인 상호간에는 사적자치가 보다 유용한 해결지침이라고 보기 때문이었다.

그러나 실제에 있어서 사인에 의한 기본권침해가 문제되는 경우 사적자치에 의하여 모두 해결될 수 없다. 사인 상호간에 타협이 이루어지지 않은 경우 국가의 사법작용을 통하여 분쟁을 해결하지 않을 수 없는 것이 그것이다. 그리고 국가가 사법권을 발동하여 기본권주체 상호간의 기본권관계를 살펴봄에 있어서는 기본권상충관계이론이 해결지침이 됨으로 그에 따른 해결책이 요망된다.

기본권의 상충관계는 서로 대립하는 기본권주체가 상충하는 이해관계를 실현하기 위해 국가를 상대로 각자의 기본권의 보호를 주장하고 나오는 경우를 말한다. 기본권의 효력이 사인 상호간에도 미치는 것을 전제로 사적인 이해관계의 다툼이 헌법상의 기본권상의 다툼으로 발전하여 국가권력이 양당사자가 주장하는 기본권의 내용과 효력을 비교형량하여 분쟁을 해결해 주어야 하는 기본권관계를 말한다.[7] 그런데 기본

7) 기본권의 상충관계는 그 기본권의 보호범위 안에서 행사되는 정당한 주장임에

권의 상충관계는 대립하는 두 기본권주체가 국가권력을 상대로 제각각 기본권의 구제를 주장하는 것이기 때문에 어느 의미에서는 기본권의 대국가적 효력의 문제로 평가될 수도 있는 문제이다. 따라서 기본권의 상충문제는 두 기본권주체의 주장에 대하여 국가권력이 중립적인 관점에서 관여가 요구되는 3각관계의 문제임을 전제해야 한다.8)

기본권의 상충관계의 해결지침으로는 이익형량의 방법과 규범조화의 방법이 제기되고 있다. 전자는 서로 상충하는 기본권의 효력의 중요도를 비교하여 우열을 정한 다음 보다 중요한 기본권의 효력을 우선적으로 보장하려는 해결방법이고, 후자는 상충하는 기본권 모두가 최대한으로 그 기능과 효력을 발휘할 수 있도록 조화의 방법을 찾으려는 것이다. 즉 이익형량의 방법은 어느 하나의 기본권을 다른 기본권에 우선시킴으로 인하여 보호받지 못하는 기본권이 발생함에 비하여, 규범조화적 방법은 두 기본권의 효력을 함께 존중하는 것으로서 상충하는 기본권 상호간의 긴장·부조화현상을 최대한으로 완화시켜 조화적인 효력을 나타내도록 하려는 해결책이다.9)

결국 기본권의 상충관계를 해결하기 위한 이익형량의 방법은 지극히 원론적인 기본권의 우열관계를 전제로 상충관계를 해결하려는 것이지만, 모든 기본권마다 고유한 가치와 보호영역이 달라서 이 기준만으로 해결할 수 없는 기본권의 상충사례가 얼마든지 나타날 수 있는 점에서 한계가 있다. 특히 기본권적 가치의 우열이 분명하지 않음에도 불구하고 이익형량의 방법을 동원하는 경우 어느 기본권은 보호하지만 다른 기본권은 제한해야 하는 것이기 때문에 최후적인 경우가 아니면 기본권보장정신에 적합하다고 보기 어렵다. 따라서 과잉금지의 방법, 대안식 해결

비하여, 이와 구별해야 하는 것으로 基本權의 類似相衝의 문제가 있다. 즉 기본권의 보호범위에 포함될 수 없는 내용을 근거로 기본권주장을 하는 경우가 그것이다.

8) 3각관계라는 측면에서는 국가의 기본권보호의무이론의 구조와 유사하다.

9) 허 영, 한국헌법론, 266면 이하.

방법, 최후수단의 억제방법 등의 규범조화의 방법을 통하여 기본권 상충문제를 해결하도록 노력하되, 그것으로 해결이 불가능하다고 판단되는 경우 이익형량의 방법이 동원되도록 해결책을 제시해야 한다. 두 상충하는 기본권의 조화가 불가능하다면 어느 하나의 기본권을 희생시킬 수밖에 없기 때문이다.

(3) 國家의 基本權保護義務理論에 따른 基本權保護請求權과 解決指針

국가의 기본권보호의무에 따른 기본권보호청구권의 문제는 사인(私人)인 제3자(가해자)가 기본권주체(피해자)의 기본권적 이익, 즉 생명·건강·자유·재산과 같은 이익을 침해하거나 위해를 가해올 때, 그 기본권주체가 국가에 대해 주장할 수 있는 태도와 권리에 관한 문제이다.[10] 예컨대 유괴자에 의한 살해의 위협, 타인에게 위해를 줄 실험의 시행, 위험한 시설물의 개통 등에서 볼 수 있듯이, 국가가 아닌 제3자에 의하여 기본권적 이익이 침해당할 위험에 직면한 기본권주체가 국가의 기본권보호의무를 전제로 기본권보호청구권을 주장하여 받아들여질 것을 전제한 기본권침해의 해결지침이다.

기본권보호의무의 이론이 문제되는 대표적인 실례는 형사법상의 납치살해의 위협을 받고 있는 경우와 행정법상 논의되는 복효적 행정행위의 경우이다. 여기서 양자의 경우 국가·가해자·피해자라는 3각관계가 형성되며, 국가와 가해자 사이에는 형사법 내지 공법상의 법률관계가, 국가와 피해자 사이에는 위해를 예방하거나 피해를 보전해줄 공법상의 급부관계가, 가해자와 피해자 사이에는 사법상의 불법행위와 손해배상책임의 관계가 성립된다. 그리고 이러한 법적 구조는 과거에 헌법상의 기본권과 관계없이 피해자의 입장에서는 가해자를 상대로 불법행위법, 재

10) 이하 자세한 내용과 출처는 이승우, "국가의 기본권보호의무," 현대공법과 개인의 권익보호(양승두교수 화갑기념논문집(I)), 1154면 이하 참조.

산법, 그리고 점유에 관한 법 등에 근거한 부작위청구권 내지 손해배상 청구권을 일반법원에서 주장하거나, 행정관청에 대해 허가취소를 구하는 쟁송 또는 그에 상응한 의무화소송을 통해 구제받을 수 있었다. 그러나 그 해결책은 위험에 직면한 기본권주체에게 직접적 도움이 되지 못했기 때문에 권리구제의 사각지대가 발생하게 되었고, 이에 반하여 기본권보호의무이론은 국가에 기본권보호의무가 있음을 전제로 기본권의 시각에서 생명·건강·재산권의 보호를 위한 적극적인 국가의 관여를 요구하게 되는 점에서 의미를 가지고 있음이 밝혀졌다. 특히 국가·가해자·피해자라는 3각관계에서 피해자와 국가의 관계, 즉 가해자의 침해를 막아줄 국가의 공법적 급부관계를 규율하고자 하는 이론으로 제기된 것이다.

물론 국가의 기본권보호의무가 존재함에 대해서는 이론이 없고, 기본권보호의무가 인정되는 경우 국가는 '과소보호금지의 원칙'에 따라 적절하고 효율적인 최소한의 보호조치를 취했는가를 기준으로 심사하게 되며, 국가가 특정한 조치를 취해야만 당해 법익을 효율적으로 보호할 수 있는 유일한 수단인 특정조치를 취하지 않은 때에 보호의무의 위반을 확인하게 된다는 점은 부인할 수 없다.[11] 아무튼 국가의 기본권보호의무에 상응하는 권리로서의 기본권보호청구권을 인정할 수 있는가에 대하여 논란이 있다. 그리고 기본권보호의무에 상응한 기본권보호청구권을 인정한다 하더라도 그것이 전통적인 방어권과 같은 주관적 공권으로 인정되기는 어렵다. 국가의 기본권보호의무이론이 대두된 이유가 전통적인 기본권이론으로 해결할 수 없는 권리보장의 사각지대를 위한 제한된 이론으로 주장된 것이기 때문이다. 따라서 기본권보호청구권이 주관적 공권과 같은 차원의 문제가 아니더라도 다음과 같은 구체적 내용을 통하여 국가의 기본권보호의무에 상응하는 개념으로서의 기본권보호청구권의 인정을 고려해야 할 것이다.[12]

11) 헌재결 1997. 1. 16, 90헌마110·136, 헌재판 9-1, 90(93)면.

12) Josef Isensee, Das Grundrecht auf Sicherheit -Zu den Schutzpflichten des

위험요소가 많은 영역임에도 불구하고 입법권자가 입법부작위로 나아가는 경우 헌법재판소는 위험에 처한 기본권주체에게 입법촉구를 위한 헌법소원의 청구인적격을 인정하고 있다. 또한 사인에 의한 납치와 살해위협을 받고 있는 국민은 기본권보호청구권의 관점에서 구체적인 보호조치를 받기 위하여 행정개입청구권을 요구할 수 있다. 이때 청구인은 특정한 조치를 요구하는 실질적·주관적 공권(납치범의 요구를 들어주는 것)이 아니라 책임 있는 당국의 재량에 따라 다양한 보호조치가 이뤄질 것을 전제하므로 제한적인 것임은 물론이다. 그리고 행정개입청구권과 더불어 위험에 처한 국민은 무하자재량행사청구권(無瑕疵裁量行使請求權)이 인정된다. 행정개입을 하되 하자 없는 재량권의 행사를 요구하는 것이 그것이다.

결국 이러한 기본권보호청구권은 국가의 재량에 맡겨져 있는 행정편의주의와 관련된 내용임을 전제해야 한다. 즉 기본권보호청구권은 넓은 재량영역에 맡겨져 있는 '형식적·주관적 공권'에 해당함을 알 수 있다. 다만 기본권보호의무에 바탕을 둔 기본권보호청구권이 행사될 때 국가의 재량의 여지는 많은 것이지만, 그 재량이 0으로 수축되는 경우 형식적·주관적 공권은 실질적·주관적 공권으로 변화한다. 즉 특정한 행위를 요구할 수 있는 주관적 공권으로 된다.[13] 기본권침해와 관련하여 주목해야 할 부분이다.

(4) 小　　結

기본권침해의 주체와 기본권의 효력에 따라 해결지침이 달라짐을

---

freiheitlichen Verfassungsstaates-, S. 51 ff.

13) 헌재판례: 헌재는 원칙적으로 국가의 보호의무에서 특정조치를 취해야 할, 또는 특정 법률을 제정해야 할 구체적인 국가의 의무를 이끌어 낼 수 없다. 단지 국가가 특정한 조치를 취해야만 당해 법익을 효율적으로 보호할 수 있는 유일한 수단일 경우에만 입법자의 광범위한 형성권은 국가의 구체적인 보호의무로 축소되며, 이 경우 국가가 보호의무이행의 유일한 수단인 특정조치를 취하지 않은 때에는 헌재는 보호의무의 위반을 확인하게 된다. 헌재결 1997. 1. 16, 90헌마110·136(병합), 헌재판 9-1, 90면.

전술했다. 국가에 의한 기본권침해가 이루어진 경우 기본권의 대국가적 효력의 문제가 제기됨과 동시에 기본권제한이론이 해결지침이 됨을 알 수 있었고, 사인에 의한 기본권침해가 이루어진 경우 기본권상충이론에 의하여 해결책이 찾아져야 함을 알 수 있으며, 사인에 의한 생명·신체·재산에 대한 위해가 급박한 경우 국가의 기본권보호의무이론에 따른 기본권보호청구권이 해결책이 됨을 알았다. 그리고 구체적인 해결책을 찾아 들어가면 대부분의 사례에서 기본권침해의 방법상의 요건과 한계의 문제에 부딪히는 것을 알 수 있고, 그 경우 기본권제한에 있어서는 과잉금지의 원칙, 기본권보호의무의 경우는 과소보호금지의 원칙이 요구됨을 알 수 있었다. 따라서 모든 기본권침해사례문제를 해결하는데 핵심이 되는 원칙으로 비례의 원칙이 적용되고 있음을 의미하며, 기본권상충이론에서 논의되는 이익형량의 방법도 이와 무관하지 않음을 알 수 있다.

3. 基本權侵害事例의 具體的 解決指針

기본권침해사례의 경우 기본권의 내용과 효력이 다양하게 나타나기 때문에 기본권침해의 원인과 근거를 찾고 또한 기본권침해의 주체를 밝히는 것이 무엇보다도 중요함은 앞에서 살펴보았다. 그러나 그것은 기본권침해사례를 해결하는 일반적 지침에 해당할 뿐이기 때문에 구체적 해결지침이 요구된다. 예컨대 앞에서 살펴본 해결지침은 기본권의 주관적 공권의 시각에서의 해결지침과 객관적 가치질서에서 나오는 기본권의 대사인적 효력 및 기본권보호청구권의 시각에서 일반적으로 요구되는 해결지침을 살펴본 것에 해당한다. 따라서 이제 기본권주체의 시각에서 침해된 기본권을 찾고 또한 침해된 기본권 가운데서도 구체적으로 어느 내용에 대한 침해의 문제인가를 찾아 적합한 해결책을 찾아나가는 것이다.

(1) 基本權의 競爭關係의 解決指針

기본권주체의 시각에서 침해된 기본권을 제시하는 것이 무엇보다도 우선되어야 한다. 또한 침해된 기본권이 하나가 아니라 여러 기본권이라고 주장하는 경우 가장 효과적인 구제책을 강구하기 위하여 어느 기본권을 핵심적으로 주장할 것인가를 결정하여야 한다. 이를 위한 이론이 기본권의 경쟁관계이론이다.

기본권의 경쟁관계는 동일한 기본권주체가 동시에 여러 기본권을 주장하는 경우에 어느 기본권을 전제로 효력을 인정하여야 효과적인 기본권보장이 될 수 있는가를 판단하는 이론이다. 여기에는 보완적 경쟁관계라 하여 직업선택의 자유와 평등권이 동시에 주장되는 경우와 같이 상호 보완관계에 있는 경쟁관계도 있고, 배타적 경쟁관계라 하여 경쟁하는 기본권 상호간에 특별법과 일반법의 관계에 있는 이른바 관념적 경쟁관계도 있으며, 기타의 경쟁관계로서 상호 보완관계나 배타적 경쟁관계에 있지 아니하면서 여러 기본권이 주장되는 경우가 있다.[14)]

결국 기본권의 경쟁관계가 문제되는 경우 그 유형에 따라 해결책을 찾는 것이 중요하다. 보완관계의 경우 개별기본권의 침해 여부를 중심으로 평가하되 아울러 평등권이 침해되는 경우 기본권의 효력이 강화되는 것으로 보아야 하고, 배타적 경쟁관계의 경우 특별법 우선의 원칙에 따라 평가하여야 하며, 기타의 경쟁관계의 경우 최강효력설에 따르는 것이 원칙이다. 다만 원칙이 그러할 뿐 최강효력설에만 따르는 경우 오히려 사안과 직접 관계가 있는 핵심적인 기본권이 2선으로 물러나는 상황이 발생할 수 있고, 또한 우리 헌법이 기본권의 '개별적 법률유보조항'을 거의 두고 있지 않아 기본권의 제한가능성과 제한정도에 관한 상호간의 효력의 우열을 판단하기 어려운 점에서 개별기본권의 본질적 내용이 무엇인가를 판단한다고 하는 것은 쉬운 일이 아니라는 점을 고려해야 한

14) 이승우, 기본권론, 74면 이하.

다. 따라서 경쟁하는 기본권 상호간의 효력상의 우열은 기본권을 주장하는 기본권주체의 의도와 동기를 감안하여 판단할 수밖에 없으며, 그 경우에도 기본권의 효력이 강화되는 방향의 해결책이 모색되어야 한다.[15)]

(2) 侵害된 基本權 內容의 抽出

기본권침해사례의 문제에 있어서 무엇보다도 중요한 것은 침해된 기본권이 어느 기본권이라는 것을 지적하는 것으로 그치면 안 된다는 점이다. 기본권마다 다양한 내용을 가지고 있고, 그 내용마다 성격이 다른 경우가 많기 때문에 침해되고 있는 내용을 구체적으로 적시하는 것이 중요하다. 예컨대 언론출판의 자유에 대한 침해문제의 경우 의사표현의 자유, 정보의 자유(알권리), 보도의 자유, Access권을 그 내용으로 하는데, 그 가운데서 어느 내용에 대한 침해가 행해지고 있는가를 지적하는 것은 대단히 중요하다. 전자에 가까울수록 주관적 공권의 시각에서 해결책이 찾아져야 하는 반면에 후자로 가면 객관적 가치질서의 시각에서 해결책을 찾아야 하는 것이기 때문이다. 근로의 권리가 침해된 것으로 인정하는 경우에도 일할 자리에 관한 침해인 경우에는 자유권의 시각에서 해결책이 찾아져야 하는 반면에 일할 환경에 관한 침해인 경우에는 사회권의 시각에서 해결책이 찾아져야 한다. 또한 재산권의 침해가 있는 경우에도 사유재산권에 대한 침해인지 아니면 사유재산제도보장과 관련된 침해인지에 따라 해결책이 달라질 수 있다. 따라서 기본권침해사례문제의 경우 어느 기본권에 대한 침해사례임을 지적하는 것으로 그치지 말고 어느 기본권의 내용 가운데서도 구체적으로 어느 내용에 대한 침해인지를 밝히고 그에 적합한 해결책을 제시하도록 하여야 한다. 이것

15) 헌재판례: 기본권경합의 경우에는 기본권침해를 주장하는 제청신청인과 제청법원의 의도 및 기본권을 제한하는 입법자의 객관적 동기 등을 참작하여 사안과 가장 밀접한 관계에 있고 또 침해의 정도가 큰 주된 기본권을 중심으로 해서 그 제한의 한계를 따져 보아야 할 것이다. 헌재결 1998. 4. 30, 95헌가16, 헌재판 10-1, 327(337)면.

이 서론에서 밝혀져야 하고 논술의 방향을 결정짓는 중요한 것임은 물론이다.

(3) 基本權侵害의 主體를 前提로 侵害된 基本權의 意義와 그 內容의 性格의 지적

기본권침해사례문제에 대비하기 위해서 개개 기본권의 의의를 정리하여 기억하는 것은 가장 기본적인 사항이다. 그리고 구체적으로 침해된 기본권의 내용이 찾아졌을 경우 그 성격이 자유권·평등권·사회권·참정권·권리구제를 위한 절차적 기본권 등 어떤 성격의 기본권에 해당하는지를 밝히는 것도 마찬가지로 기본적인 사항이다. 따라서 기본권침해사례문제의 경우 어느 기본권침해주체로부터 어떤 내용의 기본권침해를 받고 있는 기본권주체인가를 토대로 그 기본권의 의의와 성격이 설명되는 것이 본론의 출발점이다.

(4) 侵害된 基本權의 內容에 대한 制限의 要件과 限界 逸脫與否의 確認

기본권침해사례문제의 핵심은 침해되고 있다고 보는 내용이 과연 그 요건과 한계를 넘어 기본권침해에 이르고 있는가 아니면 합리적 제한에 그치고 있는가를 찾아내는 능력을 평가하는 것이다. 따라서 이 문제는 앞에서 지적한 것처럼 침해주체에 따른 해결지침에 따라 요건과 한계를 살펴보아야 한다. 즉 국가에 의한 기본권침해의 경우 기본권제한입법의 한계조항(헌법 제37조 제2항)에 따라 목적상의 요건·형식상의 요건·내용상의 요건·방법상의 요건으로 구분하여 하나하나 판단을 하여야 한다. 또한 사인에 의한 기본권침해가 이미 이루어진 상태에서 양당사자가 기본권을 토대로 다툼을 일으킨 경우 기본권의 대사인적 효력을 바탕으로 기본권상충이론에 입각하여 국가의 사법부의 입장에서 판단을 내려주어야 한다. 그리고 사인에 의한 기본권침해이지만 그 기본권침해가 계속되고 있거나 침해위협을 받고 있는 경우 국가의 기본권보호의무이론에 근거하여 기본권보호청구권의 시각에서 해결책을 찾아야 한다.

다만 기본권침해의 내용이 단일한 경우도 있지만 다수의 내용을 침해하는 경우가 많기 때문에 주의를 요한다. 즉 하나의 기본권이면서도 그 내용에 있어서 성격이 다른 다수의 내용을 침해하는 경우도 있고, 여러 기본권을 동시에 침해하는 경우도 발생하고 있다. 먼저 전자의 경우 각각의 내용에 따라 설명을 달리하여 그 요건과 한계에 따라 판단하여야 한다. 그리고 여기서 후자의 경우를 대비하여 기본권경쟁관계이론이 제시되고 있기 때문에 그 경우의 해결지침에 따라 해결책이 찾아져야 함은 물론이다. 특히 후자와 관련하여 가장 자주 문제가 되는 것은 개별기본권과 평등권이 동시에 침해되는 경우이고, 이 경우에는 양자를 별도로 논의하는 것보다는 평등권을 모든 기본권실현의 방법적 기초라고 보는 시각에서 개별기본권에 대한 침해가 이루어진 가운데 평등권이 특히 문제되고 있음을 고려하여 해결책을 찾는 것이 바람직하다. 개별기본권과 관계없이 오로지 평등권만이 침해되고 있는 경우란 찾아지기 어렵기 때문이다.

(5) 結　論

과거 기본권침해사례문제가 출제된 경우 침해된 기본권에 대한 모든 내용을 논술형과 같이 설명한 다음 결론부분에서 사례문제와 관련하여 결론이 이렇다고 하는 모범답안들이 제시된 바 있다. 그러나 그러한 답안은 구체적 사례에 대한 분석도 없었을 뿐만 아니라 논점에 대한 구체적 논증이 제시되지 않은 상태로 결론만 제시하는 것이었기 때문에 해결책이 될 수 없는 것이었다. 오늘날 헌법재판소의 결정문을 보더라도 침해되고 있다고 주장되는 기본권의 내용을 구체적으로 특정하고, 기본권제한입법의 한계조항의 예에 따라 분석하여 그 요건과 한계가 지켜지고 있는가를 판단하며, 특히 많은 사건의 경우 과잉금지의 원칙 내지 비례의 원칙에 반하고 있는가의 여부에 따라 한계일탈 여부를 평가하고 있음을 주목할 필요가 있다. 따라서 서론에서 침해 여부가 문제가 된 기본권에 대한 분석을 통하여 구체적 내용을 추출하여 문제제기를 하고, 그 기본권의 의의와 성격에 대한 설명을 전제로 누가 어느 기본권주체의 특정한 내용을 침해하고 있는지를 지적한 다음, 구체적으로 침해된 기본권의 내용 하나하나에 대하여 기본권제한의 요건과 한계이론을 토대로 침해 여부를 판단하여야 하고, 그 각각의 결론을 종합하여 결론을 도출하여야 한다.

Ⅳ. 個別 基本權에서 논의되는 特殊한 解決指針

기본권 가운데는 그 특수성을 고려해야 할 기본권이 있다. 기본권 가운데서 그 특수성이 인정되어야 하는 기본권과 그에 대한 고찰내용을 정리하면 다음과 같다.

1. 平等權侵害 事例問題의 特殊性과 解決策

무엇보다도 평등권침해사례는 개별기본권의 침해사례와 동시에 제기된다. 이 경우 평등권을 개별기본권과 별도로 평가하고 해결책을 찾을 것인가 아니면 평등권을 '기본권실현의 방법적 기초'로 이해하고 개별기본권을 실현하는 과정에서 평등권의 침해 여부가 평가되어야 할 것인가를 주목해야 한다. 결국 평등권은 오늘날 '기본권실현의 방법적 기초'의 시각에서 평가되고 있기 때문에 극히 예외적인 경우가 아니면 개별기본권을 실현하는 과정에서 차별대우가 있었는가를 평가하는 것이 올바른 평가이다.

(1) 平等權侵害의 類型을 檢討하라

1) 一般的 平等權과 個別的 平等權의 區別과 檢討

'모든 국민은 법앞에 평등하다'라는 일반적 평등권의 적용이 요구되는 문제인가, 아니면 헌법의 다른 규정에 근거를 둔 개별적 평등권의 문제인가를 먼저 밝히고 해결책을 찾아야 한다. 즉 헌법이 구체적으로 차별대우를 금지하고 있는 성별·종교·사회적 신분 등에 의한 차별대우금지, 사회적 특수계급제도의 금지, 특권제도의 금지, 혼인 및 가족생활에서의 남녀평등, 교육 및 시험의 기회균등, 선거권의 평등, 선거운동의 기회균등, 병역평등, 조세평등, 정당의 기회균등, 소송절차상의 무기평등 등에 해당하는 것과 그렇지 않은 것과의 구별이 요구된다. 그것은 특별법 우선의 원칙에 따라 개별적 평등권이 일반적 평등권에 비추어 우선 적용되어야 하기 때문이다.

2) 法規範에 의한 平等權侵害와 行政 및 司法作用에 의한 平等權侵害의 區別

평등권침해가 분명한 경우에도 법규범에 의한 평등권침해의 경우와 행정 및 사법작용에 의한 평등권침해의 경우에 따라 효과가 다르게 나타나기 때문에 신중한 구별이 요구된다. 특히 전자의 경우 평등권침해를 인정하여 법규범을 무효화하면 권익보호의 취지에서 논의된 사안이 기득권의 침해로 나타날 가능성이 있기 때문이다.

3) 不法에 있어서의 平等權의 認定與否

불법을 저지르고 있는 사람들 가운데서 어느 한사람이 처벌을 받게 되었을 때, 자신만이 아니라 불법을 저지르고 있는 같은 처지의 사람을 모두 처벌하라고 주장하는 경우가 불법에 있어서의 평등의 문제이다. 다시 말해서 불법을 저지르고 있는 자신에 대하여 처벌하지 말거나 아니면 불법을 저지르고 있는 모든 사람을 처벌하도록 요구하면서 국가권력의 자의적 판단을 시정하도록 요구하는 것이 그것이다.

불법에 있어서의 평등에 대하여 부인하는 논리와 긍정하는 논리가 제시되고 있다. 먼저 불법에 있어서의 평등을 부인하는 논리에 따르면, 첫째, 집행부가 불법을 방치하는 것이 되어 법치행정의 원리에 반하게 되고, 둘째, 불법을 방치하여 결과적으로 행정에 의하여 법률을 폐지하는 것과 같은 효과가 나타나며, 셋째, 사법부가 이를 받아들일 경우 법치행정의 원리를 해치는 결과를 가져온다고 본다. 다음으로 불법에 있어서의 평등을 긍정하는 논리에 따르면, 첫째, 법치행정의 원칙과 평등의 원리가 헌법상의 원리인데 평등원칙보다 법치행정의 원칙이 항상 우선할 수 없고, 둘째, 법치행정의 원칙 내지 법률적합성의 원칙은 자기목적적인 것이 아니라 예외가 있을 수 있으며, 셋째, 행정처분의 취소권의 제한이 인정되듯이 비례의 원칙 또는 신뢰보호의 원칙 때문에 법치행정의 원칙이 후퇴하는 경우가 있을 수밖에 없다는 등의 논리가 제기되고 있다.[16]

결국 불법에 있어서의 평등이 이루어지는 상황은 공권력의 인력부족으로 인한 한계 때문에 발생하는 것으로서 공권력의 자의적인 행사가 불가피하게 이루어진다. 즉 불법을 단속하는데 한계가 있기 때문에 나타나는 불평등의 문제이다. 이 경우 만약 불법에 있어서의 평등을 긍정하면 타인의 입장을 불리하게 할 것을 요구하는 것임과 동시에 공권력의 재량의 여지를 부인하고 엄격한 단속을 요구하는 것을 의미하기 때문에 허용될 수 없다.[17] 특히 자신의 권리를 되찾는 것이 아니라 타인의 입장을 불리하게 하는 주관적 공권의 요구는 받아들일 수 없다. 다만 불법적 상황과 보충적 상황이 보완될 수 있으면 극히 예외적으로 불법에 있어서의 평등이 긍정될 수도 있는데, 단순한 주관적 공권의 침해문제가 아니라 평등권의 객관적 규범질서의 측면이 침해되는 것으로 판단되는 경우이어야 한다.[18]

16) 이강혁, "불법에 있어서의 평등권," 법률신문 1989. 5. 25, 11면.
17) 허 영, 사례헌법학, 49면.
18) 허 영 교수가 이 경우를 헌법소송법적으로 평가하여 규범통제의 대상이 될 수 있어도 주관적 공권의 침해를 전제로 하는 헌법소원은 불가능하다고 보는 것을

(2) 平等權侵害의 差別性의 檢討

1) 比較對象의 檢討

평등개념이 논의되기 위해서는 2사람 이상의 기본권주체 내지 비교대상이 되는 비교집단이 존재하면서 상호간에 동일요소와 부동요소(不同要素)를 동시에 가지고 대비되는 경우이어야 한다. 다수 당사자가 존재하되 상호관계가 완전히 동일하여 동일요소만 있고 부동요소가 없다면 평등의 문제는 논의될 여지가 없다. 즉 평등권의 문제는 동일요소와 부동요소를 가질 수밖에 없는 인간관계에서 부동요소에 대한 합리적 차별여부의 문제로 논의되는 것이기 때문에 비교대상을 찾아 부동요소를 찾아내는 것이 최우선의 과제이다.

2) 比較對象에 대한 差別基準의 檢討

평등권의 문제에서 비교집단간의 부동요소를 찾았다 하더라도 그 구체적 차별기준 내지 구별기준을 제시하는 것이 무엇보다도 중요하다. 그리고 그 구별기준은 원칙적으로 입법권자의 형성재량권의 행사결과이거나 행정 및 사법작용의 판단재량권의 행사결과임을 주목해야 한다. 특히 대의민주주의국가에 있어서 비교대상에 대하여 동일요소와 부동요소를 인정하고 차별하는 것에 대한 재량권을 대의기관은 물론이고 국가기관에 원칙적으로 주어져 있다고 보아야 한다.

아무튼 비교집단 간에 차별기준이 의도적인 것인지 아니면 다른 목적을 추구하다가 부수적으로 나타난 단순한 결과인지를 평가하여야 한다. 만약 후자의 문제라면 처음부터 차별의도가 없는 것이었기 때문에 차별기준이 제시되기 어렵다. 따라서 비교대상간의 차별기준의 문제는 주로 전자의 경우에 해당하며, 이 경우 의도적인 차별기준을 찾아 그에 대한 정당성이 있는가를 평가해야 한다.

주목하라. 허 영, 사례헌법학, 49면.

(3) 平等權侵害의 正當性의 檢討

비교집단 사이의 차별기준이 밝혀진 경우 그것이 헌법상 정당화될 수 있는가를 검토해야 한다. 헌법상의 평등권이론에 비추어 정당화사유를 찾을 수 없을 경우 평등권이 침해된 것으로 평가해야 할 것이기 때문이다.

1) 差別基準의 目的과 手段의 合理性의 檢討

평등권침해의 정당성에 관한 검토의 문제는 차별의 목적과 수단의 합리성 여부로 주로 평가된다. 먼저 목적의 합리성 여부와 관련하여 다른 것을 같게 취급하거나 같은 것을 다르게 취급하는 목적이 헌법이 추구하는 근본이념과 기본원리에 맞지 않는 경우 '목적의 위헌성'이 인정된다. 예컨대 목적달성에 전혀 도움이 안 되는 조치일 경우, 사안과 전혀 무관한 고려에 의한 것일 경우, 현저하게 객관성을 잃어 정의의 감정에 합치되지 않는 경우 등 우리 헌법상의 근본이념과 기본원리에 비추어 합치되지 않는 경우는 차별목적의 합리성이 인정되기 어렵다. 한편 수단의 합리성 여부와 관련하여 동일시하거나 차별하는 조치가 그것을 통하여 달성하고자 하는 목적달성에 적합하지 않는 수단인 경우 '수단의 위헌성'이 인정되게 된다. 예컨대 목적과 무관한 수단이 동원되거나 사물의 본성이나 체계적합성에 어긋나는 수단과 방법이 동원되는 경우가 그에 해당한다.

2) 差別基準의 目的과 手段의 聯關性에 관한 檢討

평등권침해의 정당성에 관한 검토에서 더욱 중요시되는 것은 차별의 목적과 수단의 연관성에 관한 검토의 문제이다. 미국 연방대법원의 판례를 통하여 평등권침해의 심사기준으로 제기되어 널리 보급되고 있는 2중심사기준과 3중심사기준의 경우가 그것이다. 먼저 '완화된 심사기준'에 따르면 전통적 합리성의 원칙과 마찬가지로 결과적으로 차별적 효과가 나타나더라도 정당한 국가이익을 달성하기 위한 목적과 수단 사이에 '합리적 관련성'이 인정되면 평등권의 침해가 아니라고 본다. 반면에 '엄격한 심사기준'에 따르면 인권침해와 관련된 수단의 문제에 있어서 국가의 공익적 관점이 압도적으로 요구되고 그 차별조치가 그 목적달성에 '필수적 관련성'이 인정되는 경우에만 평등권의 침해가 아니라고 본다. 한편 남녀차별의 경우와 같은 '중간심사기준' 내지 '실질적 심사기준'이 있는데, 여기서는 차별의 목적이 중요한 국가이익을 달성하기 위한 것임과 동시에 차별취급의 목적과 수단 사이에 '실질적 관련성'이 있어야 평등권침해가 아니라고 한다.

3) 우리 憲法裁判所의 見解

평등의 내용과 관련하여 헌법이 직접 개별적 평등원칙(평등권)을 통하여 구체적으로 규정하고 있는 경우 '엄격한 심사기준' 내지 '비례성심사'가 적용되어야 한다고 하였다. 즉 헌법재판소는 "평등위반 여부를 심사함에 있어 엄격한 심사척도에 의할 것인지, 완화된 심사척도에 의할 것이지는 입법자에게 인정되는 입법형성권의 정도에 따라 달라지게 될 것이다. 먼저 헌법에서 특별히 평등을 요구하고 있는 경우 엄격한 심사척도가 적용될 수 있다. 헌법이 스스로 차별의 근거로 삼아서는 아니되는 기준을 제시하거나 차별을 특히 금지하고 있는 영역을 제시하고 있다면 그러한 기준을 근거로 한 차별이나 그러한 영역에 있어서의 차별에 대하여 엄격하게 심사하는 것이 정당화된다. 다음으로 차별적 취급으로 인하여 관련 기본권에 대한 중대한 제한을 초래하게 된다면 입법형성권은 축소되어 보다 엄격한 심사척도가 적용되어야 할 것이다"고 하였다. 이어서 헌법재판소는 "엄격한 심사를 한다는 것은 자의금지의 원칙에 따른 심사, 즉 합리적 이유의 유무를 심사하는 것에 그치지 아니하고 비례성원칙에 따른 심사, 즉 차별취급의 목적과 수단 간에 엄격한 비례관계가 성립하는지를 기준으로 한 심사를 행함을 의미한다"고 하였다.[19] 결국 우리 헌법이 직접 규정하고 있는 성별·종교·사회적

19) 헌재결 1999. 12. 23, 98헌마363, 헌재판 11-2, 770(787면 이하)면.

신분 등을 이유로 하는 차별대우입법의 금지(제11조 제1항 제2문), 근로조건에 관한 법률제정시 여자근로자의 차별금지와 연소근로자의 특별한 보호(제32조 제4항과 제5항), 혼인 및 가족생활에서의 남녀평등(제36조 제1항) 등의 경우 엄격한 심사기준이 적용되어야 한다.

결국 우리 헌법이 명문으로 차별금지를 규정하고 있는 경우를 제외하고 어떤 심사기준을 적용해야 할 것인가에 대하여 아직 헌법재판소의 판례가 확립되고 있지 않다. 그러나 다양한 심사기준의 필요성이 인정된 이상 사례에 따라 심사기준을 달리하는 결정이 내려질 것으로 예상된다.

4) 結　論

평등권의 침해 여부를 결정해주는 확고한 심사기준은 어느 나라에서나 아직 확립되지 않고 있다. 그것은 '평등은 정의(正義)를 뜻하고, 정의(正義)에 반하는 것은 자의(恣意)'라고 한 스위스연방대법원의 판시와 같이, 평등과 정의는 불가분의 관계에 있으나 정의(正義)를 정의(定義)할 수 없는 점과 마찬가지로 평등의 심사기준을 제시한다고 하는 것이 어렵기 때문이다. 따라서 평등과 정의가 상호 불가분의 표리관계에 있기 때문에 평균적인 동시대인의 정의감정을 해치는 진지성의 정도에 따라 평등권의 침해 여부를 결정할 수밖에 없다는 결론에 도달한다.[20] 그리고 이 결론에 따를 때 차별적 과세기준(누진과세) 등에서 문제되는 표준화현상(標準化現像)은 일정한 한계가 있음을 알 수 있다.

2. 職業의 自由의 事例問題의 特殊性

(1) 職業의 自由의 重要性과 制限의 多樣性에 관한 檢討

기본권침해사례의 문제에 있어서 무엇보다도 중요한 것은 침해된 기본권이 어느 기본권이라는 것을 지적하는 것으로 그치면 안 된다고

20) 허 영, 사례헌법학, 326면.

하였다. 기본권마다 다양한 내용을 가지고 있고, 그 내용마다 성격이 다른 경우가 많기 때문에 침해되고 있는 내용을 구체적으로 적시하는 것이 중요하다고 하였다. 이렇게 침해된 기본권의 내용을 보다 구체적으로 파악하고 살펴볼 필요가 있는 대표적 기본권의 하나가 직업의 자유에 관한 것이다.

직업의 자유는 인간으로서의 존엄성실현과 관련된 개성신장을 위한 핵심적 기본권일 뿐만 아니라 사람이 살아가는 데 필요로 하는 물질적 생활수단을 얻거나 유지하기 위하여 계속적으로 행하는 공공에 해가 되지 않는 모든 생활수단적 소득활동의 자유를 보장하는 것이라고 한다.[21) 특히 직업의 자유는 보다 많은 소득과 이윤을 획득하기 위한 인간본성에 따른 경제활동과 관련되기 때문에 극심한 경쟁관계를 고려하고 있고, 따라서 국가공동체의 동화적 통합을 위하여 다른 기본권에 비하여 많은 제한이 뒤따르는 기본권이기 때문에 문제될 여지가 많다. 예컨대 일정한 영역의 영업활동에 대해서는 특허기업만이 행사하게 하고 있고, 특정한 직업의 경우 직업선택의 자유를 법률로 일반적으로 금지한 후 일정한 요건을 갖춘 경우에 한하여 직업선택을 허가하는 경우가 있으며,[22) 기타 공공의 필요성을 토대로 수많은 직업의 행사의 자유에 대하여 제한이 가해지고 있다. 따라서 다른 기본권에 비하여 다양한 제한이 뒤따르고 있기 때문에 직업의 자유의 내용에 대한 분류와 그에 따른 제한의 정도를 고려하여 해결책을 찾는 것이 중요하다.

(2) 段階理論에 대한 評價와 限界

직업의 자유는 직업선택의 자유와 직업행사의 자유로 구별되고, 직업선택의 자유는 주관적 사유에 의한 직업선택의 자유와 객관적 사유에 의한 직업선택의 자유로 구별된다. 그리고 직업의 자유가 국민의 생활의

21) 이승우, 기본권론, 316면.
22) 이승우, 직업선택의 자유와 면허제도, 세창출판사, 2002, 38면 이하 참조.

기본적 수요를 얻게 하는 중요한 기본권인 점에서는 차이가 없지만, 직업의 자유 가운데서 직업선택의 자유를 제한하는 것은 직업행사의 자유에 비하여 국민의 개성신장의 관점에서 침해의 진지도가 크다는 점에서 차이를 보이고 있다. 특히 국민의 개성신장과 직업선택의 자유 사이에는 진지도가 매우 큰 반면에 직업행사의 자유는 그렇지 않은 점에서 구별이 요구되고 또한 제한의 정도가 달라져야 함을 의미한다. 바로 이것이 직업의 자유를 제한함에 있어서 단계이론이 요구되는 이유이다. 따라서 직업행사의 자유를 제한함에 그쳐야 할 사항에 대하여 직업선택의 자유를 제한하고 있다든가, 주관적 사유에 의한 제한에 그쳐야 할 사항에 대하여 객관적 사유에 의한 제한을 하고 있는 경우 위헌의 가능성이 큼을 전제로 평가해야 한다.

그러나 직업의 자유에 대한 제한이론으로서의 단계이론은 절대적으로 적용되어야 할 이론이 아닌 점을 주목해야 한다. 직업행사의 자유에 대한 제한이 직업선택의 자유에 대한 제한보다도 그 진지성이 커서 기본권침해로 평가해야 할 경우가 많기 때문이다. 예컨대 영업시간을 엄격하게 제한하고, 취급상품을 특정상품으로 제한하며, 위생상태를 완벽하게 유지하도록 의무를 지우고, 종업원의 건강진단을 지나치게 빈번하게 받도록 하는 등 직업행사의 요건을 매우 까다롭고 엄격하게 제한하는 경우 주관적 사유에 의한 직업선택의 자유보다도 기본권침해의 진지성이 클 수 있기 때문이다.[23] 따라서 직업의 자유에 대한 사례문제에 있어서 제한의 단계이론을 고려하되 그 형식적 적용에 집착하기보다는 단계마다 요구되는 특수한 사항을 고려하여 융통성 있는 검토와 대안제시가 요구된다.

---

23) 허 영, 사례헌법학, 55면.

(3) 職業의 自由의 內容에 대한 特殊性의 認識

1) 職業行使의 自由에 대한 制限과 限界

직업행사의 자유에 대한 제한과 한계의 문제는 직업선택이 매우 제한된 변호사와 의사 등의 전문자격사가 직업을 행사하는 경우는 물론이고 개인사업자와 같이 직업선택에 대한 제한이 없이 직업선택과 동시에 직업행사가 동시에 이루어지는 경우를 포함한다. 그리고 전자의 경우는 법률이 정하는바 자격시험과 관련된 직업범위 내에서 행사되어야 하고, 후자의 경우 스스로 선택한 범위 내에서 자유로이 직업범위가 결정되고 행사된다.

결국 직업행사의 자유에 대한 제한과 한계의 문제는 헌법 제37조 제 2 항의 기본권제한입법의 한계조항에 따라 판단되어야 한다. 목적상의 요건과 한계의 시각에서는 '필요성'의 문제가 강조된다. 형식상의 요건과 한계의 시각에서 법률로 제한되어야 하지만, 많은 경우 법률의 위임에 따라 법규명령으로 제한이 이루어지고 있고, 특히 법령의 위임이 있는 경우 행정각부의 고시에 의한 제한도 많이 이루어지고 있다. 내용상의 요건과 한계의 문제로서 직업행사의 자유의 본질적 내용의 침해 여부도 평가해야 한다. 그리고 가장 문제가 많은 것은 방법상의 요건과 한계의 문제로서 그 제한방법이 목적달성에 적합(적합성)해야 할 뿐만 아니라 침해의 최소성이 갖추어져야 합헌성이 인정된다. 따라서 직업행사의 자유에 대한 침해 여부에 대한 판단은 다른 기본권침해의 경우와 크게 다를 바 없다.

2) 職業選擇의 自由에 대한 制限과 限界

직업의 자유의 내용에 대한 특수성의 문제는 주로 직업선택의 자유의 문제와 관련된다. 우리 헌법은 모든 직업에 대하여 자유로이 선택할 수 있는 것처럼 규정하고 있으나, 직업의 성격상 일반국민의 직업선택을 원칙적으로 금지시킨 다음 일정한 요건을 갖춘 경우에 직업선택을 허가하는 형태로 운영하고 있기 때문이다. 먼저 주관적 사유에 의한 직업선택의 자유의 경우, 전문적 지식과 기술이 요구되는 직업영역에 대하여 일반국민의 직업선택을 법률로 전면적 금지를 시킨 다음, 일정한 직업교육의 이수와 자격시험(면허시험)을 거친 사람에 대해서만 그 직업선택을 허가하는 형태로 직업선택의 자유를 회복시켜주고 있다.[24] 또한 객관적 사유에 의한 직업선택의 자유의 경우도, 일정한 직업을 희망하는 기본권주체의 개인적인 능력 내지 자격과 관계없이 객관적인 조건충족 여부만을 기준으로 법률로 제한된 직업선택의 자유를 회복시켜 주고 있다. 따라서 직업선택의 자유의 제한과 한계의 문제는 법률에 의한 기본권제한의 문제가 아니라 법률로 제한된 기본권의 회복의 문제임을 주목해야 한다.

결국 직업선택의 자유의 제한의 문제는 이를 제한하려는 공공의 목적과 제한하는 방법과 수단 사이의 합리적인 비례관계가 유지되고 있는가의 문제가 대부분이다. 즉 누구에게나 제한 없이 그 직업에 종사하도록 방임함으로써 발생할 우려가 있는 손실과 위험을 방지하고자 하는 공공의 목적과 기본권을 제한하는 방법과 수단 사이에 합리적인 비례관계가 유지되고 있는가를 평가하는 것이 핵심이다. 따라서 공공의 목적달성에 비추어 기본권주체가 충족시키기에 지나치게 어려운 요건을 요구하거나 기본권주체가 조건충족에 아무런 영향을 미칠 수 없는 객관적 사유에 의한 직업선택의 자유를 제한하는 것은 위헌을 면하기 어렵다고 평가하여야 한다.

3. 財産權侵害 事例問題의 特殊性

(1) 財産權侵害의 類型

재산권침해의 유형은 먼저 법률에 의한 침해와 행정작용에 의한 침해로 구분하기도 한다.[25] 그러나 그것은 일반적인 기본권침해사례와 다

24) 이승우, 기본권론, 319면.
25) 허 영, 사례헌법학, 57면 이하.

를 것이 없는 기본적인 구분에 불과하기 때문에 재산권침해사례의 특수성을 평가하는 기준이 되지 못한다. 오히려 재산권침해의 특수성을 고려한다면 재산권침해가 사유재산제도를 침해하는 경우인가 아니면 사유재산권을 침해하는 경우인가를 구별하는 것이 우선적으로 중요하다. 따라서 극단적인 사례로서 사유재산제도에 대한 침해의 문제가 아니라면 대부분 사유재산권의 침해에 해당할 것이기 때문에 그에 대한 대비가 필요하다.

과거 법률에 의한 재산권침해의 문제는 소위 '경계이론'에 따라 규제의 강도가 특별한 희생에 이르게 된 경우 침해가 성립됨에 비하여 그렇지 않은 경우는 합리적 제한이라고 하였다. 그러나 '분리이론'이 주장되고 헌법재판소의 판례가 있은 이후 재산권침해사례에 대한 분석에 있어서는 재산권의 내용규정에 의한 제한과 공용침해규정의 문제로 크게 분류하고, 기타의 재산권침해의 문제로 구분하여 설명하는 것이 보통이다. 즉 사유재산권을 침해하는 경우에도 법률에 의한 재산권침해의 문제는 헌법 제23조 제 1 항과 제 2 항을 고려하여 재산권형성적 법률유보에 근거한 재산권의 내용규정에 의한 제한인가 아니면 제23조 제 3 항을 근거로 한 재산권의 공용침해에 따른 제한인가를 구별하는 것이 중요하다. 왜냐하면 전자는 보상이 필요없는 재산권의 사회기속성에 따른 합헌적 제한임에 비하여, 후자는 특별한 희생을 전제로 보상이 필요한 제산권의 침해를 전제하기 때문이다. 따라서 재산권침해사례의 경우 그 유형을 분명하게 구분하고 해결책을 제시하는 것이 필요하다.

(2) 私有財産制度와 관련된 問題와 檢討內容

1) 우리 헌법의 재산권규정은 사유재산제도보장을 내용으로 포함함을 밝힐 것

(기본권의 양면성이론이나 과거의 권리 · 제도동시보장설을 통하여)

2) 사유재산제도보장이란 생산재의 사유화를 전제하고 있음을 밝힐 것

3) 법률에 의하더라도 생산수단의 사유화를 전면 부인하는 입법을 할 수 없음을 밝힐 것
4) 사유재산제도는 다양한 경제체제와 조화될 수 있음을 전제할 것
(신자유주의 시장경제질서, 사회적 시장경제질서, 제 3 의 시장경제질서 등)
5) 사유재산제도의 본질적 내용에 해당하는 사항을 암기할 것
(보상을 전제한 생산수단의 전면적 국유화, 상속제도의 부인 등)

(3) 財産權의 內容規定에 의한 制限의 問題와 檢討內容

분리이론에 따를 경우 헌법 제23조 제 1 항은 입법권자가 재산권의 내용과 한계를 정함으로 인하여 새로이 재산권적 지위를 얻게 되는 사람은 재산권의 내용규정이 되고, 이전부터 그에 대한 재산권을 가지고 있던 사람에게는 재산권을 제한하는 재산권의 한계를 의미하게 된다. 즉 입법권자가 재산권의 내용과 한계를 정한다고 하는 것은 재산권의 보호영역을 새로이 정함으로써 새로운 재산권질서를 형성하는 것을 의미하고, 그 경우 헌법 제23조 제 3 항과 달리 보상이 필요없는 재산권의 제한이 이루어질 수 있음을 의미한다. 따라서 재산권의 내용규정에 따른 한계문제가 제기되는 경우는 결국 헌법 제23조 제 2 항에 따른 재산권의 사회기속성의 문제로 발전한다.

1) 재산권의 내용규정에 따른 제한문제인가 아니면 공용침해문제인가를 구별할 것
2) 재산권의 내용규정의 문제는 보상이 필요없는 재산권의 사회기속성의 문제임을 지적
3) 재산권의 사회기속성이 요구되는 이유로서의 기능을 주목할 것
4) 보상이 필요없는 사회기속성에 의한 재산권 제한의 한계를 지적할 것
(특히 우리 헌법이 공용사용과 공용제한을 포함시켜 보상이 요구되는 공용

침해와 구별을 어렵게 하고 있음을 주목)

5) 사회기속성의 한계이론을 토대로 각 상황에 맞는 종합적 판단이 요구됨을 지적할 것

6) 입법형식은 재산권의 내용규정이지만 보상의무가 있는 예외가 있음을 고려할 것

(4) 財産權의 公用侵害의 問題와 檢討內容

재산권의 공용침해는 공공의 필요에 의하여 정당한 보상을 전제로 적법하게 행해지는 재산권제한을 전제하기 때문에 일반적 기본권침해의 경우와 같이 기본권제한입법의 한계조항에 따라 살펴보아야 한다. 다만 재산권의 공용침해의 형식상의 요건과 한계의 문제로서 소위 '불가분조항'이 요구될 뿐이다. 따라서 재산권의 공용침해의 경우 다음의 내용이 핵심내용으로 다루어져야 한다.

1) 공용침해의 목적상의 요건으로서의 공공필요의 인정 여부

2) 공용침해의 형식상의 요건으로서의 법률형식과 보상규정의 연계

3) 공용침해의 내용상의 요건으로서의 본질적 내용의 침해금지 여부

4) 공용침해의 방법상의 요건으로서의 정당한 보상의 기준과 방법

(5) 기타의 違法한 財産權侵害와 관련된 事例問題의 檢討內容

재산권의 내용규정에 의한 경우와 적법한 공용침해의 경우를 제외한 재산권침해는 원칙적으로 정당성을 인정받을 수 없는 재산권의 침해이다. 즉 공무원의 불법행위로 인한 재산권침해, 수용유사적 재산권침해, 적법한 공권력행사에 있어서 예상하지 못했던 수용적 침해, 사실행위에 의한 재산권침해 등의 경우가 그것이다.[26] 그런데 이 위법한 재산권침해의 경우에도 고의·과실이 있는 경우와 그렇지 않는 경우 등이 있고,

---

26) 이승우, 기본권론, 344면 이하.

그에 대한 논리구조가 다름을 전제해야 한다. 다만 오늘날의 손실보상이론에 따르면 국가작용의 적법·위법·사실행위성 등을 구별하지 않고 공권력작용에 따른 결과에 주목하여 무과실책임 또는 특별희생이론에 따라 보상하는 것을 원칙으로 하고 있다. 따라서 위법한 재산권침해의 사례문제의 경우 재산권침해의 유형에 따른 의의와 법적 성격에 대한 설명은 분명하게 구별하여 제시하되, 그 배상에 대한 문제는 공용침해의 경우에 준하여 논의하여야 한다.

V. 結　　論

결국 기본권침해사례문제에 대한 해결책은 기본권침해유형을 먼저 밝히고, 기본권침해의 주체에 따라 적용되는 헌법이론이 달라진다는 점을 전제하여야 하며, 최종적으로는 헌법 제37조 제2항을 토대로 기본권제한입법의 한계조항에 따라 기본권제한의 요건과 한계를 벗어난 것인지를 평가하는 것이다. 그 가운데서도 과잉금지의 원칙 내지 비례의 원칙을 위반하고 있는가를 평가하는 것이 가장 중요하다. 따라서 기본권제한이론과 기본권상충이론 및 기본권보호의무이론에 대한 명확한 이해를 전제하지 않으면 안 된다.

기본권침해에 대한 사례문제연구는 헌법학의 마지막 단계라 할 수 있다. 일반법률과목에 대한 기본적 공부를 토대로 헌법학에 대한 전문적 연구를 덧붙여 실제생활에 적용하는 것이기 때문이다. 특히 헌법교재를 통하여 얻은 헌법지식을 토대로 하면서 헌법이론을 실제사례에 적용하기 위한 기술이기 때문이다. 따라서 기본권침해사례에 대한 연구는 단순한 사법시험을 대비하는 문제로 그치지 않는다. 법조실무가가 되었을 때, 사건을 의뢰받은 변호사는 물론이고 사건을 배당받은 판검사로서 문제해결을 위하여 집중하여야 할 중요한 내용에 해당한다.

[표 제 어]

limitation of the individual right(기본권침해), method of the case study(사례연구방법), cases of equal(평등권침해), cases of the freedom of vocation(직업의 자유의 침해), cases of the property right(재산권침해), protection clause(보호조항)

[참고문헌]

이강혁, "불법에 있어서의 평등권," 법률신문 1989. 5. 25, 11면.

이승우, 국가구조론, 두남, 2008.

______, 기본권론, 두남, 2007.

______, 직업선택의 자유와 면허제도, 세창출판사, 2002.

______, "규범효력과 사례연구방법," 헌법판례연구 제 9 집, 2008.

______, "헌법연습 방법론에 관한 연구," 사회과학연구(경원대) 제 4 집, 1997.

______, "국가의 기본권보호의무," 현대공법과 개인의 권익보호(양승두 교수 화갑기념논문집(I)).

허 영, 한국헌법론, 박영사, 2008.

______, 사례헌법학, 신조사, 2000.

Josef Isensee, Das Grundrecht auf Sicherheit -Zu den Schutzpflichten des freiheitlichen Verfassungsstaates-, S. 51 ff.

[Abstract]

The Study Method of the Cases on the Limitation of individual Right

Seung Woo Lee(Professor of Kyungwon University)

Most of the cases of constitutional problems are the cases on the limitation of individual rights. The solution to these constitutional problems is not very much different at all. Therefore, it is important to understand the basic study method of the cases on the limitation of individual rights.

First of all, we have to clarify what type of the limitation it is: Does the statute violate an individual right? Does the citizen require the state action as an individual right? Does the state action violate an individual right? Does this case violate the equal protection clause caused by discrimination? Does this case ask about the procedure of relief of an individual right?

Next, when we investigate the case on the limitation of individual rights, we should examine the following solutions. First, we have to figure out the reason and legal background of the case. Second, we should find out the main violator(state or private person) and search the relief procedure of the right accordingly. Third, we have to find the specific solutions by examining the meaning and characteristics of individual rights, the scope of the limitation, the sampling of the content of individual right, etc. Also we have to provide the solutions considering the exceptions in the following cases, i.e., in the cases of equal protection clause, the freedom of vocation and the property right.

BTL事業費 處理方式의 合憲性과 國會議員의 權限爭議審判 請求人適格
— 憲裁決定 評釋(2008. 1. 17, 2005헌라10)*

李 憙 衍**

Ⅰ. 事件槪要 및 決定要旨

1. 事件槪要

헌법재판소는 2008년 1월 17일 대통령과 국무총리 및 기획예산처장관을 상대로 13명의 국회의원이 청구한 권한쟁의사건에 대하여 재판관 전원의 일치된 의견으로 각하결정을 내렸다(2005헌라10). 본안판단의 내용은 이른바 임대형 민자사업(BTL: Build Transfer Lease, 이하 'BTL사

---

* 이 글은 헌법학연구 제14권 제4호(2008. 12), 453-477면에 게재된 논문을 일부 수정하고, 참고로 '2006년도에 실시할 BTL 대상시설별 한도액(안)'을 별표로 첨부하여 전재한 것임.

** 연세대학교 법학전문대학원 교수

업'으로 약칭함)방식의 민간투자사업[1]의 결정과 그 시행의 형식 및 절차의 위헌 여부였다.

권한쟁의심판청구(2005. 11. 11)를 통해 청구인이 국회의원의 심의표결권을 침해한 처분으로 주장한 '2006년도에 실시할 BTL사업 한도액(안)'[2]의 대국회 제출행위(2005. 9. 30, 이하 '한도액제출'로 약칭함)는 '사회간접자본시설에 대한 민간투자법'(사회기반시설에 대한 민간투자법으로 개정, 이하 '민간투자법'으로 약칭함) 제 7 조의2에 근거한 것으로, 동 규정은 2005년 1월 1일에 재적의원 244인 중 찬성 146인, 반대 97인, 기권 1인으로 가결되어 동년 1월 27일에 공포되었다. 동 조항은 다음과 같이 규정하고 있다. "정부는 다음 회계연도의 예산안을 국회에 제출할 때 다음 연도에 실시할 제 4 조 제 2 호의 규정에 따른 민간투자사업의 총한도액과 대상시설별 한도액을 예산안과 함께 제출하고, 다음 연도 중에 총한도액과 대상시설별 한도액을 변경하는 경우에는 국회에 보고하여야 한다."[3]

청구인의 주장에 따르면 '민간투자법'에 따른 BTL사업은 사회기반

---

1) 1994년에 '사회간접자본시설에 대한 민간자본유치촉진법'(98년 12월 '사회간접자본시설에 대한 민간투자법'으로 전면개정)이 제정된 이래 수익형 민자사업(BTO)은 2006년말 총 146건에 42.2조원 규모의 사업이 추진되고 있고, BTL사업의 규모는 고시기준으로 2005년부터 약 4년간 약 25조원에 이르고 있다. 기획예산처 보도참고자료, 2008. 1. 18.

2) 헌재 결정문에 첨부된 '2006년에 실시할 BTL 대상시설별 한도액(안)'은 별표 참조. 헌재판례집 20-I(상), 83면.

3) 2005년 1월 1일 의결된 민간투자법의 개정, 특히 이른바 BTL사업의 시행방식을 추가하는 개정의 이유로는 다음 세 가지가 제시되었다. (1) 현재 다양한 민간투자사업 시행방식을 채택할 수 있는 통로는 열려 있으나, 민간사업자가 직접 시설을 운영하기 곤란하거나 운영수입만으로는 투자비의 회수가 어려운 문화·체육시설 등에 대한 민간투자실적은 저조한 상황이므로 이러한 분야들에 대하여 민간투자를 촉진하기 위한 사업시행방식을 명문화하려는 것. (2) 사업자는 주로 자금투자와 건설을 담당하고 정부가 시설운영을 담당하며 민간투자비는 정부의 시설임대료 및 부대사업수익 등으로 회수할 수 있는 "건설-이전-임대" 방식을 민간투자사업 시행방식의 하나로 추가. (3) 교육·복지·문화시설분야 등에 대한 민간의 투자가 활성화됨으로써 이들 분야에 대한 시설의 조기확충과 함께 국민에 대한 서비스 수준의 향상.

시설의 건설과 국가의 임차행위가 결합된 사업이라는 점에서 '예산'과는 다른 형식이지만, 사업시행자의 실시계획에 대한 승인은 국가의 임차사용의무와 연관되고, 따라서 그것은 헌법 제58조에 따라 사전에 국회의 결을 얻어야 하는 '예산외에 국가의 부담이 될 계약'의 체결에 해당되는데 단순히 국회에 보고하는 형식의 '한도액제출'로 대체하는 것은 국회의 동의권과 국회의원의 심의표결권에 대한 침해라는 것이다.

2. 決定要旨

7명 재판관의 다수의견은 국회의원에게 이른바 '제 3 자 소송담당', 즉 자신의 이름으로 전체기관으로서 국회의 권한침해를 주장하며 소송을 수행할 수 있는 권한은 인정될 수 없고 또 개별 국회의원의 심의표결권은 국회 내부에서만 그 침해 여부가 문제될 수 있을 뿐이고 대외적 관계에서는 직접적인 법적 효과와 연관될 수 없다는 이유로 부적법판단을 내렸다.

별개의견을 낸 두 명의 재판관은 다수의견과 달리 명시적인 법률규정이 없다 하더라도 기본적으로 개별 국회의원의 청구인적격 또는 이른바 '제 3 자 소송담당'은 인정될 수 있지만, 이 사건의 경우는 다음과 같은 이유를 들어 해당되지 않는 것으로 보았다. 청구인 측이 국회의원의 심의표결권을 침해한 처분으로 주장한 정부의 2006년도 '한도액제출'은 청구인들이 개정 법률안에 대한 심의표결절차에 정상적으로 참여하여 다수결로 통과된 '민간투자법' 제 4 조 제 2 호 및 제 7 조의2의 단순집행행위에 불과하고(이공현) 또 '한도액제출' 후 국회 내 심의과정에서 심의표결권한을 행사할 수 없지 아니하였고 따라서 "헌법상의 권력분립이 명목적 원리로 전락하였다고 볼 만큼의 예외적 상황에 해당되는 것으로 보기 어렵다"(송두환)고 보아 청구인적격을 부인하였다.[4]

4) 동 결정 이후 기획예산처는 보도자료를 통해 헌법재판소의 각하결정에 따라 "헌

Ⅱ. BTL事業 관련 '限度額提出'行爲 및 實施協約의 內容과 法的 性格

1. '限度額提出' 行爲

(1) '限度額提出' 行爲의 內容과 法的 性格

전술 보도자료에 따르면 BTL사업의 규모는 2005년 도입 이후 총 250여건에 약 13.1조원에 이르고 있고('07년 9월말 고시 기준), '06년 5.7조, '07년, '08년에 각각 약 9.9조, 5.0조원이 총한도액으로 설정되어 급속하게 팽창되는 경향을 보이고 있다.

전술한 바와 같이 '민간투자법' 제 7 조의2는 정부가 BTL사업의 총한도액과 대상시설별 한도액을 예산안과 함께 국회에 '제출'하고, 다음 연도 중에 총한도액과 대상시설별 한도액을 변경하는 경우에는 국회에 '보고'하도록 규정하고 있는데, 이 '한도액제출' 자체가 청구인측이 주장하는 바와 같이 헌법 제58조에 의거 미리 국회의 의결을 거쳐야 하는 '국가의 부담이 될 계약'의 체결에 해당된다고 볼 수는 없을 것이다. 국회에 제출되는 총한도액은 사업시행자와의 실시협약(제13조 제 3 항)과 실시계획에 대한 승인(제15조)의 전 단계, 즉 구체적인 국가의 재정부담이 법적으로 최종 확정되지 않은 상태에서 총사업비와 개별 대상시설별 사업비의 한도와 내역이 설정되는 것일 뿐이고, 구체적인 사업의 실집행규모와 해당 사업비는 총한도액 범위 내에서 실시협약의 체결 후 계약의 조건과 내용에 따라 임차료와 운영비 등의 국고지급금이 해당 사업별로 해당 회계연도 예산에 계상된다.

그러나 그렇다고 해서 '한도액제출'이 예산지출에 대한 수권 및 국

행과 같이 BTL사업의 총한도액과 대상시설별 한도액을 국회에 제출하는 체계를 유지"하겠다는 방침을 재확인하였다. 앞의 보도자료 참조.

가의 재정부담으로 연결되는 법적 의무와 무관한 것으로 볼 수는 없다. 국회에 제출된 총한도액과 개별 대상시설별 사업비, 특히 총한도액은 비유해서 표현한다면 '마이너스 통장대출'과 마찬가지로 정부에게 총한도액의 범위 내에서 해당 사업비의 예산편성과 집행에 전권이 포괄적으로 위임된 것을 의미하기 때문이다. 국회의 예산심의의 대상인 당해 사업시행의 연도 예산안에 편성되는 해당 사업비는 후술하는 바와 같이 이미 '실시협약'의 체결과 함께 사업시행자가 지정된 법상태에서 계약을 통해 합의된 임차료 등의 조건에 따른 국가의 임차의무가 법적으로 확정된 내용이기 때문에 그에 대한 심의와 의결은 요식적인 것일 수밖에 없다. 그렇다면 결국 시차가 있을 뿐 '한도액제출'은 실질적으로 국회의 예산심의절차상 '예산'과 달리 취급할 이유가 없다고 생각된다.

(2) 會計處理方式 再檢討의 必要性과 豫算原則

투자위험은 전무하면서 상당한 수익이 담보된다는 점에서 민간투자사업은 건설업계에서 '황금알거위'로 통하고 있거니와, 실제로 각각 연간 약 8백억, 1,000억원 정도의 보조금이 세금으로 지급되는 인천 서울 간 신공항고속도로와 신공항철도 등의 수익형 민간투자사업(BTO)의 비경제성과 혈세낭비에 대한 비판이 쏟아지자 법개정을 통해 대안으로 마련된 것이 BTL사업인데, 이 사업시행방식 역시 재정부담 또는 예산투자의 시점과 회계처리방식이 다를 뿐이지 사실상 사업시행자에게 상당한 수익을 보장하는 수준의 임대료를 정부가 매년 지불하기 때문에 일반재정사업과 별 다를 것이 없다.

또 총액과 연부액(年賦額)이 정해진 예산지출이 사전에 일괄적으로 승인된다는 점을 생각하면 실시협약에 따라 소정의 계약기간 동안 국가의 지급의무가 확정되는 임차료 상당의 예산은 헌법 제55조와 국가재정법 제23조에 따른 예산형식, 즉 한 회계연도를 넘어 계속하여 지출할 필요가 있을 때 정부가 연한을 정하여 국회의 의결을 얻어야 하는 '계속비'와 실질적인 차이점을 찾기 어렵다. 결국 정부의 '총한도액제출'만으로 미리 국회의 의결을 얻어야 하는 '국가의 부담이 될 계약의 체결'(헌법 제58조)에 대한 전권이 정부에 백지위임되고, 그 계약에 따라 '한 회계연도를 넘어 계속하여 지출할 필요'가 있는 '계속비'적 성격의 연부임차료에 해당되는 예산이 예산심의나, 개별 사업비가 확정 또는 변경되는 단계에서의 별도의 통제 없이 사실상 확정되기 때문이다.[5]

이 총한도액과 해당 시설별 사업비 및 해당 회계연도의 연부액 등에 대한 회계처리를 어떤 형식으로 할 것인지는 많은 논의가 필요한 문제이다.[6] 다만, 여기에서 관심대상인 BTL사업비에 대한 현행의 회계처리방식이 '헌법시행법'적 성격을 갖는다고 할 수 있는 국가재정법상의 예산원칙들, 특히 '예산과정의 투명성'과 '예산과정에의 국민참여'를 제고하기 위하여 노력해야 하는 정부의 의무(제16조 제 4 호)에 부합되는 것으로 보기는 어렵다. 또한 동 법 제17조에 규정되어 있는 '예산총계주의'와 불가분의 기능적 관계에 있는 '예산완전성' 또는 '예산단일성'의 원칙, 즉 예산결정의 민주성과 투명성, 특히 효과적인 예산통제를 위하여 국가

5) 국회의 예결산심사의 실무에서도 BTL사업비는 예산과는 일면 달리 취급되고 있다. 예산결산특별결위원회 홈페이지(http://budget.na.go.kr)에서 확인한 바에 따르면 예산안 심사보고자료에는 그나마 총한도액의 규모와 전년대비 증감에 관한 내용이 포함되어 있지만 확정예산과 정부가 국회에 제출한 결산보고서와 결산심사자료 등에는 총한도액 중 실제로 집행된 예산의 규모나 개별 대상시설별 지출의 내역이 별도로 제시되지 않고, 소관 부처 및 개별 조직단위별 '시설비' 항목에 포함되어서 정리되어 있기 때문에 BTL사업과 관련하여 구체적인 지출내역과 그 적정성을 파악하는 것이 거의 불가능한 실정이다.

6) 이러한 점에서 특정 회계연도의 지출원인행위로 수 년간에 걸쳐서 지출이 계속되는 경우에 국고채무부담행위로 처리하는 것이 헌법과 국가재정법상 허용되는 것인지, 특히 분담금과 최소수입보장의 조항에 따라 예산지출의무를 확정하는 민간투자법상의 '실시협약'을 일괄계약의 형식과 연계되는 국고채무부담행위로 처리할 것인지 또는 계속비의 예산형식으로 처리할 것인지에 대한 가능성과 타당성에 대한 검토가 요망된다. 그런데 실제로 우리나라의 경우 대부분 일괄계약 성격의 계속비 계약으로 체결되는 민간부문의 건설공사계약과 달리, 민간투자법에 의거한 대규모 BTL사업은 예산사정 등을 고려하여 연부액의 변경가능성을 유보하는 장기계속계약의 형식을 취하고 있다. 이에 관해서는 옥동석, 예산항목별 예산권한의 법제적 개선, 한국법제연구원, 2005, 78-81면.

의 수입과 지출을 하나의 예산에 통합하여 계상(計上)하도록 하는 예산원칙에도 부합되기 어려운 것으로 볼 수밖에 없는 문제점이 적지 아니하다.[7] 총액주의가 그대로 지켜지는 경우에도 모든 국가수지의 내역이 통일된 예산에 계상되지 않는다면 전체 재정운용에 대한 조감(鳥瞰)과 개별 예산사업의 적정성에 대한 판단이 쉽지 아니하고, 결과적으로 재정통제가 효과적으로 수행되기 어렵게 되기 때문이다.[8] 또한 이러한 사업시행 및 회계처리의 방식은 '법률에 따른 것과 세출예산금액 또는 계속비의 총액의 범위 안의 것 외의 국고채무부담행위'에 대하여 개별 사항마다 '필요한 이유를 명백히 하고, 해당 연도와 상환연도, 채무부담의 금액을 표시'하도록 규정하고 있는 국가재정법 규정(제25조 제3항)의 기본취지에도 맞지 않는다.

BTL사업과 개별 사업비예산이 예결산심사보고서에 요식적으로 포함되는 것과, 형식적으로 실제로 정부지출이 있게 되는 회계연도의 예산편성에 반영되어 확정 예산에 포함되어 계상된다는 점을 고려하더라도, 적어도 해당 예산에 대하여 접근하여 사업시행의 추이를 쉽게 판독할 수 없는 현행의 회계처리방식은 사실상 '예산총계주의', 즉 '총액주의원칙'(Bruttoprinzip)이 원칙적으로 모든 세입과 세출의 내역이 있는 그대로 예산에 투명하게 드러나게 하여 차단하려고 하는 이른바 '예산도피'(Haushaltsflucht)[9]의 위험성을 안고 있는 탈법적인 계리형식이라는 비판

7) 이에 관해서는 김성수, "국가의 재정적 책임과 국가의 재정행위에 대한 법적 통제," 공법연구 제22집 제2호, 1994, 160면 이하; 김성수/이덕연, "국민건강부담금과 건강기금의 헌법적 문제점," 공법연구 제32집 제5호, 2004, 731-732면.

8) '예산완전성'의 원칙은 '재정통합의 원칙', 즉, 특정한 세입과 지출목적의 연계를 금지하고, 전체 수지를 통합하여 투자의 우선순위와 완급을 조절하여 예산을 배분하는 재정운용의 일반원칙의 실효성을 뒷받침하는 기능을 갖는바, 이른바 '기금행정'(Fondverwaltung)의 형식을 엄격한 정당화요건 하에서만 허용하는 것도 같은 맥락에서 이해된다. 이에 관해서는 김성수/이덕연, 위의 글, 731면 이하; G. Kisker, Staatshaushalt, J. Isensee/P. Kirchhof(Hg.), HdBStR IV, §89, Rn. 77.

9) 이 개념은 세입과 세출 모두에 해당되는 개념이다. 이에 관해서는 U. Sacksofsky, Verfolgung oekologischer und anderer oeffentlicher Zwecke

을 면하기 어렵다. 공식적인 확정예산에 포함되어 있다고 하더라도, 예산당국자와 소관 부처들만 파악할 수 있고, 개별 국회의원을 포함하여 예산통제자나 일반 시민들이 알아보기 어려운 '잠복예산'은 '예산도피'와 다를 것이 없는 '형식의 오류'이기 때문이다. 전술한 재정투명성을 확보하기 위한 '예산공개의 원칙'은 단순히 접근의 가능성을 형식적으로 보장하는데 그치는 '소극적인 재정공개'가 아니라 '적극적인 재정공개'(aktive Finanzpublizitaet), 즉 시민 모두에게 재정의 상황과 문제들에 대하여 진정하고 완전하며 또한 분명하게 이해되는, 특히 쉽게 스스로 일별하여 알아볼 수 있는 현황표를 제공해 주어야 하는 것으로 이해되기 때문이다.10)

생각건대, BTL사업비를 일반 예산과 구별하여 '한도액제출'을 통해 소요예산을 일괄 확보하고, 대상 시설별로 실시협약을 통해 사업을 집행하도록 하는 회계처리 및 사업시행의 방식은 나름대로 순기능적 효용이 없지 아니하다. 사회기반시설의 확충에 필요한 막대한 재정부담을 시차를 두어 분산시킴으로서 시급한 공적 수요에 부응하는 동시에 예산운용의 탄력성을 확보하고자 하는 '민간투자법'의 기본취지, 특히 한편으로는 대부분 장기간에 걸친 사업시행의 과정에서 재정상황 등 다양한 사정변경에 유연하게 대응해 나가야 하는 필요성과, 또 한편으로는 사업시행의 안정성과 수익성보장을 통해 민간투자를 적극 유치하려는 정책목적의 관점에서 보면 유용한 사업운용체계라고 할 수 있기 때문이다.

하지만 그렇다고 해서 이러한 정책적 요청들이 예산과정 및 사업시행의 투명성과 공정성, 특히 예산통제의 민주성과 효과성이라는 의회민주주의와 법치국가원리의 기본명제에 우선되는 것이 아님은 물론이거니와, 민간참여사업의 정책목적과 헌법의 예산법적 원칙 및 기준들이 상호

durch Instrumente des Abgabenrechts, NJW 2000, S. 2625.

10) G. Schmoelder, Finanzpolitik, 3. Aufl., 1970, S. 143; W. Hoefling, Private Vorfinanzierung oeffentlicher Verkehrsinfrastrukturprojekte - ein staatsschuldenrechtliches Problem?, DOeV 1995, S. 144에서 재인용.

배제의 관계에서 선택의 대안으로 주어지는 것도 아니다. 입법 및 제도 운용의 전 과정에서 정책 또는 행정편의주의를 지양하고, 헌법규범이 요구하는 숙고와 절제의 요청에 따른다면 두 마리 토끼를 동시에 포착하는 것이 충분히 가능하다.

2. 豫算過程과 '實施協約'의 法的 性格

전술한 바와 같이, 예산결정과정에서 예산, 특히 계속비와 달리 취급할 이유가 없다고 여겨지는 '한도액제출'행위와 관련하여 보건대, 그 구체적인 지출의무는 실시협약의 체결 및 이와 동시에 진행되는 사업시행자의 지정에 따른 계약상의 법적 의무로 확정된다.[11] '민간투자법'상 실시협약의 법적 성격에 대해서는 사법상 계약으로 보는 견해와 공법상 계약으로 보는 견해가 대립되고 있으나, 여기에서 이에 관한 상론이 필요한 것은 아니다. 다만, 어떤 입장을 취하든 구체적인 예산지출의무가 확정되는 공법적 법률효과를 떠나서라도, 사업 내용의 실질적인 공적 성격과 그에 따라 일반적으로 사업시행자에게 인정되는 공법적 권한과 지위, 예컨대 토지 등에 대한 수용 또는 사용권, 타인 토지 출입권 등을 고려할 때 순수한 사법상 계약으로 보기는 어려운 것이 사실이다.

그러나 논의의 실익을 떠나서, 실시협약의 형식과 절차, 특히 행정처분의 개입 없이 주무 관청과 협약상대방의 합의만으로, 즉 인가나 다른 행정기관의 동의 등의 행정작용의 개입이나 관여 없이 계약이 체결되는 점, 협약상의 채무불이행의 경우 민사책임의 문제로 취급되고 또 협약상의 요건에 따라 해지권이 제한 없이 인정된다는 점 등을 주목한다면, 실시협약을 '대등한 당사자 간의 자율적인 의사합치'라는 본질의 일반적인 사법상의 계약과 굳이 달리 취급할 이유가 없는 것으로 여겨

11) 실시협약의 구조와 법적 성격에 대해서는 김성수, "민간투자사업의 성격과 사업자선정의 법적 과제," 공법연구 제36집 제4호, 2008, 472-475면.

지기도 하거니와, 법형식론의 관점에서 관건은 실시협약이 사법상의 계약인가 아니면 공법상 계약인가를 둘러싼 공사법상의 귀속의 문제가 아니라, 기능적 장단점이 교차되는 공법적 형식과 사법적 형식을 적절하게 절충 또는 혼용하는 제도설계의 대안을 선택하는 것이다. 예컨대, 공법상의 계약으로 보는 입장에서 강조하는바, 특히 공공성의 요청을 '민간투자법'과 같은 법률에서 직접 공법적 제도를 통해서 수렴할 것인지, 아니면 이른바 '행정사법'의 논리형식에 따른 일정한 공법적 기속 하에 또는 일반적인 공법상의 원리 외에는 특정한 공법적 기속 없이 주무 관청의 재량에 맡겨 구체적인 개별 계약의 단계에서 반영되도록 할 것인지 등등에 관한 입법정책적인 병렬과 조합의 선택, 말하자면 '기능적합적인 법형식'의 문제이고, 후자를 선택한 경우에는 '기능적합적인 법집행'의 문제일 뿐이다.[12)]

다만, 여기에서 관심사는 실시협약의 체결과 시행상의 공정성, 투명성 등을 확보하기 위한 공법적 규율이나, '외부법'적 효과와 연계된 법적 성격이 아니라, 실시협약의 예산결정과 관련된 이른바 '내부법'적 효과이다. "주무관청과 민간투자사업을 시행하고자 하는 자간에 사업시행의 조건 등에 관하여 체결하는 협약"(민간투자법 제 2 조 제 6 호)인 실시협약에는 협약당사자의 기본적인 권리와 의무를 정하는 기본약정 및 사업시행과 관련된 구체적인 조건과 책임분담 및 분쟁해결방법 등의 내용이 담겨지는바, 총 사업비와 함께 수익성을 보장하기 위한 임차료나 시설사용료, 위험배분 및 주무관청의 지원조치 등 구체적인 예산지출의무를 확정하는 사항이 포함된다. 요컨대, '민간투자법' 제13조 제 3 항에 따라 실시협약의 체결과 동시에 사업시행자가 지정되면, 특정한 계약당사자의 확정된 권리에 상응하는 계약상의 채무가 확정되는 것이다.

12) 공공조달법제의 기본적인 요청이라고 할 수 있는 투명성과 효율성의 관계 및 이와 관계되는 공법과 사법의 관계에 대해서는 김대인, "'법과 개발'의 관점에서 본 공공조달법제의 현황과 과제," 공법연구 제36집 제 4 호, 2008, 445면 이하.

실시협약의 법적 성격을 어떻게 보든 또는 공법상 계약으로 보는 경우라도 그것은 계약체결 과정상의 공정성과 투명성 및 계약 내용의 경제성과 공공성을 담보하기 위해 필요한 공법적 규율수단을 모색하는 데 초점이 맞추어져 있는 것일 뿐이다. 전술한 바와 같이 마이너스 통장에서 설정되는 대출 총한도액과 다를 바 없는 '총한도액'의 범위를 넘지 않는 한, 개별 사업에 대한 예산투자 자체의 적정성을 확보하는 것과는 무관하다. 말하자면 특정 사업에 대한 예산투자는 총한도액과 개별 사업비의 명목 및 그 규모만 포함되는 '한도액제출' 외에는 아무런 사전 승인이나 심의 또는 별도의 사후보고 등을 거치지 아니하고, 적어도 예산지출의무를 확정하는 국가채무의 발생이라는 측면에서는 사법상 계약과 전혀 다를 것이 없는 실시협약의 체결만으로 결정된다.

이렇게 볼 때, 개별 실시협약의 체결 단계에서 감독청의 인가나 국회의 사후승인 또는 승인조건부 계약 등과 같은 별도의 사전 및 사후적 통제수단이 전혀 없다고 한다면,[13] 결국 BTL사업 관련 '한도액제출'이 해당 회계연도의 예산심의절차를 거쳐서 수리 또는 승인되어야 하는 조건의 사전보고인 것인지, 아니면 단순한 통고식의 보고 자체로 일체의 예산심의절차를 대체하는 것인지 분명하지 아니하다. '민간투자법' 제7조의2 후단에서 총한도액을 제출한 다음 연도 중에 총한도액과 대상시설별 한도액을 변경하는 경우에 국회에 '보고'하도록 규정하고 있는 것을 고려한다면 국회에 대한 '한도액제출'과 이에 대한 의사처리가 적어도 공식적인 예산심의절차에 편입되어 또는 그와 동일하게 진행되어야 하는 것으로 규정한 것인지 여부는 해석론상 불분명하기 때문이다. 다만, 기술한 바와 같이 실무상으로는 후자에 해당되는 방식, 즉 전체 및 개별 사업에 대한 지출의 수권은 개별 사업의 명목과 비용내역이 첨부

13) '민간투자법' 제15조는 '실시협약'의 체결 이후 민간투자사업을 시행하기 전에 당해 사업의 실시계획에 대하여 주무관청의 승인을 받도록 규정하고 있으나, 이는 '실시협약'에서 정해진 총 사업비 등 사업시행의 조건과는 무관한, 시공과 관련된 기술적인 사항들만을 내용으로 한다. 동 시행령 제16조 참조.

되는 '한도액제출'로 종결되는 바, 결국 제출된 총한도액 범위 내에서의 사업비 지출권은 말 그대로 포괄적으로 정부에 백지위임된다.

Ⅲ. 請求人適格의 問題

1. 憲法訴訟法上 立法의 欠缺?

다수의견은 명시적인 법률규정이 없는 한 국회의원의 이른바 '제3자 소송담당'은 인정될 수 없다는 기본입장과, 권한의 귀속주체와 권한 행사의 대외적 법적 효과가 다르다는 점에서 전체기관으로서 국회의 동의권에 대한 침해와 국회의 구성원인 국회의원의 심의표결권의 침해는 구별된다고 본 최근 선례의 취지를[14] 재확인하면서, 정부가 국회의 의결을 얻지 아니하고 '예산 외에 국가의 부담이 될 계약'을 체결하였다 하더라도 '국회의 동의권이 침해될 수는 있어도 국회의원의 심의표결권이 침해될 가능성은 없다'고 단언하였다. 요컨대, 이 사건에서 '예산 외에 국가의 부담이 되는 계약 체결에 대한 국회의 동의'나 이와 유사한 각종 의안에 대한 국회의원의 심의표결권은 타 국가기관에 대해서 그 침해를 주장할 수는 없고, 오로지 국회 내에서만 주장할 수 있을 뿐이라고 보았다.

한편 송두환 재판관은 교섭단체와 그에 준하는 정도의 상당한 수의 의원들에게는 '제3자 소송담당'을 인정하여야 한다는 별개의견을 제시하면서 실질적 권력분립원칙과 소수보호의 요청을 논거로 제시하였다. 말하자면 다수세력의 전횡에 의해서 의회의 정부견제기능이 정상적으로 작동되지 못하는 정도로 권력분립이 명목적 원리로 전락하는 예외적 상황에서는 '제3자 소송담당'이 허용되어야 할 필요가 있는데, 결국 이에

14) 헌재결 2007. 8. 20, 2005헌라8; 헌재결 2007. 10. 25, 2006헌라5.

대한 명문규정을 두지 않은 현행 헌법재판소법은 입법의 흠결이고, 이 흠결은 헌법정신에 충실한 헌법해석론을 통해 보완될 수 있고 또 그래야만 하는 것이되, 다만 이 사건의 경우는 그에 해당되는 예외적 상황이 아니라는 것이다.

반면에 다수의견은 별도로 언급하고 있지는 않지만, '제 3 자 소송담당'의 인정 여부는 단순히 입법정책의 문제이고, 그 가능성을 명시적으로 규정하고 있지 않은 헌법재판소법 제61조에 입법적 흠결이 있는 것으로 보지는 않는 것으로 이해된다. 동 규정이 헌법정책 및 입법정책적으로 신실한 숙고 끝에 문제상황을 충분히 인식하고, 법운용상의 문제점을 예견하면서 내린 '무결정의 결정', 즉 '제 3 자 소송담당'을 분명하게 허용하지 않는 '부정의 결정'인지, 아니면 성급한 예단과 부주의에 따른 입법흠결로 볼 것인지는 깊고 넓은 논의를 요하는 문제일 것이다. 다만, 주지하는 바와 같이 권한쟁의심판은 개인의 주관적인 권리의 구제가 아니라 헌법상 기관간의 권한에 관한 분쟁을 해결하는 객관적 소송으로서의 성격과 기능이 특히 부각되는 헌법재판제도이거니와, 적어도 단순히 헌법해석론의 차원에서 법률규정 또는 동 규정의 집행행위의 위헌성이 아니라 법률개정의 형식을 통한 이른바 '잠복식 헌법개정'이 문제가 될 수 있는 동 사건과 같은 경우의 권한쟁의를 어떤 종류와 형식으로든 헌법재판의 심판대상에서 원천적으로 배제하는 것을 정당화할 수 있는 이유는 발견하기 어렵다. '동 법률규정 자체에 위헌성이 있다고 하더라도 그것은 국회에서 법률개정을 통해 시정될 문제일 뿐, 권한쟁의심판을 청구할 권리보호의 이익이 없다'는 피청구인의 반론도 마찬가지이다.

요컨대, 어떤 법정책적·이론적 논거를 제시하든 논리의 일관성을 유지하려면, 다수의견은 동 사건의 '민간투자법' 또는 그 집행행위와 같이 규범통제나 헌법소원 등 다른 헌법소송을 통해 그 위헌성 여부에 대한 판단과 시정의 기회가 주어질 수 없는 재정법(財政法)의 경우, 더구나 그 법률의 위헌성이 단순한 헌법해석론상의 이견이 아니라 구체적인 절차와 형식, 권한 등에 관한 명시적인 헌법규정에 위반되는지 여부가 문제로 제기되는 국회 다수에 의한 '헌법침훼(侵毁)'의 사태로 주어지는 경우에도—피청구인 측의 주장대로— "입법권을 보유한 국회가 대의제 원칙에 따라 개정안을 상정하여 심의 및 의결함으로서 시정하면 그만일 뿐"이라는, 말하자면 '국회 다수세력의 뜻에 맡길 수밖에 없다'는 판단을 피할 수 없다.

생각건대, 다수의견이 이러한 사태까지 상정하면서 논증을 한 것으로 생각되지는 않지만, 어쨌든 다수의견에 따르는 경우에 다른 해석과 판단의 여지가 없다고 한다면, 현행 헌법재판소법 제61조는 위헌의 중대한 입법흠결이라는 평가를 면하기 어려울 것이다. 하지만 전술한 바와 같은 권한쟁의심판제도의 객관적인 헌법보호의 요청이 외면될 수 없음은 물론이다. 특히 일상적인 것은 아니지만, 적어도 전혀 배제되지는 않는 '다수독재'의 잠재적 위험성과 헌법의 최고규범으로서의 효력은 오히려 예외적인 상황에서 다수에 의해서 부정되는 것이 상례라는 점 등을 고려한다면, 결국 동 규정의 입법흠결은 법정책론적 논의에 맡겨두고 지켜볼 수 있는 단순한 입법부주의로 볼 수는 없다.

그러나 별개의견이 제시한 바와 같이, 우리는 헌법재판소법 제61조에서 합헌적 법률해석의 대안을 찾을 수 있고, 그 가능성과 당위성은 실효성 있는 권력통제와 소수보호의 헌법정신에 의해 뒷받침된다. '제3자 소송담당'을 허용할 것인지, 국회의원의 독자적인 청구인적격을 인정할 것인지 또는 두 가지를 동시에 인정할 것인지의 문제가 법리구성의 대안들로 주어질 뿐이다.

2. 代案選擇의 可能性과 必要性

핵심 논점은 전술하였거니와, 본 결정에서 다수의견이 그대로 재확인한 선례의 입장, 특히 국회의원의 독자적인 청구인적격을 부인하는 판

단과 논거의 문제점에 대한 필자의 지적과 비판 역시 그대로 유지하고자 하는바, 재론은 약한다.[15)]

다만, 여기에서는 두 가지 논점만 다시 밝혀두고, 본 사건에 특유한 쟁점에 초점을 맞춘다. 우선 전제하는 것은 필자 역시 명시적인 법률규정이 없는 한 '제 3 자 소송담당'은 예외적으로만 허용될 수 있고 또 본 사건이 그 예외에 해당되지 않는다고 보지만, '제 3 자 소송담당'의 인정 여부와 독자적인 헌법기관으로서 개별 국회의원의 청구인적격은 별개의 문제라는 점이다. 말하자면 이론적으로 두 가지 소송형식은 병렬의 관계에서 선택적 청구의 대안으로 검토될 수 있는 것이고 또한 '제 3 자 소송담당'이 인정된다고 하더라도 요건과 범위가 다른 소송방식이기 때문에 그것이 단계적으로 선행되어야만 하는 것도 아니다.

또한 국회의원의 심의표결권은 국회 내부에서만 문제가 될 뿐, 대외적으로는 그 침해가 문제될 수 없다는 논증은 여전히 납득이 되지 않는다. 합의체식 대의기관인 국회의 동의권은 국회의원들의 의사결집을 통해 확정된 전체기관의 의사로 행사되는 것인 점에서 그 구성원인 개별 국회의원의 심의표결권과 분명히 구별된다는 점에 대해서는 이견이 없다. 하지만 그 동의안에 대한 긍·부정의 동의권의 행사는 전체국민을 대표하는 국회의원들의 '국가이익을 우선'하여 '양심'에 따른 대의의 최종적인 결과일 뿐이다. 따라서 논리필연적으로 형성적인 법적 효과를 갖는 의결절차를 통해 대외적으로 행사되는 국회의 권한이 외부로부터 침해되는 경우의 거의 대부분은 국회의원의 심의표결권에 대한 침해를 수반하게 된다. 오히려 전체기관으로서의 국회의 동의권의 침해 여부가 문제가 되는 경우에 사태의 본질은 후자의 관점, 말하자면 국회의 권한에

15) 헌재의 의견에 대해서 필자는 판례평석(법률신문 2007. 8. 13, 15면)을 통해 이미 이견을 제기한 바 있고, 동 평석문에 대한 이명웅 헌재연구관의 반론(법률신문 2007. 8. 27, 14면)에 대하여 평석문을 보완하여 재반론의 논문을 발표한 바 있다. 이덕연, "조약비준에 대한 국회동의 관련 개별국회의원의 권한쟁의심판 청구인적격," 공법연구 제36집 제 1 호, 2007, 521-539면.

선행하는 개별 국회의원의 심의표결권 행사의 기회 자체가 박탈되었다는 방향에서 파악되어야 한다.

본 사건에서 청구인측 주장의 핵심사항의 하나이기도 하였지만, 예컨대, 동의형식이든, 승인형식이든 헌법에 따라 국회의 의결을 요하는 사항인데도 불구하고 법률에 의해서 국회의 의결을 얻지 않아도 되게 한다든지 또는 국회 다수세력의 명시적 또는 묵시적 용인 하에 국회의 의결을 얻지 아니하고 당해 처분이 행하여지는 경우라도 전체기관인 국회의 권한침해만이 문제될 뿐, 개별 국회의원의 심의표결권에 대한 침해는 주장될 수 없다고 전제하면서 정작 '제 3 자 소송담당'은 명시적인 근거규정이 없다는 이유에서 허용될 수 없다고 판단한다면, 그에 따른 '전혀 불합리한 결과'(absurd result)는 어떻게 해명할 수 있을지 의문이다.

Ⅳ. 맺 는 말

맺기 전에 개별의견이 제시한 부적법판단의 이유를 간단히 살펴본다. 이공현, 송두환 재판관은 각각 원칙적으로 개별 국회의원의 청구인적격과 '제 3 자 소송담당'은 인정하지만, 이 사건의 경우에는 청구인이 '민간투자법' 제 7 조의2의 개정시 또는 '한도액제출' 후 국회 내 심의과정에서 반대 또는 기권의 방식으로 정상적으로 심의표결권을 행사하였고, 정부의 '한도액제출'행위는 동 조항의 단순집행행위에 불과하기 때문에 권한침해가 문제될 수 없다는 점 등을 들어 청구인적격을 부인하였다.

우선 청구인이 개정안 심의과정에 정상적으로 참여하여 심의표결권을 행사하였다는 지적은 '민간투자법'이 이른바 '처분법률' 또는 법률을 통한 '헌법파훼'가 아닌, 말하자면 헌법해석론상 위헌 여부가 문제가 되는 일반적인 내용의 법률이라면 설득력 있는 이유가 될 수 있을 것이다. 또 한편 해당 조항의 내용, 즉 '한도액제출'의 법적 성격이 예산안과 함께 심의의결의 대상인 것인지 또는 단순한 보고인지 여부가 분명치 않다는 점도 고려되어야 한다. 즉, 전자든 후자든 둘 중의 하나로 분명하게 합헌적으로 해석되어 BTL사업이 진행되고 있다면 전체 또는 개별사업의 타당성과 경제성 등에 대한 정책론적 논란은 있을 수 있겠지만, 권한침해의 가능성은 전혀 없다. 예컨대, 후자의 경우라도, '한도액제출'은 총한도액 및 개별 사업의 한도액과 내역에 대한 보고일 뿐이고, 향후 상황에 따라 총한도액과 개별 대상사업의 내역 등은 실질적인 국회의 예산심의를 거쳐 실집행사업의 규모와 해당 예산이 확정된다거나, 개별 사업별로 국회의 사전승인을 얻어서 실시협약을 체결하거나 또는 국회의 추인조건부 계약의 형식을 활용하는 등의 방식으로 운용된다면 문제될 것이 없을 것이다. 문제는 전술한 바 있듯이 '민간투자법'상의 불분명한 규정으로 인해 BTL사업이 이도저도 아닌 별종의 방식으로 운용될 수 있는 잠재적인 위험성을 안고 있고, 실무상으로도 이 위험성이 그대로 현실화되고 있다는 점이다.16)

요컨대, 현재 법운용의 상태는, 예산절차와 형식상 '총한도액제출'의 위헌성문제를 지적하면 그것은 말 그대로 '총한도액'에 대한 잠정적인 상한설정의 의미를 가질 뿐이고, 구체적인 국가의 재정부담은 '실시협약'의 체결에 따라 발생된다고 대응하고, 역으로 예산 외에 국가의 부담이 되는 '실시협약'이 국회의 사전승인을 받지 아니하고 체결되는 문제점을 지적하면 그것은 이미 예산과 함께 국회에 제출된 '총한도액'에 의해 포괄적으로 지출수권이 선결된 사항이라고 답하는 전형적인 '떠넘기기 수법' 외에 다른 것이 아니다. 이것이 입법자와 정책당국자의 긴밀한 공조

16) 법령 등 공포에 관한 법률 제8조는 "예산 및 예산외 국고부담계약공고문의 前文(전문)에는 국회의 의결을 얻은 뜻을 기재하고, 대통령이 서명한 후 대통령인을 압날하고 그 일자를 명기하여 국무총리와 관계국무위원이 부서하여야 한다"고 규정하고 있는데, 현재 BTL 사업비 또는 '실시협약'의 경우의 경우에는 동 규정에 따른 절차와 형식을 따르고 있지 아니하고, '민간투자법' 등 관련 법령에 별도로 공고의 형식과 절차가 정해진 것도 없다.

속에서 계획적으로 고안된 법정책적 전략과 그에 따라 잘 수행된 작전의 결과인지는 모르겠지만, 문제는 이러한 법형식의 선택과 그 운용이 헌법상 허용될 수 있는 것인지 여부이다.

헌법에 명시적으로 규정되어 있는 절차와 형식은, 특히 그것이 '외부법'을 준거로 한 사법통제망으로 포착하기 어려운 지출부문의 재정행위와 관련된 경우에는 더욱 엄격하게 해석 적용되어야 한다. 원칙적으로 별종이 허용될 수 없고, 예외가 허용되기 위해서는 그만큼 더욱 가중된 엄격한 정당화사유가 요구된다. 본 사건은 추상적 규범통제제도를 채택하지 않고 있고 또 행정소송은 물론이고, 위헌법률심판이나 헌법소원 등 다른 헌법재판제도를 통해 다툴 수 있는 수단이 전무한 소송법제의 상황 속에서 야당 소속 국회의원들이 다수결로 통과된 법률에 따른 BTL 사업의 방식과 예산절차, 특히 정규의 예산심의도 받지 아니하고, '예산 외에 국가의 부담이 될 계약'의 경우에 필요한 국회의 사전승인도 받지 않는 별종의 예산처리방식이 헌법적으로 허용될 수 있는 것인지를 물었던 것인데, 헌법해석에 관한 최종 유권해석기관인 헌법재판소는 대답을 피하였다. 그렇다면, BTL사업의 운영체제와 관련한 현재의 법 및 법운용에 문제가 없다는 것인지, 아니면 문제가 있기는 하지만 국회의 대의과정을 통한 입법개선과 합리적인 의사운영에 맡겨 놓을 수밖에 없는 문제로 보는 것인지, 더 나아가서는 후자의 경우로 본다면, 문제는 있지만 이 문제를 권한쟁의심판 등의 헌법소송으로 다룰 수 없는 것을 단순한 입법정책적 부주의 또는 보정되어야만 할 '입법흠결' 둘 중에 어떤 것으로 이해하는 것인지 등등 궁금한 점이 적지 않다.

V. 補論 — 事態와 論點의 整理

현재의 법 및 법운용의 상태가 지속된다면 조만간 유사한 구조와 내용의 문제가 다시 헌법재판소의 답을 구하는 상황이 재발될 것으로 예상된다. 단순한 호기심 때문만은 아닌 이 의문점들이 해소되기를 기대하면서, 무익한 논의의 반복을 피하고, 생산적으로 토론을 진행하기 위해서는 문제의 내용과 맥락에 대한 인식의 공유가 필수적인바, 본 사건의 사태와 핵심 논점을 정리해두고자 한다.

i) 우선 본 사건은 그 개정과정상의 의결절차 자체가 아니라 그 내용에 대하여 위헌논란이 적지 않았던 '민간투자법' 개정안이 야당이 적극적으로 반대하는 가운데 다수 여당에 의해서 의결된 데서 근원이 찾아진다.

ii) 본 사건에서 문제가 되는 것은 대외적으로 국민의 권리를 제한하고 의무를 부과하는 사항과 관련된, 이른바 '외부법'에 해당하는 일반적인 법규사항이 아니라 헌법에 규정된 국회동의의 요부, 즉 국가 내부에서 진행되는 예산결정의 절차 및 형식과 관련된 이른바 '내부법'의 사항이다. 그렇기 때문에 추상적 규범통제제도가 없는 현행 헌법소송법제상 헌법소원 및 구체적 규범통제, 즉 위헌법률심판청구를 통해 다툴 수 있는 가능성은 전무하다.

iii) 청구인측이 '총한도액제출'행위의 위헌성을 주장한 것과는 무관하게, 그 근거조항인 '민간투자법' 제 7 조의2는 국회동의의 요부와 관련하여 분명하게 규정하고 있지 않는바, 관건은 동 규정에 대한 '합헌적 법률해석'과 '총한도액제출'에 대한 국회의 의사처리의 합헌성 여부이지, 단순한 집행행위인 '총한도액제출' 자체의 위헌 여부가 아니다.

iv) 그런데 국회는 '총한도액제출'에 대하여 적어도 정규의 예결산심의절차를 적용하지 않고 또 실시협약을 국회의 사전승인을 받아야 하는 '예산외에 국가의 부담이 될 계약'으로 취급하지도 않고, — 요식적으로 예결산심사보고서에 단순한 내역이 포함되고, 확정예산에 개별 조직단위별 시설비항목에 해당 예산이 포함되어 계상된다는 점을 감안한다

하더라도— 사실상 단순한 보고절차로 처리하고 있다.

v) 따라서 근거 조항인 '민간투자법' 제7조의2를 위헌으로 가정한다면, 위헌인 법률을 근거로 한 '총한도액제출'행위와 함께 국회, 구체적으로는 소관 상임위원회 및 예결산위원회 위원장 또는 국회의장의 해당 의사처리 및 관련된 처분 또는 부작위가 권한쟁의심판의 대상이 될 것이다. 법률제정행위를 다투는 경우 법률규정 자체는 심판대상이 될 수 없지만, 동 사건의 경우와 같이 위헌인 법률규정을 근거로 한 처분이 단순히 법률을 집행 및 적용하는 경우에는 법률규정도 권한쟁의심판의 대상인 처분의 범위에 포함될 수 있다.[17)]

vi) 다만, 전술한 바와 같이 동 조항에 대한 '합헌적 법률해석'이 가능하고 또 요구된다고 본다면, '총한도액제출'행위는 단순한 법률집행행위로서 그 자체의 위헌 또는 위법성이 문제가 될 것은 없고, 결국 국회에서 '총한도액제출'에 대한 후속 의사처리행위의 위헌성, 즉 국회의장이나 예산결산특별위원회 위원장 등의 처분 또는 부작위가 국회의원의 심의표결권을 침해하였는지 여부가 심판의 대상으로 남게 된다.

vii) 그런데 이른바 '제3자 소송담당'의 가능성과 함께 개별 국회의원의 청구인적격도 인정하지 않는 헌재의 판단에 따르면, 국회의 자율적인 입법개선, 즉 야당 소속 국회의원인 청구인 측의 입장에서 볼 때, 현실적으로 발의권의 행사 이상을 기대할 수 없는 '민간투자법'의 개정을 추진하는 것 외에는 그 어떤 소송법적 수단도 남지 않게 된다. 향후 동 결정은 이러한 납득하기 어려운 결과와 핵심 논점들에 대한 충분한 숙고와 설득력 있는 해명을 거친 후에야 선판례로 유지될 수 있을 것이다.

---

17) 허 영, 헌법소송법론, 2008, 316면.

〈별표〉

2006년도에 실시할 BTL 대상시설별 한도액(안) (단위 : 억 원)

대상시설	사업규모	총사업비 (추정)	사업 내역
□ 국가사업			
① 군인아파트 신축			
② 사병내무반 신축	6,000세대	5,880	부산 3함대, 동해 23사단 등
	126대대	7,298	육군 66대대, 해군 20대대, 공군
③ 기능대학시설			40대대
신축	5개교	651	대구, 창원, 대전, 부산, 항공
④ 일반철도 건설	56km	11,629	경전선 4,358, 전라선 7,271
⑤ 국립대 기숙사	4개교	544	전북, 부산, 안동, 서울교대
신축			
소 계		26,002	
□ 국고보조 지자			
체사업	3,627km	23,070	대전, 울산, 광주 등
⑥ 노후하수관거	4개소	762	동두천, 인제, 천안, 영양
정비	3개소	377	해운대, 천안, 전주
⑦ 생활체육시설	1개소	460	울산시립박물관
⑧ 도서관 신축	3개소	817	천안, 산청, 영양
⑨ 박물관 · 미술관	5개소	500	안동, 진안, 제천, 평창, 화순
신축	3개소	794	인천, 아산, 창원
⑩ 복합노인복지시설	8개소	1,438	인천, 청도, 철원 등
⑪ 우수한약유통지원			
시설			
⑫ 과학관 신축			
⑬ 복합시설1)			
소 계		28,218	
□ 예비사업 한도액2)		2,711	①~⑬ 한도액 합계의 5%
합 계		56,931	

주 : 1) 민간투자법상 대상시설 중 2개 이상 시설을 함께 건설하는 경우
2) 국가사업 및 국고보조 지자체사업에 추가 사용될 수 있는 예비사업한도액

[표 제 어]

competence dispute between state agencies(국가기관간 권한쟁의), Act on Private Participation in Infrastructure(민간투자법), BTL project(BTL사업), submission of total limit cost(총한도액제출), contract which may incur financial burden in the State outside the budget(예산 외 국가의 부담이 될 계약)

[참고문헌]

김대인, "법과 개발'의 관점에서 본 공공조달법제의 현황과 과제," 공법연구 제36집 제 4 호(2008), 435면 이하.

김성수, "민간투자사업의 성격과 사업자선정의 법적 과제," 공법연구 제36집 제 4 호(2008. 6), 461면 이하.

______, "국가의 재정적 책임과 국가의 재정행위에 대한 법적 통제," 공법연구 제22집 제 2 호(1994), 160면 이하.

김성수/이덕연, "국민건강부담금과 건강기금의 헌법적 문제점," 공법연구 제32집 제 5 호, 707면 이하.

옥동석, 예산항목별 예산권한의 법제적 개선, 한국법제연구원, 2005.

이덕연, "조약비준에 대한 국회동의 관련 개별국회의원의 권한쟁의심판청구인적격," 공법연구 제36집 제 1 호(2007), 521면 이하.

이명웅, 법률신문, 2007. 8. 27, 14면.

허 영, 헌법소송법론, 2008, 316면.

Kisker, G., Staatshaushalt, J. Isensee/P. Kirchhof(Hg.), HdBStR IV, § 89, Rn. 77 ff.

Sacksofsky, U., Verfolgung oekologischer und anderer oeffentlicher Zwecke durch Instrumente des Abgabenrechts, NJW 2000, S. 2625 ff.

Schmoelder, G., Finanzpolitik, 3. Aufl., 1970.

[Abstract]

Constitutionality of the BTL Project and Qualification to Claim of individual Member of the National Assembly in Competence Disputes

Duk Yeon Lee(Professor of Law, Yonsei Univ.)

The Korean Constitutional Court made a decision concerning a case of the competence dispute between state agencies, in this case between member of the National Assembly and the Executive, the President(2008. 1. 17. 2005HunRa10). It brought into focus two questions central to constitutional acceptability of eccentric form and procedure in budget-process and qualification to claim of individual member of the National Assembly in competence dispute.

I have already written a paper on the latter subject(Public Law, Vol. 36-1, 2007, pp. 521-540). Last but not least, it is argued that the individual member of the National Assembly should be, independently of acceptability of the so called 'the third party litigation', qualified to sue competence dispute.

Therefore, in this paper, the former should be the focus of my interest. My question is whether the budget-form of the so called 'the system of the total limit fund' could be seen as constitutional, which is provided for private participation project(PPP) in the form of BTL according to the 'Act on Private Participation in Infrastructure'(APP)?: "When the Executive submit the budget bill for next fiscal year to the National Assembly, the Executive shall submit the total limit cost and the individual project expenditure of PPP according to Art. 4-2 of the APP with the budget bill. In cases where total limit cost and individual project cost are changed, the Executive should report it to the National Assembly."(Art. 7-2 APP)

When Congress appropriates public money, normally it provides budget authority to enter into obligation. In some special cases, budget authority could be provided in direct spending legislation which does not go through the appropriations process. The congressional deliberation and decision upon national budget bill relate, however, normally to the obligations that the government is authorized to incur during a fiscal year.

By the way, the Korean Constitution knows exclusively one form of national budget which is not act, but special independent legal form. This institution is explained as a public choice about financial policy and accounting method which is based on the General Accepted Accounting Principles(GAAP) like 'principle of gross accounting', 'principle of unified budget' and so forth. Budgeting is a form of accounting. According to the fundamental purposes of this constitutional decision, in principle the form of off-budget entities should be prohibited, because, otherwise, the National Assembly could not effectively control over governmental financial planning and spending.

As for the expenditures for the PPP concerning long-life assets(such as roads, harbors, dam, and educational facilities), they are reported as budget outlays which are not contained in a integrated package, but solely item by item in relevant accounts. From the budget of this form as a text which is composed of languages of management and control, the budget controller including ordinary citizen is not in a position to read the points of the relevant projects. And the total limit cost and the individual project expenditure of PPP according to Art. 4-2 APP is actually determined by the so called 'execution contract'(Art. 2, vi and Art. 13, Ⅲ APP) as a legally vested financial burden of the state. Taking terms and contents into consideration, this contract is to be viewed as the same contract as written in Art. 58 of the Korean Constitution: "When the Executive plans to issue national bonds and to conclude, it shall have the prior concurrence of the National Assembly." For not only functional reasons but legal reason such as this problem I raise doubts about constitutionality of such a form of off-budget appropriation as submission of total limit cost containing the 'execution contract' which is made without the prior concurrence of the National Assembly.

大統領의 憲法訴願에 대한 適法性 認定判示의 問題點 (憲裁決 2008. 1. 17, 2007헌마700, 憲裁公報 136, 217-257)

許 營*

Ⅰ. 適法要件에 대한 憲法裁判所 判示의 核心內容

노무현 대통령이 2007년 6월 대통령 선거를 반년 정도 앞둔 시점에 네 가지의 모임에서 행한 발언이 공직선거법이 정하는 대통령의 선거중립의무를 어겼다고 중앙선관위 위원장이 대통령에게 보낸 "선거중립의무 준수요청"서한은 중앙선관위법이 정하는 "경고"의 성질을 갖는 공권력행사에 해당한다. 그런데 대통령의 발언이 행해진 모임 가운데 참여정부평가포럼(이하 참평포럼으로 줄임)과 원광대 박사학위 수여식의 두 모임

* 전 연세대학교 법과대학 교수, 헌법재판연구소 이사장

은 사적인 성격과 공적인 성격을 함께 갖는 모임이기 때문에 이 모임에서의 대통령 발언을 문제 삼아 중앙선관위가 공권력을 행사한 것은 사인으로서의 대통령의 표현의 자유를 침해할 가능성이 있으므로 대통령이 제기한 헌법소원은 적법하다는 것이다.

Ⅱ. 適法要件에 대한 判示의 問題點

이 사건 중앙선관위의 조치(대통령의 선거중립의무 준수요청 및 준수재촉구 서한)는 헌법재판소가 본안판단(위 헌재공보 234면)에서 지적한 대로 대통령 선거를 불과 6개월 앞둔 2007년 6월 2일부터 6월 13일까지 야당의 유력한 대선 후보들이 거의 밝혀진 "선거 근접시기에 대통령이 연속적으로 야당의 유력 후보자들을 비난하고, 그들의 정책을 지속적 · 반복적으로 비판했으며, 자신의 출신당 후보자를 지지하겠다는 적극적 취지의 발언을 함"으로써 "선거의 공정에 상당한 영향을 줄 가능성이 있는 발언을 해" 공직선거법이 규정하는 공무원의 선거중립의무를 위반했기 때문에 중앙선관위가 공명선거를 실현하기 위해서 취한 불가피한 조치였다. 따라서 이런 중앙선관위 조치를 다투는 대통령의 헌법소원청구의 적법성을 판단하는 데는 당연히 이와 같은 대통령의 구체적 발언이 그 판단의 기초가 되어야 한다.

그런데도 헌법재판소는 대통령의 구체적인 행위와 발언을 떠나서 추상적으로 대통령의 기본권과 기본권 침해 가능성 그리고 기본권 주체성을 논하면서 헌법소원의 적법성을 인정하고 있다. 헌법소원의 각하를 피하기 위해서 매우 의도적이고 작위적인 논증을 했다는 비난을 피하기 어렵게 되었다. 많은 논점에서 적법성 인정의 근거가 된 논증과 본안판단의 논증 사이에 심각한 전후 모순이 생기는 이유도 그 때문이다.

예컨대 본안판단에서는 대통령의 정치활동의 자유와 선거중립의무가 상호 충돌하는 경우에는 후자가 강조되고 우선되어야 한다고 판시하고 있다(231면). "선거는 국민주권의 원리를 실현하는 핵심적인 역할을 하고 있어 선거에서의 공정성 확보는 매우 중요하고 필연적인데" "공명선거의 책임을 지고 있는 국정의 최고 책임자인"(230면) "대통령의 선거개입은 선거의 공정을 해할 우려가 무척 높기" 때문이라고 판시하고 있다(231면). 그러면서 "6·10 민주항쟁 기념식"과 "한겨레신문과의 대담"이 "대통령의 직무수행 범위 내의 또는 직무수행과 관련된 모임"인데 반해 "참평포럼 모임이나 원광대학교 학위 수여식은 국가의 공식적인 행사가 아니어서 대통령이 사인의 지위에서 참석한 모임"이라고 말하면서도 *이 두 모임에 많은 청중들이 참석했고 두 모임에서의 발언이 인터넷 또는 언론에 보도되었고, "대통령이 이 모임의 참석을 통해 그가 추구하는 참여정부의 업적 평가 및 지방분권화를 우회적으로나마 달성하려고 했으므로 이 모임들이 대통령으로서의 직무와 전혀 관련이 없다고도 볼 수 없다"고 평가했다(235면).* 그러면서 "이 두 모임은 대통령의 직무부분과 사적 부분이 경합하는 영역으로 볼 수 있다"(235면)고 했다. 그런데 헌법재판소는 대통령의 문제가 된 발언내용에 대해서 언급하면서 "대통령의 이러한 발언은 공직상 부여되는 정치적 비중과 영향력을 국민 모두에 대하여 봉사하는 그의 지위와 부합하지 않는 방법으로 사용함으로써 선거의 공정에 상당한 영향을 줄 가능성이 있다"(235면)고 결론을 냈다. *이러한 결론은 헌법재판소가 적법성 판단에서 대통령의 참평포럼과 원광대학교에서 행한 발언이 사적 영역에서의 정치적 표현이므로 대통령도 누릴 수 있는 기본권에 해당한다고 평가한 것과는 정반대되는 평가이다.*

아래에서 헌법재판소가 적법성 판단에서 행한 판시의 문제점을 좀 더 상세히 검토하기로 한다.

1. 基本權 侵害 可能性 있는 公權力 行使 與否

(1) 大統領에 대한 再發防止 促求의 根據와 性質

헌법재판소는 중앙선관위의 대통령에 대한 조치는 선거관리위원회법 제14조의2를 근거로 한 "경고"에 해당한다고 판시했다(225면).

그런데 위 법 조항에 처분의 주체로 선관위 위원 및 직원만을 열거하고 있어 중앙선관위 명의의 이 사건 조치는 법적 근거가 될 수 없다는 반론이 있을 수 있다고 언급한 부분과, 설사 법적 근거가 없다고 해도 청구인의 기본권을 제한하는 처분이므로 기본권침해 가능성이 있는 공권력 행사라는 판시는 법 해석의 중대한 오류이다.

법률조항에 처분주체로 선관위 위원 및 직원만을 열거하고 있다고 해서 선관위의 처분주체성을 부인하는 법해석은 법의 자구에만 얽매인 매우 중대한 해석 오류이다. 선관위 위원 및 직원이 할 수 있는 조치라면 당연히 선관위의 이름으로도 할 수 있는 것이 선거법의 정신이고 상식이다. 선관위의 이름으로만 할 수 있는 공권력 행사는 그 구성원 개개인의 이름으로는 할 수 없어도 기관 구성원의 이름으로 할 수 있는 조치는 당연히 기관의 이름으로도 할 수 있기 때문이다. 선거관리에 관한 한 전체는 부분을 포함하는 것이기 때문이다. 선관위 소속 공무원이 할 수 있는 공권력 행사를 선관위가 선관위원 전체회의를 거쳐 선관위의 이름으로 하는 것은 당연히 허용된다. 그것은 더욱 권장할 일이지 전혀 배척해야 할 일이 아니다. 선관위 위원과 직원은 업무의 현장성과 실효성 때문에 필요한 경우 개별적으로 공권력을 행사할 수 있도록 했지만, 중요하다고 판단하는 사항을 발견했거나 혼자서 판단하기 어려운 경우 개별적인 조치보다는 선관위 위원 전체회의에 상정해 선관위의 이름으로 하는 것이 더 적절하다고 판단하면 그렇게 할 수 있는 것이 당연하다. 법률조항의 자구에 얽매인 좁은 법해석으로 마치 선관위는 처분

주체가 될 수 없을 수도 있다는 전제 아래 해당 조치는 중앙선관위가 아닌 중앙선관위 위원장의 이름으로 행한 조치이기 때문에 위원장은 위원 중 한 사람의 지위에서 해당 조치를 했다고 볼 것이라는(225면) 논증은 참으로 잘못된 논리이다.

(2) 基本權 侵害 可能性

헌법재판소는 중앙선관위 위원장이 위원 전체회의를 거쳐 대통령의 위법사실을 확인한 후 그 재발방지를 대통령에게 촉구하는 내용의 경고를 한 것은 단순한 권고적·비권력적 행위라든지, 대통령의 법적 지위에 불리한 효과를 주지 않았다고 보기는 어렵다고 전제하면서 기본권 침해 가능성을 인정한다. 그러면서 대통령은 일반 공무원과는 달리 정치활동이 허용되고(국공법 제3조 제3항), 정당원이 될 수도 있으므로(정당법 제22조 제1항 제1호 단서) 정치적 표현의 자유를 가진다고 판시한다.

헌법재판소는 대통령의 법적 지위에 불리한 효과를 줄 수도 있다는 논거로 위법사실의 확인이 탄핵발의의 계기가 될 수도 있다는 이유를 들지만, 그것은 완전히 빗나간 논증이다. 대통령 탄핵제도는 대통령의 기본권과는 전혀 관련성이 없는 대통령의 공적인 직무집행의 위법성을 전제로 하는 헌법상의 제도이기 때문에 대통령에 대한 탄핵발의의 가능성을 기본권 침해 가능성과 결부시키는 논증은(225면) 매우 황당한 설명이다.

헌법재판소는 적법성 인정의 핵심논거로 대통령의 발언이 사적인 성격도 갖고 있어 사인으로서의 대통령의 표현의 자유를 침해할 수도 있다고 말하면서, 또 한편 그 발언으로 인해 대통령이 탄핵의 대상이 될 수도 있기 때문에 대통령의 법적 지위에 불리한 효과를 미칠 수도 있다고 논증하는 것은 앞뒤가 완전히 배치되는 자가당착의 논리이다. 대통령의 개인으로서의 사적인 행위는 결코 탄핵의 대상이 될 수 없기 때문이다.

또 헌법재판소는 대통령의 정치활동을 허용하고 대통령이 정당원이 될 수 있게 한 법률규정으로부터 대통령의 정치적 표현의 자유를 이끌어 내면서 중앙선관위의 대통령에 대한 조치로 대통령에게 표현 위축효과(chilling effect)가 초래된다면 표현의 자유를 제한하는 것이라고 볼 수도 있다고 판시한다(226면). 이 논증도 중대한 오류로 설득력이 매우 약하다. 대통령에게 허용되는 정치활동과 정당원의 자격은 개인으로서의 정치활동과 정당활동을 허용한 것이 아니라 대통령의 직무집행과 관련된 정치활동과 정당활동이라는 사실을 망각해서는 아니 된다. 대통령의 정치활동과 일반 국민의 정치활동을 동일하게 보면서 일반 국민이 누리는 정치적 표현의 자유를 대통령도 누릴 수 있다고 전제하면서 대통령에게 미치는 표현 위축효과를 논하는 것은 참으로 견강부회가 아닐 수 없다. 국민의 표현의 자유가 헌법적인 한계가 있고 법률에 의한 제한이 가능한 것처럼 대통령의 정치적 표현의 자유도 법률에 의한 제약이 가능하고 그러한 법률이 표현 위축효과를 가져오게 되는 것은 오히려 당연하다. 이 사건에서 문제가 된 공직선거법 규정은 그런 위축효과를 기대하고 제정한 것이다. 따라서 그 법률규정에 의해서 대통령에게 표현 위축효과가 나타났다면 그것은 오히려 법이 바라는 바람직한 일이지 대통령의 표현의 자유를 제한하는 효과를 발생시키는 것은 아니다.

결국 헌법재판소가 기본권 침해 가능성을 긍정한 두 가지 논거는 전혀 설득력이 없는 빗나간 논증이라고 할 것이다.

2. 大統領의 基本權 主體性에 대한 判斷

헌법재판소는 대통령이 공권력 행사의 주체로서 원칙적으로 기본권의 수범자이므로 헌법소원의 청구인 적격이 없다고 전제한다(226면). 그러나 개인의 지위를 겸하는 국가기관이 기본권주체로서 헌법소원의 청구적격을 가지는지 여부는 심판대상인 기본권의 성격, 국가기관으로서의 직무와 제한되는 기본권 간의 밀접성과 관련성, 직무상 행위와 사적인 행위 간의 구별가능성 등을 종합적으로 고려하여 결정해야 한다고 판시한다(227면). 그 결과 대통령도 국민의 한 사람으로서 제한적으로나마 기본권 주체가 될 수 있는데, 대통령은 소속 정당을 위하여 정치활동을 할 수 있는 사인으로서의 지위와 국민 모두에 대한 봉사자로서 공익실현의 의무가 있는 헌법기관으로서의 지위를 동시에 갖는데 최소한 전자의 지위와 관련해서는 기본권 주체성을 갖는다고 한다.

그러면서 문제가 된 참평포럼 모임 및 원광대 박사학위 수여식은 사적인 성격이 강한 행사이어서 그곳에서의 발언이 엄밀한 의미에서 대통령 직무와 관련해서 행해진 것으로 단정할 수 없어 순전히 공적인 직무영역에서보다는 어느 정도 공과 사가 혼재된 영역에서 나온 것이라고 평가했다(227면).

그런데 표현의 자유가 헌법상 강하게 보장되고 있는 기본권이므로 대통령도 제한된 범위 내에서는 기본권 주체성이 있다고 판시했다. 결국 이 사건 조치로 대통령 개인으로서의 표현의 자유가 제한되었을 가능성이 있으므로 기본권 주체성과 청구인 적격이 인정된다고 판시했다(227면).

대통령의 기본권 주체성에 관한 헌법재판소의 논증에는 여러 가지 문제점이 내포되고 있다. 우선 대통령도 사인으로서의 지위에서 사생활영역에서 기본권의 주체가 될 수 있다는 점은 다툼의 여지가 없다. 그러나 대통령의 기본권 주체성은 순수한 사적인 영역에서 극히 제한적으로만 인정된다. 따라서 헌법재판소가 지적한 것처럼 어느 정도 공과 사가 혼재된 영역에서 이루어진 행위라면 대통령의 기본권 주체성은 인정될 수 없다. 이 경우 헌법재판소 판시대로 공과 사의 영역을 엄격하게 분리해서 판단하는 것이 불가능할 뿐 아니라, 공적인 요소가 조금이라도 함께 존재하는 경우에는 대통령은 이미 순수한 사인은 아니기 때문이다. 그런데도 헌법재판소가 공·사가 혼재된 영역에서의 대통령의 행위를 기본권 주체로서의 기본권 행사로 평가하는 것은 언어도단이다. 대통령은 국민의 으뜸가는 총체적 공복이다. 그래서 임기 동안 순수한 사인으로서의 행위는 거의 영으로 수축된다고 보아야 한다. 대통령이 즐기는 가족과의 휴가만 해도 공과 사적인 요소가 혼재된 영역이고 휴가지에서 지역 주민들과 나누는 대화도 마찬가지이다.

나아가 헌법재판소가 대통령의 표현의 자유의 주체성을 인정한 논거로 들고 있는 표현의 자유의 헌법상 의미와 기능에 대한 평가도 비판을 면하기 어렵다. 표현의 자유가 헌법상 강하게 보장되어 있고 자유민주적 헌정질서에서는 단순한 자유권적 기본권의 의미를 넘어서는 중요한 여러 기능을 한다는 것은 의문의 여지가 없다. 그러나 표현의 자유가 헌법상 강하게 보장되는 이유는 표현의 자유가 국민의 국가권력에 대한 투입(input)수단으로 기능할 뿐 아니라 공감대 형성의 수단으로 기능하고 때로는 국가권력에 대한 저항의 수단이고 나날이 되풀이되는 국민투표적인 기능을 갖기 때문이다. 대통령은 본질적으로 공권력의 상징이기 때문에 표현의 자유가 갖는 이러한 여러 기능과는 관련성이 없다고 할 것이다. 대통령은 정책결정기관으로서 산출(output)의 주체이지 투입의 주체가 될 수 없다. 따라서 대통령이 갖는 표현의 자유의 주체로서의 지위는 극히 사적인 영역에서의 사적인 성격의 표현에 국한되는 것이다. 이러한 법리를 간과하고 표현의 자유가 갖는 중요한 여러 공적인 기능을 논거로 대통령의 표현의 자유 주체성을 인정하려는 논증은 표현의 자유의 본질을 오해한 것으로 강한 비판을 면하기 어렵다.

결론적으로 대통령이 청구한 헌법소원의 적법성을 긍정하는 논거로 제시된 헌법재판소의 논증은 전혀 설득력이 없거나 견강부회적 논리라고 할 수 있다. 따라서 대통령의 헌법소원은 마땅히 각하했어야 옳다.

Ⅲ. 適法性 認定의 意味와 效果

헌법재판소가 법리에 어긋나는 논증으로 적법성을 인정한 유일한 긍정적 효과는 본안판단을 통해 민감한 성격을 갖는 현안 쟁점에 대한 헌법적인 평가를 분명히 함으로써 정치적인 평화를 보장하는 헌법재판의 기능을 확인했다는 점이다. 즉 (i) 대통령의 정치활동을 허용하고 있는 국가공무원법 규정과 선거에서의 대통령의 중립을 요구하는 공직선거법 규정과의 상호관계를 일반법과 특별법의 관계로 평가하면서 공직선거법의 우선적 효력을 인정한 판시(229면), (ii) 쟁점이 된 공직선거법의 선거중립의무규정에서 위반에 대한 제재조치를 정하지 않았다고 해도 구체적 법률효과를 발생시키지 않는 단순한 선언적·주의적 규정이라고 볼 수는 없다는 판시(229면), (iii) 쟁점이 된 이 사건 법률조항은 형벌 등 제재규정이 없고 수범자의 범위가 공무원으로 제한되어 있으므로 완화된 심사기준으로 명확성의 원칙 위배 여부를 판단해 볼 때 명확성의 원칙에 반하지 않는다는 판시(230면), (iv) 대통령의 선거중립의무가 갖는 의미와 기능을 생각할 때 행정부 수반인 대통령의 선거개입은 공무원들에게 영향을 미쳐 자유선거의 원칙을 해칠 우려가 농후한 점, 대통령의 표현의 자유의 제한이 상시적인 것이 아니고 선거시기에 부당한 영향력을 행사하는 방법으로 선거결과에 영향을 미치는 표현행위만을 규제함으로써 제한되는 표현의 자유는 시기와 방법과 영역에서 한정되고 그 제재도 과중하지 않은 데 반해서 선거의 공정성이라는 공익은 매우 크고 중요하다는 점 등을 감안할 때 과잉금지 원칙에 어긋나는 대통령의 정치적 표현의 자유의 침해라고 볼 수 없다는 판시(232면), (v) 공무원들에 대한 인사권과 지휘감독권을 갖는 대통령의 선거개입은 선거의 공정을 해칠 우려가 높은 반면, 입법부 구성원인 국회의원과 지방의원은 그 지휘 감독을 받는 공무원 조직이 없어 선거관리에 영향을 미칠 가능성이 높지 않으므로 이 사건 법률조항의 적용에서 배제되는 국회의원 및 지방의원과의 사이에서 발생하는 차별은 합리적인 차별이어서 평등원칙에 반하지 않는다는 판시(233면), (vi) 중앙선관위가 대통령에 행한 이 사건 조치는 그 조치 내용이 명확해서 명확성의 원칙에 어긋난다고 볼 수 없고, 신속성을 요하는 선거관리의 특성상 위법행위자에게 의견진술의 기회를 보장하는 것이 반드시 필요하거나 적절하다고 보기 어렵다는 점을 고려할 때 중앙선관위가 이 사건 조치 전에 대통령에게 의견진술의 기회를 주지 않은 것이 적법절차원칙에 어긋난 기본권 침해라고 볼 수 없다는 판시(234면), (vii) 대통령의 문제된 발언의 내용, 발언시기, 발언을 행한 모임의 규모와 성격 등을 종합적으로 평가할 때 선거의 공정에 상당한 영향을 줄 가능성이 있다고 판시한 점(235면) 등이 바로 그것이다.

결국 헌법재판소는 본안판단에서 심판대상인 공직선거법 제 9 조 제 1 항은 헌법에 위배되지 않고, 중앙선관위의 대통령에 대한 조치도 대통령의 기본권을 침해하지 않았다고 헌법소원을 기각하는 결정을 했는데, 이 본안판단의 판시내용과 결정은 법리적으로 강한 설득력을 가지는 것으로 우리 사회의 정치적 평화를 보장하는 기능을 했다는 점에서 평가할 만하다.

Ⅳ. 反對意見(却下意見과 認容意見)

1. 却下意見

김종대 재판관은 중안선관위 조치가 기본권 침해 가능성이 있는 공권력 행사에 해당되지 않는다고 반대의견(각하의견)을 냈으며(235면 이하), 이동흡 재판관은 공권력 행사도 없을 뿐 아니라 대통령은 헌법소원

청구인 적격도 인정할 수 없다고 반대의견(각하의견)을 냈다(237면 이하).

2. 認容意見

조대현 재판관은 이 사건 조치가 대통령의 개인적 표현의 자유를 침해하는 공권력 행사에 해당하고, 대통령은 공직선거법 제9조 제1항의 수범자가 아닌데도 중앙선관위가 이 사건 조치를 한 것은 법률을 잘못 해석·적용한 것이어서 정당화될 수 없어 헌법 제21조 제1항과 제37조 제2항에 위반되므로 "이 사건 법률조항의 '공무원'에 대통령도 포함된다고 해석하는 것은 헌법에 위반된다"고 한정위헌결정을 해야 한다고 반대의견(인용의견)을 폈다(244면 이하).

송두환 재판관도 인용의견을 피력했는데, 그 논거와 결론은 조대현 재판관의 주장과 유사하다. 다만 공직선거법 제9조 제1항을 구체적 행위규범이 아닌 선언적 성격의 규정으로 보면서 대통령은 이 조항의 적용대상에 포함되어서는 아니 된다고 주장한다. 그리고 심판대상 법률조항은 불명확성도 내포하고 있어 다수의견이 제시한 해석내용이 반드시 합헌적 법률해석의 범위 내에 있는지도 의문이라고 부언한다(246면 이하).

3. 反對意見에 대한 評價

앞에서 서술한 적법성 인정의 부당성을 지적한 법리를 생각할 때 단지 두 재판관만이 각하의견을 냈다는 것은 참으로 아쉬운 대목이다. 위에서 밝힌 본안판단의 긍정적 효과에도 불구하고 헌법재판소로서는 이 사건을 각하결정하고 다만 이 사안이 갖는 헌법적 의미와 헌정질서에 미치는 큰 영향을 고려해서 본안판단에서 행한 내용의 실질적인 판시를 곁들이는 방법을 모색했어야 한다고 생각한다. 헌법재판소는 이미 심판절차종료선언을 한 여러 결정에서 그런 선례를 갖고 있다.

각하의견의 바람직한 논증으로서는 이 사건에서 대통령의 헌법소원 청구인 적격성을 부인하는 것이 가장 논리적이고 설득력도 강하다고 생각한다.

인용의견을 제시한 두 재판관의 논증은 헌법재판소 법정의견의 논증과 비교할 때 그 내용과 논증 방법 면에서 타당성과 설득력이 많이 떨어진다고 할 것이다. 헌법재판소가 이 사건에서 판시한 본안판단의 내용과 논증은 법리적으로 충분한 근거에 바탕을 둔 합리적인 것이기 때문에 그러한 법정의견을 반대하기 위한 논리의 발견에는 처음부터 일정한 한계가 있을 수밖에 없다. 두 재판관은 결국 그런 한계를 극복하지 못한 채 설득력 있는 논증을 통해 자신들의 인용의견을 합리화하는 데 실패했다고 할 것이다.

V. 結　　論

다시 한번 강조해 두는 것은 헌법재판소의 판시와 논증의 기속력과 사회 수용성(受容性)(acceptance)은 전적으로 그 논증의 타당성과 설득력에 달려 있다는 점이다. 헌법을 통일적으로 이해하고 헌법규범이 갖는 파급효과를 고려해서 심판대상법률규정을 헌법정신에 맞게 해석·적용함으로써 헌법이론에 부합하는 논증을 토대로 이끌어 낸 결정만이 설득력과 사회 수용성을 높일 수 있다. 이 경우 헌법재판의 선진국에서 학설과 판례를 통해서 확립된 이론은 우리 헌법과 법률을 해석하는 데 중요한 길잡이가 될 수 있다. 우리만의 독창적인 법리의 개발이 불가능한 것은 아니지만, 오늘날 국제화의 도도한 흐름 속에서 지나치게 근시안적인 "우리 것"의 추구는 적어도 헌법이론과 헌법재판의 영역에서는 자칫 국제적인 조소의 대상이 될 수도 있다. 헌법재판의 영역에서도 국제적인 표준화현상이 나타나고 있어 다른 나라의 헌법재판에 대한 국제적인 관심이 날로 커지고 있다는 점을 잊어서는 아니 된다. 우리만의 법리추구가 특히 신중하고 치밀해야 하는 이유이다. 대통령제 헌법질서에서 대통령이 공개석상에서 행한 정치적 발언을 대통령 개인의 사적인 표현으로 평가해서 대통령의 기본권 주체성을 인정하고 그의 헌법소원을 적법하다고 판시한 법리는 분명 헌법재판의 다른 선진국에서는 도저히 상상할 수도 없는 하나의 난센스다. 이 판시가 20년간 애써 쌓아온 우리 헌법재판소의 국제적인 위상에 손상이 가지 않기를 간절히 바랄 뿐이다. 그러나 이런 내용의 판시가 나오게 된 배경에 관심을 갖는 외국 학자가 이미 나타났고 이 결정을 자세하게 소개하는 내용의 논문을 청탁해 오는 상황에서 전망은 매우 회의적이다. 처음부터 이념과 연고에 따른 정치적인 편향성을 가지고 무리하게 꿰 맞추기 식의 논증을 하다 보면 자연히 여러 논리적인 허점이 드러날 수밖에 없다는 점을 헌법재판소 재판관들은 깊이 새길 필요가 있다.

[표 제 어]

Rechtmäßigkeit der Verfassungsbeschwerde(헌법소원의 적법요건), Verfassungsbeschwerde von öffentlichen Amtsträgern(공권력주체의 헌법소원), Meinungsfreiheit des Staatspräsidenten(대통령의 표현의 자유), Amtshandlung und Grundrechtsausübung(공직수행과 기본권 행사), Amtshandlung und Privatleben(공직수행과 사생활), Privatbereich des Staatspräsidenten(대통령의 사생활 영역), Wahlbezogene Aussprache des Staatspräsidenten(대통령의 선거관련발언), Verbot der Wahlpropaganda des Staatspräsidenten(대통령의 선거운동금지)

[Resümee]

Problematik der Zulassung der Verfassungsbeschwerde vom Staatspräsidenten

Prof. Dr. Dr. h.c. Young Huh

Das koreanische Wahlgesetz regelt die strikte Neutralität von Beamten bei der parteipolitischen Wahlpropaganda. Diese Regelung gilt auch für den Staatspräsidenten. Nach dem Parteiengesetz ist Beamten bis auf Wahlbeamten wie Abgeordneten nicht erlaubt Mitglied einer politischen Partei zu werden.

Der amtierende Staatspräsident hat ungeachtet der gesetzlichen Regelung für seine Partei mehrmals Wahlpropaganda gemacht und zwar unmittelbar vor einer Parlamentswahl. Die staatliche Wahlkommission(The National Election Commission, im folgenden NEC abgekürzt), ein Verfassungsorgan, hat dem Staatspräsidenten öffentlich gefordert, seine wahlbezogene Äußerungen zu unterlassen. Der Staatspräsident hat diese rechtmäßige Forderung der NEC ignoriert und seine parteipolitische Einmischung zugunsten der Regierungspartei nicht unterbunden. Die NEC hat ihm schriftlich ihre Forderung wiederholt.

Der Staatspräsident hat gegen diese Forderung der NEC eine Verfassungsbeschwerde erhoben. Mit der Verfassungsbeschwerde rügt der Beschwerdeführer die Verletzung der Meinungsäußerungsfreiheit aus Art. 21 der Verfassung. Zur Begründung trägt er im wesentlichen vor, er sei als Bürger auch ein Grundrechtsträger und könne Meinungsfreiheit ausüben. Die Maßnahme der NEC, ihm wahlbezogene Äußerungen zu verbieten, verletze seine Meinungsäußerungsfreiheit. Ferner hat er auch dargelegt, dass die Regelung des Wahlgesetzes, die allen Beamten einschließlich dem Staatspräsidenten eine strikte Neutralität bei der Wahl vorschreibt, verfassungswidrig sei. Er könne sich daher über diese verfassungswidrige Regelung hinwegsetzen.

Das koreanische Verfassungsgericht hat diese Verfassungsbeschwerde zugelassen, aber unbegründet zurückgewiesen. Es hat im wesentlichen ausgeführt, dass der Beschwerdeführer als ein Bürger in seinem Privatlebensbereich ein Grundrechtsträger sei und Grundrecht ausüben könne. In diesem Lebensbereich könne er auch eine Verfassungsbeschwerde erheben, falls die öffentliche Gewalt sein Grundrecht verletze. Die angegriffene Forderung der NEC berühre die Grundrechte des Beschwerdeführers, weil die von der NEC gerügten Äußerungen des Beschwerdeführers zum Teil auch Äußerung umfasse, der man privaten Charakter nicht gänzlich absprechen könnte. Die Aussprache des Beschwerdeführers umfasse sowohl amtshandlungsmäßigen Inhalt als auch privaten Inhalt, wenn dabei auch der öffentliche Inhalt überwiege. Die Verfassungsbeschwerde sei daher zugelassen.

Die Verfassungsbeschwerde sei unbegründet. Die angegriffene Forderung der NEC verletze den Beschwerdeführer nicht in seinen Grundrechten. Und die gerügte Regelung des Wahlgesetzes sei nicht verfassungswidrig. Der Beschwerdeführer als Staatspräsident müsse bei seinen Äußerungen vor einer Wahl auf diese Regelung achten, weil seine parteipolitische Aktivität, die auch zum Teil privaten Charakter haben sollte, die Wahl negativ zu beeinflussen drohe. Dann bestehe die Gefahr, dass die Wahlgerechtigkeit nicht gewährleitet werde. Bei jeglichen Amtshandlungen des Staatspräsidenten gehe stets das Öffentliche vor dem Privaten vor.

Die Zulassungsentscheidung und die Zurückweisungsgründe des Verfassungsgerichtes sind offensichtlich widersprüchlich. Denn das Verfassungsgericht hat einerseits bei der Zulassung von einer etwaigen Grundrechtsberührung gesprochen und andererseits bei der Zurückweisung die Verletzung des Grundrechtes des Beschwerdeführers gänzlich verneint. Und es hat besonders darauf hingewiesen, dass bei präsidialen Amtshandlungen eine klare Grenzeziehung zwischen dem Öffentlichen und Privaten nicht möglich ist.

Das Verfassungsgericht hätte die Verfassungsbeschwerde des Staatspräsidenten aus formellen Gründen verwerfen müssen, weil er als Adressat des Grundrechts keine Beschwerdefähigkeit innehat. Die Zulassungsvoraussetzung ist infolgedessen keineswegs erfüllt. Daher scheint mir die Zulassungsentscheidung des Verfassungsgerichts eine grobe Fehlentscheidung zu sein.

Diese Abhandlungen zielt deshalb auf die verfassungstheoretische und verfassungsrechtliche Problematik der Zulassung der Verfassungsbeschwerde des Staatspräsidenten hinzuweisen und versucht die Ungereimtheit der Entscheidungsgründe des Verfassungsgerichtes im einzelnen auszuführen und darüber eine kritische Bemerkung zu machen.

福祉國家의 正當性

全 光 錫*

Ⅰ. 머 리 말

19세기말 서부 유럽의 주요 국가를 중심으로 국가가 복지생산에 직접 참여하여 개인을 사회적 위험으로부터 보호하는 과제를 갖게 되었다.[1] 이는 제 2 차 세계대전과 이어지는 50년대와 60년대 세계경제의 황금기를 거치면서 보편적인 국가과제로 자리잡았다.[2] 그러나 1970년대

* 연세대학교 법학전문대학원 교수

1) 이에 대해서는 예컨대 Peter A. Köhler/Hans F. Zacher(편), Ein Jahrhundert Sozialeversicherung in der Bundesrepublik Deutschland, Frankreich, Grossbritannien, Österreich und der Schweiz(Duncker & Humblot, 1981); Peter A. Köhler/Hans F. Zacher(편), Beiträge zu Geschichte und aktueller Situation der Sozialversicherung(Duncker Humblot, 1983); Hans F. Zacher(편), Bedingungen für die Entstehung und Entwicklung von Sozialversicherung(Duncker & Humblot, 1979) 참조.

2) 이 시기 전후의 상황에 대해서는 예컨대 Gosta Esping-Andersen, "After the

성장의 한계가 징후를 보이면서 서서히 복지국가의 한계 혹은 위기, 그리고 극단적으로 폐지론이 학문적 및 실천적 논의의 소재로 등장하였다.[3] 특히 1990년대 이후 세계화가 진전되면서 복지국가 개편의 필요성은 정권의 정당성을 좌우하는 의제로서, 그리고 학문적으로 다양한 이론을 자극하는 계기가 되었다.[4] 그러나 이러한 논의에는 논리적으로 다음과 같은 질문이 선행(先行)된다. 즉 복지국가는 과연 필요한가? 복지국가를 정당화하는 사유는 무엇인가 하는 문제이다. 헌법적으로 보면 다양한 사회적 기본권, 그리고 경제질서에 관한 장(章)을 통하여 우리 헌법은 복지국가원리를 헌법의 기본원리로 선언하고 있다.[5] 따라서 복지국가의 정당성을 다루는 이 글은 헌법의 복지국가원리를 사회과학적으로 근거짓는 작업이라고 할 수 있다.[6]

위와 같은 문제에 접근하기 위하여 이 글에서는 먼저 복지국가의 본질과 기능을 다루는 복지국가이론에 대해서 살펴본다(II, III). 그 정당성을 논증하고자 하는 대상인 복지국가, 그리고 복지국가의 이해방법을 파악할 수 있어야 하기 때문이다. 이어 복지국가가 갖는 효용성을 중심으로 복지국가를 정당화하는 사유들을 살펴보고(IV), 글을 맺는다(V).

Golden Age? Welfare State Dilemmas in a Golden Economy," Gosta Esping-Andersen(편), Welfare States in Transition(Sage Publications, 1996), 1면 이하 참조.

3) 1980년대 이에 관한 포괄적인 논의로는 Peter Flora(편), Growth to Limits. The Western Welfare States since World War II, vols 4(Walter de Gruyter, 1986) 참조.

4) 복지국가에 대한 논의의 방법과 대상에 대해서는 예컨대 전광석, "복지국가론—무엇을 어떻게 연구할 것인가," 한국사회정책 제15집 제 1 호(2008), 163면 이하 참조.

5) 헌재결 2000. 6. 29. 99헌마289, 판례집 12-1, 913면 이하(955면) 등 참조. 헌법재판소에서 복지국가원리에 대한 이해방법에 대해서 자세히는 전광석, "헌법재판소가 바라 본 복지국가원리," 공법연구 제34집 제 4 호 제 1 권(2006), 211면 이하 참조.

6) 이에 대해서 보다 자세히는 전광석, 위 각주 4의 논문, 165면 이하 참조.

Ⅱ. 福祉國家理論

1. 傳統的인 理論의 展開

역사적·기능적으로 보면 복지국가는 자본주의 시장경제가 형성·확립되면서 경제질서와의 상호관련 혹은 긴장관계 속에서 형성되었다. 따라서 일반적으로 복지국가이론은 경제질서와의 상관관계 속에서 발전하여 왔다. 그런데 경제질서, 그리고 경제질서를 자극하는 사회적 수요, 또 사회적 수요가 발생하는 배경과 이에 대한 처방은 매우 다양하기 때문에 이로부터 공통적인 원리를 추출하고 이론을 구성하는 작업은 어려움이 있다.[7] 복지국가가 경제, 사회 및 정치, 문화의 맥락에서 편입되어 발전하면서 이에 대한 이론적 설명에 학제간 연구를 필요로 한다는 점도 이론형성의 어려움을 가져오는 원인이다.

실제 오랫동안 복지국가에 대한 연구는 다음과 같은 두 가지 주제를 중심으로 이루어졌다. 첫째, 주로 국민총생산에서 복지지출이 차지하는 비율을 중심으로 형성되어 왔다. 이를 기준으로 복지선진국 혹은 복지후진국의 평가가 이루어졌다. 그러나 복지국가의 국가론적 배경, 국가와 사회의 기능분담의 다양성, 그리고 이에 기초한 복지생산의 역사적 전통 등을 고려하면 사회보장예산을 중심으로 복지국가를 접근하는 시도는 이론으로서의 가치를 가질 수 없다. 둘째, 보다 발전된 이론적 시도는 기능주의적 접근을 통하여 이루어졌다. 즉 산업화, 그리고 대중민주주의로 인하여 나타난 혹은 변화하는 새로운 사회적 상황에서 기존의 이념과 제도가 기능할 수 없었으며, 이 점이 복지국가의 출현을 자극하

7) 이러한 문제의식에 대해서는 예컨대 Franz-Xaver Kaufmann, "Towards a theory of the welfare state," Stephan Leibfried(ed), Welfare State Futures(Cambridge University Press, 2001), 15면 이하 참조.

였다는 것이다. 그러나 이러한 연구가 복지국가의 기원을 설명하는 방법론이 될 수는 있지만 오늘날과 같이 복지국가가 사회구조 속에서 한편으로는 독립변수로서, 다른 한편으로는 종속변수로서 기능하고 변화하는 현실을 설명하는 데에는, 그리고 특히 복지국가의 변화하는 양상을 설명하는 이론으로서는 한계가 있다.[8]

2. 福祉國家 類型論 — 成果와 限界

(1) 福祉國家의 巨視的 理解

복지국가의 형성과 변화를 설명하고 유형화하며, 새로운 도전에 비추어 미래의 발전을 예측 혹은 권고하는 이론의 가능성은 복지국가가 진화하면서 경제질서와 독립하여 새로운 과제를 갖게 되었다는 점에 착안하여 이루어졌다. 예컨대 사회적 위험을 보호하기보다는 개인의 인격실현을 촉진하기 위하여 이루어지는 복지생산이 대표적인 예이다. 이러한 작업을 위해서는 복지국가의 이해에 있어서 좀 더 지평을 넓히는 것이 선결과제가 되었다. 복지국가는 오늘날 경제질서와 관련해서뿐 아니라 이와 독립하여 형성·발전하고 있기 때문에 복지국가를 국가목표로서 혹은 제도적으로 이해하는 시도들이 나타난다.

복지국가를 국가목표로서 이해하는 방법에서 복지국가의 목표는 다음과 같이 제시된다.[9] 첫째, 복지국가는 개인의 정상적인 생활을 저해하는 사회적 위험을 보호하여야 한다. 둘째, 복지국가는 사회적 위험이 발생하기 전 개인이 성취한 생활수준을 어느 정도 보호하여야 한다. 셋째, 복지국가는 모든 국민에게 최소한의 인간다운 생활을 보장하여야 한다. 넷째, 복지국가에서 복지배분은 평등하게 이루어져야 한다.

---

8) 이러한 방법론적 한계에 대한 지적으로는 김태성/류진석/안상훈, 현대 복지국가의 변화와 대응(나남, 2005), 180면 이하 참조.

9) 이에 대해서는 Hans F. Zacher, "Das soziale Staatsziel," Josef Isensee/Paul Kirchhof(편), Handbuch des Staatsrechts Bd.Ⅱ(2004), 678면 이하 참조.

이에 비해서 복지국가를 제도적으로 이해하는 입장에서는 복지국가는 다음과 같이 정의된다.[10] 즉 복지국가는 모든 구성원의 기본적인 생활보장을 사회의 과제로 인식하고 이를 실현하기 위하여 기능하는 제도이다.

(2) 다양한 接近方法論

위와 같이 복지국가를 포괄적인 국가과제로 이해하는 시각에서는 복지국가를 접근하는 방법론 역시 다양하게 제시되었다.

첫째, 사회경제적 학파의 접근방법이다. 이에 따르면 산업화의 정도, 산업근로자의 범위로 표현되는 사회정책적 필요성, 경우에 따라서 전쟁으로 인한 사회적 보호의 필요성, 그리고 오늘날 노인인구의 비중 및 실업률 등이 복지국가의 발전을 설명하는 가장 중요한 변수라고 이해한다.[11]

둘째, 권력자원론이다. 이는 기본적으로는 계급사회학의 전통에 기초하여 권력자원의 배분을 기준으로 복지국가를 설명·분류하는 방법론이다. 이러한 접근방법론에서는 예컨대 노동조합의 정치적 지배력이 복지국가를 설명하는 중요한 요소로서 이해된다.[12] 아래에서 설명하는 에스핑-앤더슨의 분류론은 기본적으로 이러한 방법론에 속한다.

셋째, 정치·제도적 방법론이다. 이에 따르면 정당의 구도 및 민주주의의 유형이 복지국가를 설명하는 중요한 요소이다.[13] 여기에서는 한 국가가 민주주의의 유형으로서 합의형 민주주의에 속하는가 혹은 다수

10) 이에 대해서는 Harry Girvetz, "Welfare State," David L. Sills(편), International Encyclopedia of the Social Science, Vol. 16, 512면 이하 참조.

11) 이러한 이해방법으로는 예컨대 Detlef Zöllner, "Öffentliche Sozialleistungen und wirtschaftliche Entwicklung. Ein zeitlicher und internationaler Vergleich"(Berlin, 1963) 참조.

12) 노동조합의 역할에 대한 유형적 분석으로는 Roger Lawson, "Gegensätzliche Tendenzen in der sozialen Sicherheit: Ein Vergleich zwischen Grossbritannien und Schweden," Zeitschrift für ausländisches und internationales Arbeits und Sozialrecht(1988), 23면 이하 참조.

13) 이에 대해서는 전광석, 한국사회보장법론(법문사, 2007), 21면 이하 참조.

결형 민주주의에 속하는가에 따라서 복지국가가 분류된다.14) 또 이른바 거부세력(veto player)이 어떠한 모습으로 형성되어 있는가의 여부가 합리적인 정책형성에 있어서 중요한 역할을 수행한다고 이해한다.

넷째, 정당지배이론이다. 이에 따르면 국회 및 행정부, 그리고 특히 여당 및 야당 간의 정당의 이념적 구도가 복지생산의 유형에 중요한 영향을 미친다고 본다.15)

다섯째, 복지국가를 설명하는 데에 국제관계를 중시하는 방법론이다. 이에 따르면 대외무역의존도가 높은 국가는 그것이 낮은 국가에 비해서 국내정책적으로 복지생산의 수요가 크다. 국내 경제가 세계시장에 편입 혹은 종속되면서 임금 등 노동조건이 희생되며, 이를 조정하기 위하여 국내 복지정책이 보충되어야 하기 때문이다.16)

여섯째, 정치유산이론이다. 이에 따르면 국가작용은 역사적으로 형성된 문제해결방법을 답습하는 경로를 따르며 혹은 적어도 역사적으로 이루어진 정치적 결정의 결과가 의도하였건 아니건 계속해서 영향을 미친다. 이러한 예는 다음과 같다. 즉 독일의 오랜 관권국가적 전통이 사회보험을 중심으로 한 사회입법을 낳았으며, 그러한 전통이 아직 기본적으로 유지되고 있다고 한다.17) 독일 외에 오스트리아, 덴마크, 그리고 스웨덴 등도 이러한 유형에 속한다. 이에 비해서 일찍 경제성장이 이루어진 미국의 경우 시장 중심의 경제구조에서 복지생산은 보이지 않는

14) 독일과 영국이 각각의 예에 해당하는 대표적인 국가들이다. 이에 대해서는 전광석, 한국헌법론(법문사, 2009), 453면 이하 참조.

15) 이 점에 대해서는 예컨대 Francis G. Castles, The Impact of Parties, Politics and Policies in Democratic Capitalist States(London, 1982) 참조.

16) 이러한 이론에 대해서는 예컨대 David R. Cameron, "The expansion of the Public Economy: A comparative analysis," American Political Science Review(1978), 1243면 이하 참조.

17) 기본적으로 이러한 사회·문화 및 종교, 가족 등을 포괄하는 문화적 전통을 복지국가 유형화의 기준으로 제시하는 문헌으로는 예컨대 주재현, "사회복지와 문화-복지국가 유형론에 대한 문화이론적 해석," 한국정책학회보 제13권 제 3 호(2004), 279면 이하 참조.

손의 작용으로 이루어진다고 이해하였으며, 이러한 초기의 전통이 아직 미국 사회를 지배하고 있다.

위와 같은 이론 중 어느 하나가 복지국가에 대한 독점적 설명능력을 갖고 있지는 않다.[18] 예컨대 정당지배이론은 대체로 1980년대까지는 복지국가이론으로서 어느 정도 설명력을 갖는다. 그러나 특히 세계화가 진행되는 1990년대 이후에는 복지국가적 결정에 대한 국내정책적 범위와 능력이 제한되면서 그 설명력에 한계를 보이게 되었다.[19] 권력자원이론도 마찬가지이다. 예컨대 호주는 좌파정부가 집권한 최초의 국가군에 속하며, 또 노동조합이 비교적 발달하였다. 그럼에도 불구하고 호주는 기본적으로 후발 복지국가군에 속한다. 호주는 보호무역정책을 실시하여 세계시장에 편입되는 데 따르는 부담이 덜했으며, 또 엄격하게 외국인의 이주를 통제하여 노동력의 공급을 적정한 수준에서 유지하였다. 그리고 노동조합은 임금근로자의 생활보장이 국가의 간섭 없이 임금을 중심으로 고용관계에서 실현되는 정책을 지향하였다. 즉 이 경우 사회경제이론, 권력자원이론, 정당지배이론은 거의 설명력이 없으며, 국제관계이론이 보다 설명력을 갖는다.

(3) Esping-Andersen의 福祉國家 類型論

덴마크의 사회학자인 에스핑-앤더슨의 복지국가 유형화 작업은 위와 같은 전통적인 이론의 한계를 극복하고 복지국가연구의 지평을 넓힌 고전적인 저작으로 평가되었다.[20] 특히 복지국가를 단선적으로 이해하지

18) 각 이론들의 가치와 한계에 대해서는 예컨대 Manfred G. Schmidt, "Die Sozial-politischen Nachzüglerstaaten und die Theorie der vergleichenden Staaatstätigkeitsforschung," Herbert Obinger/Uwe Wagschal(편), Der gezügelte Wohlfahrtsstaat(Campus, 2000), 31면 이하 참조.

19) 이에 대해서는 예컨대 Nico A. Siegel, "Der nachzüglende Pionier: Sozialpolitik in Australien zwischen lohnpolitischer Intervention und sozialstaatsinduzierter Dekommodifizierung," Herbert Obinger/Uwe Wagschal(편), Der gezügelte Wohlfahrtsstaat(Campus, 2000), 175면 이하 참조.

20) Gosta Esping-Andersen, The Three Worlds of Welfare Capitalism(Prin-

않고 다양한 경제구조 속에서 파악하고, 또 발전의 인과관계를 중심으로 유형화하는 시도를 했다는 점이 평가되었다. 국가, 시장, 가족 등 복지생산의 다양한 주체를 이론형성에 반영하였고, 또 이른바 탈상품화(de-kommodification)와 분배정책과 같은 보다 실질적인 기준을 유형화의 기준으로 제시하여, 복지국가이론을 형성하는 학문적 공헌을 하였다. 그의 복지국가이론에 있어서 유형적 내용과 특징은 이 연구에서도 중요한 기준으로 적용될 것이다.

그러나 에스핑-앤더슨의 유형화 시도는 다음과 같은 몇 가지 이유에서 오늘날의 복지국가개편론의 논의에 적용하는 데에는 한계가 있다.

첫째, 그의 시도가 갖는 시간적 한계이다. 즉 그의 유형화는 주로 제 2 차 세계대전 전후(戰後)에서 1990년대 이전까지의 시기를 관찰의 대상으로 하였다. 따라서 초기 복지국가형성의 시기와 1990년대 이후의 시기는 반영되지 못했다. 그 결과 그의 유형화를 통하여 제시된 일부 가설이 역사적인 현실을 반영할 수 없다는 문제가 생긴다. 스웨덴의 예가 대표적이다. 즉 1930년대 이후, 그리고 1990년대 경제위기가 오기 전까지의 스웨덴이 에스핑-앤더슨의 복지국가유형 중 사회민주주의적 복지국가유형에 해당한다는 데에는 의문이 없다. 그러나 과연 1930년대 이전 스웨덴을 같은 유형에 해당한다고 볼 수 있는지, 그리고 1990년대 이후 개편되는 스웨덴의 복지국가가 여전히 사회민주주의의 유형에 해당하는지는 의문이다.[21] 이는 단순히 유형의 설명능력에 관한 문제에 그치지 않

ceton University Press, 1990) 참조.

21) 이 논의에 대해서는 예컨대 Karl Hinrichs, "Elephants on the move. Patterns of public pension reform in OECD countries," Stephan Leibfried(편), Welfare State Futures(Cambridge University Press, 2001), 91면 참조. 이 밖에 특히 스웨덴의 연금개혁에 대해서는 예컨대 양재진, "한국 연금제도의 대안적 개혁모형: NDC 소득비례연금과 보충급여형 기초보장연금," 사회보장연구 제22권 제 4 호(2006), 79면 이하; Richard Musgrave, "Public Finance in a Democratic Society," Fiscal Doctrine, Growth and Institutions(New York University Press, 1986), chapter 7; Lotta Westhäll, "The New Swedish Pension Scheme—A Challenge for the Future," Monika Schlachter/Ulrich

고 스웨덴 복지국가를 올바르게 파악할 수 없는 원인이 될 수도 있기 때문이다. 보다 이론적인 측면에서 보면 그의 유형화가 비교적 정적(靜的)인 차원에 머물러 있고, 따라서 동적(動的)인 복지국가의 변화를 파악할 수 없다는 한계가 있었으며, 이 점에서 이론적 가치에 의심을 갖게 한다.

둘째, 앞서 지적한 바와 유사한 맥락에서 복지국가의 유형을 고정적으로 이해한 결과 유형의 전환이 이루어질 수 있다는 가능성, 그리고 그러한 가능성이 실현되는 결정론적 구도는 소홀히 되었다. 즉 변화하는 과정으로서의 역사성이 결여되어 있다. 위 두 가지 한계가 작용하여 그의 이론에서는 이른바 경로의존성(path dependency)이 극단적으로 나타나는 결과가 되었다.[22] 또 그 결과 한 시대에 복지생산을 위한 정치경제적 비용, 그리고 사회민주주의의 정치적 능력이 일반성을 가질 수 없다는 점이 간과되었다. 좀 더 추상적으로 표현하면 복지국가 스스로의 결정으로 인하여 형성된 역사적 부담, 그리고 복지국가적 모순이 이론형성에 반영될 수 없었다.[23]

셋째, 그의 유형화는 주로 자본주의적 복지국가에서의 소득보장을 기준으로 적용하였다. 그 결과 사회문제 및 사회적 위험을 주로 소득보장의 측면에서 접근하였고, 문제중심적으로는 서비스의 생산, 그리고 대상계층으로는 아동, 요양을 필요로 하는 노인 등 주변계층을 소홀히 하였다.[24]

Becker/Gerhard Igl(편), Funktion und rechtliche Ausgestaltung zusätzlicher Alterssicherung(Nomos, 2004), 67면 이하 등 참조.

22) 이 점에 대해서는 예컨대 Jens Borchart, "Ausgetretene Pfade? Zur Statik und Dynamik wohlfahrtsstaatlicher Regime," Stephan Lessenich/Ilona Ostner(편), Welten des Wohlfahrtskapitalismus(Campus, 1998), 145면 이하 참조.

23) 이 점에 대한 지적으로는 예컨대 Elmar Rieger, "Soziologische Theorie und Sozialpolitik im entwickelten Wohlfahrtsstaat," Stephan Lessenich/Ilona Ostner(편), Welten des Wohlfahrtskapitalismus(Campus, 1998), 70면 이하; Manfred G. Schmidt, "Wohlfahrtsstaatliche Regime: politische Grundlagen und politisch-ökonomisches Leistungsvermögen?," 같은 책, 179면 이하 참조.

24) 이 점에 대해서는 Herbert Obinger/Uwe Wagschal, "Drei Welten des

3. 福祉國家의 力動性과 福祉國家理論

복지국가의 유형화는 복지국가의 이해에 있어서 기본적인 출발점이다. 그러나 유형화는 결코 그 자체가 목적이 될 수 없으며, 복지국가의 다양한 내용과 특징을 이해·설명하기 위한 도구이다. 이 연구에서는 유형화의 시도가 갖는 역사성의 한계를 염두에 두고 변화하는 복지국가의 유형을 특징적으로 서술하는 역사적 접근의 방법론에 중점을 두고 있다. 이러한 연구방법론은 다음과 같은 예들에서 그 필요성을 인식할 수 있다.

뉴질랜드는 세계사적으로 가장 일찍, 즉 1938년 사회보장법을 도입한 선구자적 역할을 하였고 이후 주로 고용관계를 중심으로 복지를 생산하는 전통을 발전시켜 왔다. 한편으로는 사용자와 근로자의 분쟁이 발생한 경우 이를 강제 중재하는 방법을 통하여 고용관계의 안정을 보장하였고, 다른 한편으로는 임금이 노동력의 대가이면서 동시에 복지의 가장 중요한 기초로 형성되었다. 그러나 뉴질랜드는 1990년대 이후 강제중재를 폐지하고 1991년 고용계약법(Employment Contract Act)을 제정·시행하면서 노사간에 개별적인 계약관계가 지배하도록 경로전환(經路轉換)을 한 바 있다. 복지생산의 내용과 방법에 있어서도 근본적인 변화가 수반되었다. 이러한 사정은 호주의 경우에도 마찬가지이다.[25] 스위스 역시 경로전환의 좋은 예를 제공한다. 스위스는 뉴질랜드 및 호주와 마찬가지로 전통적으로 임금근로자 중심의 복지생산을 행해 왔다. 그러나 스위스는 산업화에 성공적으로 대응하였고, 또 대외무역이 활발해지면서 일찍이 고용관계에서 복지생산이 중점적으로 이루어질 수는 없다

Wohlfahrtsstaates?. Das Stratifizierungskonzept in der clusteranalytischen Überprüfung," Stephan Lessenich/Ilona Ostner(편), Welten des Wohlfahrtskapitalismus(Campus, 1998), 112면 이하 참조.

25) 이에 대해서는 Gaby Ramia, "Arbeitsbeziehungen und Wohlfahrtsstaat: Warum ist Neuseeland ein Nachzügler?," Herbert Obinger/Uwe Wagschal(편), Der gezügelte Wohlfahrtsstaat(Campus, 2000), 211면 이하 참조. 이 밖에 Nico A. Siegel, 위 각주 10의 논문, 198면 이하 참조.

는 점을 인식하였다. 이에 한편으로는 완전고용의 정책목표를 지향하여 여전히 고용을 복지생산의 중요한 기제로 삼았지만 다른 한편 국가의 적극적인 복지생산의 기능을 인식하고 추진하였다. 이는 심지어는 헌법 개정을 통하여 이른바 3층 구조의 복지생산을 제도화하는 형태로 실현되었다.[26] 이로써 스위스는 초기의 후발복지국가에서 오늘날 선진복지국가의 위치를 차지하게 되었다.[27]

복지국가의 역사적 발전과 각국 간의 비교를 위해서는 복지국가의 경제질서와의 관련성 및 독립성, 그리고 미시적 및 거시적인 구조를 좀 더 분석할 필요가 있다. 이와 같은 다양한 구조와 또 구조의 동적 변화 속에서 복지국가가 이해되어야 한다. 따라서 오늘날 복지국가의 발전을 에스핑-앤더슨의 설명방법처럼 경로의존성이론으로 설명할 수도 없지만 그렇다고 동일한 방향으로 수렴한다는 가설도 결코 타당할 수 없다.[28]

Ⅲ. 福祉國家의 本質

1. 經濟秩序 從屬的 社會問題와 獨立的 社會問題

국가가 개인의 생활 혹은 생존을 배려하는 현상 자체는 복지국가의 역사에 비해서는 훨씬 오랜 전부터 발견된다. 국가와 사회의 구별이 없

26) 이는 1972년 헌법개정을 통하여 도입되었으며, 현행 헌법 제111조 제1항에 규정되어 있다. 이에 따르면 연방은 노령, 유족 및 장애에 대한 충실한 보장을 하여야 하며, 보장의 방법론으로 사회보험, 기업연금, 및 개인적인 배려를 제시하고 있다.

27) 이 점에 대해서는 예컨대 Herbert Obinger, "Wohltahrtsstaat Schweiz: Vom Nachzügler zum Vorbild?," Herbert Obinger/Uwe Wagschal(편), Der gezügelte Wohlfahrtsstaat(Campus, 2000), 275면 이하 참조.

28) 복지국가 수렴론을 주장하는 문헌으로는 예컨대 Bob Jessop, "Toward a Schumpeterian Workfare State?," Studies in political Economy 40, 7면 이하 참조.

었고, 따라서 국가가 사회를 포함하여 전체 국가의 운영에 포괄적으로 책임을 부담하고 있던 시기에 국가는 사회의 안정 혹은 군사력의 보존을 위하여 빈민 및 아동에 대한 보호조치를 취하였다.29)

근대 사회에서 사회를 구성하는 여러 하부체계는 각각 독자성을 가지면서, 그러나 상호교차하면서 서로가 서로에 대해서 종속관계에 있는 것을 특징으로 한다.30) 이러한 체계구조에서 경제 체계는 독자적인 질서에 기초하여 독자적인 가치를 갖고 기능한다. 시장경제질서가 여기에 속하는 대표적인 예이다. 그리고 국가는 시장의 기능을 보호하여야 한다. 복지국가도 이러한 전제에서 출발한다. 즉 원칙적으로 정상적인 개인의 생활은 시장기제를 통하여 보호된다. 그러나 처음부터 국가의 개입이 없는 경제질서에서 개인의 노동력은 상품으로서의 가치가 있을 뿐 개인의 생활에 대한 배려는 결여되어 있다. 따라서 경제질서에 절대적인 가치를 부여하는 경우 여기에서 보호받지 못하는 자는 필연적으로 생활의 기반을 상실한다. 막스(Marx)의 자본주의 비판의 출발점은 바로 여기에 있다.

복지국가는 자연적인 경제질서에서 배려될 수 없는 개인을 독자적인 가치에 기초하여 보호한다. 결국 복지국가의 본질을 구명하기 위해서는 다음과 같은 단계적 사고가 필요하다. 국가는 개인의 경제생활을 사유재산권 및 사적 자치의 원칙, 그리고 자유경쟁의 원칙을 보장하는 윤곽질서를 형성하여 보장한다. 여기에서 복지국가적 개입은 두 단계로 이

29) 이 점에서 예컨대 복지(Wohlfahrt)의 과제는 근대 국가가 형성되기 전 이미 국가에 부여되었다. 그리고 이러한 관점에서 보면 복지의 문제를 개인의 사회경제적 운명에 맡기고 국가는 개인에게 자유를 보장하는 기능의 분담은 독일에서는 역사적 현실이 아니었다. 이에 대해서는 Michael Stolleis, "Die Entstehung des Interventionsstaates und das öffentliche Recht," Michael Stolleis(편), Konstitution und Intervention(Suhrkamp, 2001), 253면 이하 참조.

30) 왈처(Michael Walzer)의 평등에 대한 이해방법은 이 점에 기초하고 있다. 즉 위와 같은 가치구조에서 한 부분사회를 지배하는 가치가 다른 부분 사회를 동시에 지배하는 경우 평등은 중대한 침해를 받게 된다. 이에 대해서는 Michael Walzer, Spheres of Justice(Basic Books, 1983), 3면 이하 참조.

루어진다. 먼저, 경제질서가 예정된 궤도에 따라 운용될 수 있도록 국가가 개입하여야 한다. 국가의 개입이 없는 경제질서는 필연적으로 이윤의 극대화를 위하여 자신의 기초인 시장경제질서를 왜곡할 가능성이 있다. 이에 국가는 경쟁질서의 보호를 위하여 독과점 규제 등의 형태로 경제질서에 개입한다(경제질서와의 조화관계).[31] 다음, 복지국가원리는 헌법의 구조적 원리로서의 성격을 갖는다. 따라서 법적으로 보면 모든 실정법이 복지국가의 실현에 기여하여야 한다. 사회체계적으로 보면 사회적 보호의 가치체계는 모든 다른 체계에 영향을 미치고, 또 외부 체계로부터 영향을 받는다. 경제체계 자체, 그리고 경제질서를 규율하는 법질서도 예외가 아니다. 즉 국가는 사회적 보호의 관점을 경제질서에 반영하여야 할 과제가 있다(경제질서와의 긴장관계).

복지국가는 위에서 설명한 바와 같이 경제질서와 조화, 그리고 긴장관계를 가지면서 형성되지만 복지국가의 기능영역이 이러한 교차영역에 한정되는 것은 아니다. 복지국가는 경제질서에 사회적 성격을 부여하는 외에 경제질서와 독립하여 개인 그 자체를 배려의 대상으로 본다. 경제질서에서 소외된 자에 대한 배려가 여기에 해당한다. 복지국가가 前者의 기능영역에 집중할 경우 필연적으로 복지국가에서 포섭과 배제, 그리고 복지국가의 분열의 문제가 첨예화된다. 사회의 소외집단은 경제질서뿐 아니라 복지생산에서도 배제될 것이기 때문이다. 이른바 탈상품화(de-kommodification)의 논리는 경제질서를 포괄적으로 복지질서에 종속시키는 극단적인 이론구성에 해당한다.[32]

위와 같은 문제구조를 미시적, 그리고 거시적으로 좀 더 자세히 분석하면 다음과 같다.

---

31) 이 점에 대해서는 예컨대 전광석, "금융보험사의결권 제한에 대한 헌법적 검토," 헌법판례연구 7(2005), 365면 이하 참조.
32) 탈상품화의 내용 및 평가에 대해서는 아래 Ⅳ.3.(1) 2) 참조.

2. 福祉國家의 微視的 問題構造

개인에게 사회문제가 발생하는 미시적 구조를 보면 다음과 같다. 자본주의 시장경제에서 개인의 생활유형은 다음과 같은 구조를 갖는다.[33) 모든 개인은 성인이 되면 노동력을 가진다. 이들의 노동력은 노동시장에서 임금을 대가로 제공된다. 임금은 자신 및 자신이 부양하는 공동체, 즉 주로 가족에게 발생하는 수요를 충족시킨다. 이러한 부양은 부양공동체의 재생산과정을 통하여 계속성을 갖는다. 그런데 이와 같은 경제생활의 유형은 현실적으로 수많은 예외적인 현상을 내포하고 있다. 성인이 되어도 노동력이 없는 경우 혹은 노동의 기회를 갖지 못하는 경우에는 위와 같은 假定은 원천적으로 기능할 수 없다. 노동의 대가인 임금이 지극히 낮은 경우에는 본인 및 가족의 수요는 부분적으로 보호될 수 있을 뿐이다. 어떠한 이유에서건 주부양자를 상실한 가족은 상품화된 노동을 더 이상 보유할 수 없으며, 따라서 소비시장에 접근할 수 있는 수단을 상실한다. 결국 이러한 경우 당해 노동자 및 가족은 경제적 기반을 상실한다. 산업화 이후 이러한 예외가 오히려 일반적인 현상이 되었다.

이러한 보편화된 예외적인 현상을 보호하는 방법론은 다원적이다. 경제구조의 한 당사자인 자본에게 포괄적인 사회적 배려를 하는 의무를 부과할 수 있다. 경제질서에서 독립하여 국가가 공권적으로 마련하는 재원을 통해서 개인의 사회적 문제를 보호할 수 있다. 이와 같이 직접적 혹은 간접적인 방법을 통해서 개인의 정상적인 생활유형을 저해하는 위험을 보호하고, 또 개인이 정상적인 생활을 할 수 있도록 재사회화하는 것이 복지국가의 본질이다. 이러한 복지국가의 본질을 지배하는 이념, 그리고 이를 실현하는 내용과 방법은 각국이 처한 역사적 상황에 따라

33) 이에 대해서는 전광석, 한국사회보장법론(법문사, 2007), 6면 이하; Hans F. Zacher, "Anatomie des Sozialrechts," Die Sozialgerichtsbarkeit(1982), 329면 이하 참조.

다양하며, 그것의 효과 역시 다양하다.

3. 福祉國家의 巨視的 問題構造

보편적인 사회적 위험에 대한 각국의 복지국가적 대응은 다양하다. 국가의 사회적 문제에 대한 대응에 긍정적 혹은 부정적 영향을 미치는 환경요소들이 다양하고 또 상이한 영향력을 갖고 있기 때문이다. 규범적으로 보면 헌법의 국가복지에 대한 결정이 대표적인 예이다. 이 점은 단일국가에서는 절대적인 차원에서, 그리고 연방국가에서는 연방과 주간의 권한배분의 문제로서 상대적인 차원에서 의미를 갖는다.[34] 사실적인 요소로서 국가형태, 정부형태, 정치적 의사결정의 구조, 거시적인 경제발전의 단계, 미시적인 경제운용 및 국가와 기업의 관계, 노동과 자본의 관계, 가족구조를 비롯한 사회구조, 국가복지에 대한 국민의식 등이 복지국가의 형성에 긍정적 혹은 부정적인 영향을 미친다. 복지국가 개편에 있어서 이러한 요소들이 미치는 영향은 복지국가의 형성에 있어서와는 또 다른 차이가 있다.[35]

Ⅳ. 福祉國家의 正當性과 機能

1. 序　　論

복지국가는 서부 유럽을 기준으로 하면 100년 이상의 역사를 가진

34) 이에 대해서는 Herbert Obinger/Stephan Leibfried/Francis G. Castles(편), Federalism and the Welfare State(Cambridge University Press, 2005), 31면 이하 참조.

35) 복지국가 논의에 있어서 이른바 new politics가 등장하는 배경이다. 이에 대한 개척자적 논의로는 Paul Pierson, "The New Politics of the Welfare State," World Politics Vol. 48(1996), 143면 이하 참조.

다. 복지국가는 당대 역사의 산물이었으며, 또 시대상황의 변화에 적응하면서 정당성을 유지하여 왔다. 그렇다면 여기에서 당연히 다음과 같은 질문이 제기된다. 즉 100년 이상의 역사가 흐르면서 복지국가가 생성 및 발전단계에서 배경이 되었던 상황이 부분적으로 변화된 현재에도 여전히 존속의 필요성이 있는가 하는 의문이다. 이 의문에 대해서 역사 및 제도분석을 통해서 접근하기 위해서는 광범한 학문적 작업을 필요로 한다. 이러한 작업에 앞서 이 글에서는 복지국가가 여전히 정당성을 가지며, 따라서 논의의 방향은 복지국가의 대안을 모색하는 것이 아니라 복지국가의 개편에 있다는 점을 명백히 하려고 한다.

1970년대 및 80년대의 복지국가의 위기론, 그리고 1990년대 이후의 복지국가 개편론을 거치면서 다양한 이유에서 복지국가의 축소, 그리고 축소 경쟁(race to the bottom)이 예측되었다. 그러나 이러한 현실이 실제 나타나지는 않았다. 양적으로 보면 오히려 대부분의 국가는 복지예산을 지속적으로 증가하여 왔다. 실제 복지국가개편론이 논의된 시기 이후 각국의 복지재정을 분석한 결과에 따르면 네덜란드 이외의 국가에서 복지재정이 축소되었다고 실증되지는 않는다.[36] 또 질적으로 보면 국가의 복지생산의 기능은 국민과의 일종의 주어진 계약관계(implied contract)로 인식되고 있다. 이는 복지국가개편론을 선도한 미국과 영국의 경우에도 마찬가지이다. 논리적으로는 복지국가의 정당성이 밝혀진 이후 비로소 복지국가의 지속 가능성과 관련된 방법론 및 역사적 논의가 접근될 수 있다. 아래에서는 복지국가의 정당성을 그 기능을 중심으로 살펴 보기로 한다.

---

36) 이에 대해서는 OECD, Social Expenditure Data Base(1997, 1999) 참조. 이 밖에 이 점에 대한 논의로는 이석원, "세계화와 복지정책: OECD 국가들에 대한 경험적 분석," 한국정책학회보 제12권 제 1 호(2003), 351면 이하 참조.

2. 政治的 效用性

(1) 社會問題와 民主主義-政治化

1) 社會問題와 國家의 性格

근대 국가 이후 개인의 경제생활은 시장경제에 의존하고 있으며, 여기에서 개인의 생활은 다음과 같은 두 가지 점에서 그 이전과는 구별된다.

첫째, 산업화와 시장경제의 출현은 전통적인 다기능 공동체들을 해체시켰다. 시장은 가치창출에 기여하는 노동력만을 자신의 질서에 포섭하기 때문이다. 이제 개인은 자신 및 부양공동체의 수요를 충족시키기 위해서 자신의 노동력에 의존할 수밖에 없다. 이로써 부양공동체는 소규모(핵가족화)의 단선구조(노동-임금-부양)를 띠게 된다. 이러한 단선구조에서는 임금노동이 핵심적인 위치를 차지한다. 이는 성인 남성의 노동의 위기는 곧 부양공동체의 위기로 이어진다는 의미를 갖는다. 보다 객관적으로 보면 성인 남성의 노동의 위기는 경제사회질서의 위기로 이어진다. 개인의 불행이 대부분 어떠한 형태로든 대규모(대가족)의 다원적인 구조(다기능적 공동체) 속에서 보호될 수 있었던 근대 이전의 국가-사회와는 구별이 된다.

둘째, 근대 국가는 정도의 차이가 있기는 하지만 기본적으로 국민의 자유를 보장하는 공동체의 질서를 보장하는 과제를 가졌다. 국가가 시장질서에서 소외된 자에 대한 책임을 부담하지는 않았다. 복지를 기준으로 국가의 정당성이 좌우되지는 않았다. 복지는 필연적으로 국가의 개입을 필요로 하는데, 이는 국가로부터의 자유를 중심으로 형성된 근대 국가의 이념 및 헌법과 조화될 수 없다고 생각되었다.[37] 국가가 복지개입을 하는 경우에도 이는 결코 국가의 특유한 과제를 실현하는 의미를 갖는 것

37) 국가로부터의 자유를 결코 실현하지 않은 독일은 이러한 전형에 속하지는 않는다. 위 각주 29 참조.

은 아니었다. 즉 다른 사회조직들과 구별되지 않는 개별적이고 교정적인 활동이었다.

2) 變化; 福祉國家의 政治的 性格

새로운 경제적 배경에서 나타나는 두 가지 요소, 즉 경제적 소외와 이에 대한 국가의 정치적 무관심은 민주주의 의식의 성장과 제도가 발전하면서 새로운 국면을 맞게 된다. 이들 발전은 국가가 최종적인 책임을 부담하는, 전통적인 공동체의 기능을 대체적으로 수행하는 새로운 국가의 모델을 모색하는 계기가 되었다. 여기서 복지국가로의 길과 민주주의로의 길은 두 가지 모습으로 나타난다.

첫째, 민주주의로의 길을 지체 혹은 저지하기 위해서 국가가 복지국가의 길을 선택하는 방향이다. 그렇지 않을 경우 국가는 보다 많은 것을 잃을 것이기 때문이다. 독일의 비스마르크(Bismarck) 사회보험은 이러한 정치적 선택의 좋은 예이다.[38] 그에게 있어서 사회보험은 사회적 왕정(Soziales Königtum)을 유지하기 위한 수단으로서의 성격을 가졌다. 그러나 장기적으로 보았을 때 이러한 의도가 성공할 수는 없다. 복지국가적 참여 또 성장을 계기로 민주주의적 의식이 계발되고, 그 결과 복지국가의 선택이 민주주의를 증진시키는 역할을 하기 때문이다.[39] 역설적이기는 하지만 관권국가적 정치배경이 복지국가로의 길을 가는 데에는 보다 유리한 상황이었다. 이 점에서 독일 사회입법은 반자유주의적-보수주의적 국가관에 기원이 있었으며, 또 정치전략적 사고가 사

38) 이에 대해서는 예컨대 Gerhard A. Ritter, "Bismarck und Grundlegung des deutschen Sozialstaates," Festschrift für Hans F. Zacher(1998), 789면 이하 참조. 이 밖에 이러한 관점에 대해서는 Peter Flora/Jens Alber, "Modernization, democratization, and the development of welfare states in Western Europe," Peter Flora/A. Heidenheimer(편), The Development of Welfare States in Europe and America(Transaction Press, 1981), 37면 이하 참조.

39) 독일에서 전혀 예상과는 달리 질병보험조합이 민주주의적 의식, 그리고 조직적 운동의 매체로 발전한 것이 좋은 예이다. 이에 대해서는 Gerhard A. Ritter, Sozialversicherung in Deutschland und England(C.H. Beck, 1983)(전광석(역), 복지국가의 기원—독일과 영국의 사회보험(법문사, 2006) 참조.

회입법에 있어서 중요한 요소로서 기능하였다.[40] 이 점은 오스트리아의 경우에도 마찬가지로 타당하다. 다만 이 경우 복지국가의 형성은 다른 정치적 목적이 지배하고, 그 결과 복지국가가 파편적으로 형성될 위험이 있다.[41]

조금 다른 맥락에서 보면 1977년 우리나라에 처음으로 진정한 의미의 사회보험인 의료보험이 도입된 것도 위와 같은 정치적 구도 속에서 설명할 수 있다. 사실 이러한 복지생산의 정치적 동기는 우리나라에서 복지국가가 논의되기 시작한 1960년대 이래로 일관되게 관찰되는 기조였다.[42] 1977년의 시기는 우리 헌정사의 암흑기인 유신 헌법의 시대였다. 이러한 시기에 복지국가적 조치가 취해진 것을 어떻게 설명할 수 있을까? 사실 1972년 헌법과 같이 사회의 다양한 의견을 정치과정에 반영할 수 없는 헌법이 사회의 현실적인 요구에 민감할 수 없다는 것은 당연하다. 그러나 시민의식이 성장하면서 헌법이 이들 의견을 수용하고 수렴하는 매체로서 기능하지 못한다면 이제 기존 헌법에 대한 대안적 헌법을 찾아야 한다는, 따라서 기존 헌법은 존립의 한계에 부딪힌다는 사실에 국가도 무관심할 수는 없다. 이에 최소한의 정책적 대응이 필요하였다. 또 외부환경의 변화도 작용하였다. 그 동안 축적된 경제성장은 그 과정에서 이루어진 희생에 대한 국가의 보상과제와 능력을 긍정할 수 있는 기반이 되었다.[43] 따라서 정부는 이러한 국민의식의 성장을 견

40) 이러한 지적에 대해서는 Eberhard Eichenhofer, "Die Sozialversicherung-Hinterlassenschaft Bismarcks," Eberhard Eichenhofer(편), Bismarck, die Sozialversicherung und deren Zukunft(Berlin Verlag, 2000), 21면 이하; Gerhard A. Ritter, 위 각주 38의 논문, 791면 이하 등 참조.

41) 브라질 및 아르헨티나에서 복지국가의 불균형 발전이 여기에 해당한다. 이에 대해서는 Evelyne Huber, "Options for social policy in Latin America: Neoliberal versus Social Democratic Model," Gosta Esping-Andersen, Welfare States in Transition(Sage Publications, 1996), 152면 이하 참조.

42) 이 점에 대해서는 예컨대 정무권, "한국 발전주의 생산레짐과 복지체제의 형성," 한국사회정책 제14집(2007), 283면 이하 참조.

43) 일반적인 관점에서 보더라도 이러한 보상논리를 통해서 서구에서 복지국가가 확대되는 현상을 설명하기도 한다. 이에 대해서는 예컨대 Niklas Luhmann,

제하고 보상의 기대에 상응하여야 할 당근정책이 필요한 시기였다. 헌법적으로 말하면 공허한 사회적 기본권이 더 이상 자유권을 희생하는 도구로서 수용될 수 없었다. 그렇다면 이제 선택은 국민에게 정치과정에의 참여와 자유를 보장하든가, 아니면 자유의 희생에 대한 보상을 위한 최소한 조치가 취해져야 했다. 이러한 기로에서 정부는 후자를 선택한 것이다.

이 밖에 다음과 같은 정치적 고려도 작용하였을 것으로 보인다. 질병은 개인의 경제적 및 일반 생활에 미치는 영향이 단기적이고 민감하게 나타나는 사회적 위험이다. 따라서 의료보장은 단기적인 처방을 내용으로 하며, 그만큼 정책적인 파급효과가 크다. 이와 같이 사회적 보상을 위한 정치적 상징효과가 크기 때문에 사회보장 중 첫 번째 조치가 의료보장의 영역에서 취해졌다. 또 아직 자유에 대한 억압이 가능하다면 의료보험은 정책적 실현가능성이 가장 강한 영역이다. 의료보험급여는 민간의료기관을 통해서 지급된다. 이때 국가는 의료기관을 공법체계에 편입하여 의료재정을 부분적으로 민간의료기관에 전가시킬 수 있기 때문이다. 그리고 이와 같은 구도가 실천되기 위해서는 요양기관의 지정, 그리고 보험자와 요양기관 간의 급여비용에 대한 결정은 국가의 일방적인 조치를 통해서 결정되어야 했다.[44] 실제 보험자와 요양기관 간의 진료 및 보상관계의 내용은 2000년 법률 개정에 의하여 계약제가 도입되기 전까지 국가의 일방적인 처분에 의하여 결정되었다.

둘째, 사회문제가 정책적으로 인식되기 전에 이미 민주주의가 성숙하여 있는 경우에는 복지국가는 민주주의에 종속될 가능성이 크다.[45]

Politische Theorie im Wohlfahrtsstaat(Olzog, 1981), 8면 참조.

44) 이에 대한 헌법적 평가로는 헌재결 2002. 10. 31, 99헌바76등(병합), 14-2, 410면 이하; 헌재결 2000. 12. 14, 2000헌마659, 12-2, 437면 이하 등 참조.

45) 이를 역사적으로 설명하는 것은 아니지만 상징적으로 보면 스위스에서 직접민주주의적 의사결정이 복지국가의 형성에 부정적인 영향을 미친 것이 좋은 예이다. 이에 대해서는 Herbert Obinger, "Wohlfahrtsstaat Schweiz: Vom Nachzügler zum Vorbild?," Herbert Obinger/Uwe Wagschal(편), Der gezügelte

또 이미 국가권력은 복지정책과 관계없이 국민적 정당성을 보유하고 있기 때문에 기존의 민주주의적 권력구도가 복지국가를 압도하는 현실이 나타날 가능성이 많다. 자유주의적 정치정향이 지배하는 경우 오히려 국가복지의 부정적인 측면이 민주주의의 공론화 과정을 지배하는 현상이 일반적으로 관찰된다.46) 반면 사회민주주의가 지배하는 경우 이에 상응하는 복지정책이 구상·추진될 것이다.47) 실제 비교역사적으로 보면 후발복지국가의 경우 공통적으로 민주주의가 일찍 발전한 정치적 배경을 갖는다. 자유주의적 정부가 지배하며 이에 비해서 기독교 민주주의적 배경이 결여되어 있고, 또 노동자운동이 취약하다.48)

3) 福祉; 民主主義的 正當性의 契機

위 두 예에서 모두 복지국가가 강한 정치적 결정의 산물이라는 점을 알 수 있다. 이 점에서 사회적 소수가 배려되지 못하는 상태, 즉 민주주의적 정당성이 흠결된 경우에는 복지분배의 결정(혹은 무결정)은 정치적 기능을 수행할 수 없다. 따라서 정도의 차이가 있지만 추상적이든, 구체적이든 개인의 수요를 스스로 충족시키는 못하는 경우 국가적 무관심은 정치적 위기의 원인이 된다. 이 점을 아래에서 좀 더 자세히 보도록 한다.

현대 사회구조에서 한편으로 시장에서의 소외는 상존한다. 그러나

Wohlfahrtsstaat(Campus, 2000), 261면 이하 참조.

46) 미국이 여기에 해당하는 대표적인 예이다. 초기 미국의 복지정책은 재정부담자인 국민에게는 정당성 없는 개입으로 인식되었으며, 이러한 조치가 수혜자에게는 의존적 성향을 강화하여 사회의 침체를 가져온다는 생각이 지배하였다. 이에 대해서는 예컨대 Roy Lubove, The Struggle for Social Security(University of Pittsburgh Press, 1986) 참조.

47) 위 각주 41에서 들은 남미를 기준으로 보면 코스타리카(Costa Rica)가 여기에 해당하는 예이다. Evelyne Huber, 위 각주 41의 논문, 152면 이하 참조.

48) 이 점에 대해서는 Bernhard Kittel/Herbert Obinger/Uwe Wagschal, "Die gezügelten Wohlfahrtsstaaten im internationalen Vergleich: politisch-institutionelle Faktoren der Entstehung und Entwicklungsdynamik," Herbert Obinger/Uwe Wagschal(편), Der gezügelte Wohlfahrtsstaat(Campus, 2000), 335면 이하 참조.

다른 한편 전통적인 다기능공동체인 대가족과 공동체가 기능하는 것도 아니다. 따라서 사회질서의 포괄적인 책임을 부담하는 국가는 이들을 직접 혹은 간접적인 방법으로 사회정책적 조치를 취하여 보호하여야 한다. 그렇기 때문에 사회정책적 결정들은 정치적 성격을 띠고, 정치적 정당성을 좌우하는 국가의 중요한 과제영역이 되었다. 적극적으로 말하면 복지국가는 시장에서 개인의 소외와 이를 계기로 생성되는 계급의 분화, 그리고 사회의 분열을 방어하며, 그 결과 사회의 정치적 통합을 유도하는 기능을 수행한다.49) 이러한 관점에서 고용정책 역시 재조명되어야 한다. 적극적 고용정책은 1차적으로는 개인을 노동시장에 편입시키며, 그 결과 노동시장을 균형 있게 발전시킨다는 점에서는 사회적 통합에 기여한다. 그러나 다른 한편 노동시장에의 접근이 차단되는 노동력이 대규모로 존재한다는 것은 정치적 불안정의 원인이 되며, 따라서 적극적 고용정책은 복지국가의 정치적 정당성을 유지하기 위하여 필요하다. 오늘날 일반적으로 적극적 고용정책이 보험료를 재원으로 운영되는 사회보험이 아니라 조세를 재원으로 일반적인 서비스행정으로 이루어져야 한다는 주장이 있다.50) 이는 바로 위에서 살펴본 바와 같이 고용정책이 갖는 정치적 통합의 측면을 주목한 결과이다.

역사적으로 보면 국가가 사회질서 전체에 대한 포괄적인 책임을 부담하는 전통이 강할수록 정치적 효용성이 복지국가를 추진하는 원동력이 된다. 독일이 여기에 해당하는 예이다.51) 반면 미국은 이미 위에서 언급했듯이 정치적 효용성보다는 경제적 효용성이 보다 지배적이었던 대표적인 국가이다. 그렇기 때문에 기본적으로 복지생산이 시장에서 이

49) 이에 대해서는 예컨대 전광석, "헌법과 국민통합," 법제연구 제30권(2006. 6), 7면 이하 참조.

50) 이러한 주장에 대해서는 예컨대 Karin Gottschall/Irene Dingedey, "Arbeitsmarktpolitik im konservativ-korporatistischen Wohlfahrtsstaat: Auf dem Weg zu reflexiver Deregulierung?," Stephan Leibfried/Uwe Wagschal(편), Der deutsche Sozialstaat(Campus, 2000), 323면 이하 참조.

51) 위 각주 29, 40 참조.

루어진다는 이념이 여전히 지배하고 있으며, 민주주의적 정당성의 계기로서 이해되고 있지는 않다.52)

복지국가의 정치적 통합기능은 국내정치에 한정되어 있는 것은 아니다. 2차 세계대전 이후 연합국은 전후(戰後) 세계질서형성에 있어서 복지국가의 기능에 주목하여 복지국가의 이념을 국제평화의 중요한 계기로서 인식하였다.53) 미국 대통령 루스벨트(Roosebelt)와 영국 수상 처칠(Churchill)이 주도한 1941년의 대서양헌장이 좋은 예이다. 또 연합국은 전후(戰後) 복지국가의 이상을 천명하여 전쟁 중 연합국 국민의 단합을 호소하고, 이끌어 내기도 하였다.

(2) 統合과 分裂의 政治

민주주의의 유형 및 역사에 따라서 복지국가의 발전양상에 차이가 있다는 점을 살펴보았다. 그러나 거꾸로 복지국가의 발전이 민주주의의 형성에 영향을 미치기도 한다. 즉 복지국가가 정치적 통합의 기능을 수행하지만 역설적으로 보면 복지국가의 형성에 따라서는 이는 국민적 분열의 계기가 될 수도 있다. 복지국가는 필연적으로 국가의 시장에 대한 개입과 시장에 의해서 형성된 경제질서에 대한 개입을 의미한다. 그런데 시장질서의 다원성에 상응하여 다양한 차원에서 분열의 계기가 나타날 수 있다. 시장에 접근할 수 있는 노동자(insider)와 그렇지 않은 자(outsider) 간의 갈등이 대표적이다. 우리 역사에 있어서도 1988년 민주

---

52) 이 점에 대해서는 John Myles, "When Markets fail: Social Welfare in Canada and United States," Gosta Esping-Andersen, Welfare States in Transition(Sage Publications, 1996), 119면 이하 참조.

53) 이러한 기조는 1944년 필라델피아 ILO 총회에서 이어졌으며, 여기에서 루즈벨트는 사회보장과 국제평화의 상관관계를 다음과 같이 웅변적으로 말하고 있다. "Poverty anywhere constitutes a danger of prosperity everywhere." Samuel I. Roseman, The Public Papers and Adress of Franklin D. Roosebelt, Vol. IX(Victory and the Threshold of Peace)(1950), 127면 참조. 전후 국제기구들을 통한 복지정책의 추진에 대해서는 전광석, 국제사회보장법론(법문사, 2002) 참조.

화 이후 나타난 생산직 근로자의 인력부족과 노조의 활성화는 함께 작용하여 고임금 근로자와 저임금 근로자, 그리고 정규직 근로자와 비정규직 근로자의 분절적인 노동시장구조를 결과하였으며, 이러한 분절은 복지생산에 있어서도 연장되는 현상이 발견된다.54)

시장에 접근할 수 없는 국민을 대상으로 하는 복지생산이 분열적인 모습을 띨 때 이들의 사회문제는 보다 심화될 가능성이 있다. 물론 이는 이중적으로 평가할 수 있다. 한편으로는 세분화된 기준에 따른 보호가 해당 제도의 목표정확성을 제고하고 효율성을 증진시키는 장점이 있다. 그러나 다른 한편 보호의 대상이 다양한 제도에 분열적으로 위치하게 되면서 정치적 영향력이 그만큼 약화되는 위험이 있다.55) 예컨대 미국에서 장애인보호정책이 비교적 광범하게 시행되는 것은 1990년 제정된 미국의 장애인보호법(ADA)이 개별적인 급여체계 아니라 참여권을 중심으로 장애인이 일반적으로 접근할 수 있는 법체계를 구축하였기 때문이다. 이에 비해서 일반적인 최저보장이 발달하지 못한 것은 여기에 해당하는 제도들이 파편적으로 발달하여 왔기 때문이라고 설명할 수 있다.

복지국가의 기능이 확대될수록 이에 상응하여 갈등의 영역은 다양하고 다원화되는 것이 발견된다. 성별 간, 그리고 세대 간의 갈등 등이 대표적인 새로운 유형의 갈등영역이다. 사실 세대 간의 갈등은 복지분배에 있어서 세대 간 부담의 형평의 문제가 표면화되기 전에는 민주주의

54) 이 점에 대해서는 정무권, "한국발전주의 생산레짐과 복지체제의 형성," 한국사회정책 제14집(2007), 295면 이하 참조.

55) 이는 아직은 가설의 상태에 있으며 일반화의 가능성 및 확인을 위해서는 좀 더 연구를 필요로 한다. 이에 대해서는 Alexander Graser, "Zur Fragmentierung der Mindestsicherung-Eine Hypothese zum Zusammenhang zwischen dem Geltungsbereich eines sozialrechtlichen Regelwerks und seinem materiellen Schutzgehalt," Zeitschrift für ausländisches und internationales Arbeits- und Sozialrecht(2003), 319면 이하 참조. 이 문제에 관한 좀 더 실증적인 연구로는 예컨대 Martin Seeleib-Kaiser, "Kulturelle und politisch-institutionelle Determinanten des US-amerikanischen Wohlfahrtsstaates," Herbert Obinger/Uwe Wagschal(편), Der gezügelte Wohlfahrtsstaat(Campus, 2000), 376면 이하 참조.

의 공론에 있어서 그렇게 첨예한 것은 아니었다. 오늘날 이러한 갈등이 계속 잠재해 있는 것은 문제의 한 당사자인 아동 혹은 미래 세대가 한편으로는 협상능력이 결여되어 있고, 다른 한편 자신에게 닥칠 불이익이 아직은 미래의 일이며, 따라서 예민하게 인식되지 못하는 데에 이유가 있기도 하다. 이러한 복지국가에 대한 불신은 구성원 간의 합의를 통하여 복지정책이 결정되는 전통과 제도적 현실이 존재하는 경우 그만큼 감소될 수 있다. 역사적으로는 1899년 덴마크, 1906년 및 1938년 스웨덴, 그리고 1937년 스위스가 대표적인 예이다.[56]

국민적 동의가 복지국가를 진전시키는 데에 중요한 전제조건이라는 사실은 우리의 경우에도 발견된다. 1990년대 후반 외환 및 경제위기는 이를 극복하는 데에 모든 역량이 동원되었고, 또 이에 쉽게 국민적 합의가 이루어졌다. 이는 두 가지 합의를 포함하였다. 첫째, 경제위기를 극복하기 위하여 노동시장 유연성을 강화하여야 한다는 점이다. 둘째, 이로 인하여 나타나는 복지공백은 사회안전망을 충실히 형성하여 보호하여야 한다는 것이다. 당시 정부가 경제정책에 있어서 신자유주의의 비판을 받았음에도 불구하고 충실한 복지정책을 추진할 수 있었던 것은 바로 위와 같은 국민적 동의를 이끌어낼 수 있었던 상황에 요인이 있었다.

3. 經濟的 效用性

(1) 福祉國家와 市場秩序

1) 市場秩序 正當化 機能

이미 언급했듯이 복지국가는 시장경제질서를 대체하는 것이 아니라 이를 전제로 하며, 또 이를 보충한다. 극단적으로 표현하면 복지국가는

---

56) 이에 대해서는 Franz-Xaver Kaufmann, Herausforderungen des Sozialstaates (Suhrkamp, 1997), 38면 이하 참조.

시장종속적인 이념과 제도라고 할 수 있다.[57] 이에 상응하여 복지국가는 시장경제질서가 자연적인 상태에서 나타내는 문제점을 치유하면서 이를 정당화하는 효용성을 갖는다. 특히 한 나라가 사회보험을 중심으로 복지국가를 형성하는 경우 사회보험은 시장에서의 기존의 소득수준을 계속 유지시키며, 따라서 시장의 원칙을 충실하게 지지하는 기능을 수행한다.[58] 사회보험은 사용자에게도 친기업적 기능을 수행한다. 신자유주의의 지배, 세계화, 노동조합의 약화에도 불구하고 사회보험에 대한 거부감이 크지 않은 이유는 사회보험이 숙련 근로자의 기업충성도를 지지하고, 또 생산관계에서 형성된 정치적 연합을 유지하는 기능이 있기 때문이다. 이 점에서 보면 미국이 자유주의적 복지국가의 유형에 속하지만 복지생산을 위한 수단으로서는 유럽 국가들과 마찬가지로 수혜자가 재원을 부담하는 사회보험을 도입한 것은 우연이라고 할 수 없다.[59]

복지국가의 경제적 유용성은 시장의 한 당사자인 사용자의 이익에 기여하는 경우 더욱 증대하는 것은 물론이다. 거시적으로 보면 사회보험이 일반적으로 자본과 노동의 잠재적인 갈등을 조정하여 사회평화를 실현하는 기능이 있다.[60] 좀 더 경제적인 측면에서 복지국가 정당화 사유로 다음 두 가지 예를 들 수 있다. 첫째, 산재보험이다. 산재보험은 한편으로는 산재를 당한 근로자의 피해를 보상하는 기능을 수행하지만, 다

57) 이 점에서 보면 헌법 제119조 제1항과 제2항의 관계는 결코 원칙과 예외의 관계가 아니며, 제2항은 제1항이 예정하는 시장이 기능하기 위하여 필요한 질서를 유지하는 국가의 과제를 선언한 것이다. 이 점에 대해서는 전광석, 위 각주 31의 논문 참조.

58) 이 점은 사회보장에서 이루어지는 소득재분배의 한계이기도 하다. 사회보험 중심으로 복지국가가 실현되는 독일 등 (에스핑-앤더슨의 분류에 따르면) 조합주의 국가들에서 소득재분배의 정도가 낮은 이유이다. 이 문제에 대한 헌법적 분석으로는 전광석, "사회보장에 있어서의 소득재분배구조에 대한 헌법적 접근," 전광석, 사회보장법학(한림대 출판부, 1993), 53면 이하 참조.

59) 이 점에 대한 지적으로는 Mark H. Leff, "Historical Perspectives on Old-Age Insurance," Edward D. Berkowitz(편), Social Security After Fifty-Success and Failure(Greenwood Press, 1987), 39면 이하 참조.

60) 이에 대해서는 아래 4.(2) 참조.

른 한편 발생한 피해에 대한 사용자의 책임을 면제하는 기능을 수행한다.[61] 이러한 이유에서 대부분의 국가에서 다른 사회보험과는 달리 산재보험의 도입에는 사용자의 저항이 거의 없었거나 혹은 환영받았다.[62] 둘째, 보다 일반적으로 보면 사회보험에서 사회적 위험이 발생한 후에도 기존의 직업을 계속 수행할 것을 보장하는 구상도 적어도 초기에는 사용자의 이익에 부합하는 측면이 있었다. 그 결과 사용자가 새로운 근로자를 고용하는 데 따르는 비용과 부담을 경감할 수 있었기 때문이다.[63]

2) 이른바 脫商品化의 理論的 價値

복지국가의 분류 기준으로 널리 통용되고 있는 이른바 탈상품화(de-commodification)의 개념은 시장질서와는 독립해서 복지생산이 이루어지는 정도를 나타내는 지표이다.[64] 그러나 이를 복지실현의 일반적 지표로 보는 데에는 다음과 같은 한계가 있다.

구조적인 문제이다. 복지국가는 시장경제질서를 전제로 하여, 그 산출물을 새로운 가치기준에 따라 재구성하는 과정을 지도한다.[65] 이러한 관점에서 보면 복지국가는 국민의 노동의 의무, 그리고 노동의 상품화를 전제로 한다.[66] 시장의 복지기능을 부인하고 탈상품화를 관철하려는 경

61) 이 점, 그리고 이 점을 기준으로 한 우리 산재보험의 체계에 대한 비판적인 분석으로는 전광석, "산재보험의 기능과 법적 성격," 연세법학연구 제11집 제 1 권(2005), 161면 이하 참조.

62) 이는 사회보험의 도입에 사용자가 저항적이었던 미국에서도 마찬가지였다. 이에 대해서는 Roy Rubove, The Struggle for Social Security 1900-1935 (University of Pittsburgh Press, 1987), 45면 이하 참조.

63) 이 점에 대해서는 Karin Gottschal/Irene Dingedey, "Arbeitsmarktpolitik im konservativ-korporatistischen Wohlfahrtsstaat: Auf dem Weg zu reflexiver Deregulierung?," Stephan Leibfried/Uwe Wagschal(편), Der deutsche Sozialstaat(Campus, 2000), 315면 이하 참조.

64) 이러한 기준에 따라 복지국가의 유형을 분류하는 시도로는 Gosta Esping-Andersen, The Three Worlds of Welfare Capitalism(Princeton University Press, 1990) 참조.

65) 위 Ⅲ.1. 참조.

66) 이에 대해서는 예컨대 Stephan Lessernich, "Relations matter: De-kommodifizierung als Verteilungsproblem," Stephan Lessernich/Ilona Ostner(편),

우 복지생산의 측면에서 보았을 때 시장은 국가와 대립구도 속에서 존재하게 되며, 이는 필연적으로 시장의 구성인자들의 이해관계와 충돌한다. 또 이와 같이 시장을 국가와 대립축 속에서 이해하고 탈상품화가 이루어지는 경우 복지수요의 측면에서 보면 탈상품화된 공공재에 누구나 같은 조건으로 접근할 수 있기 때문에 비사회적이라는 평가를 할 수도 있다. 이와 같은 시장부정적, 그리고 비사회적 복지생산과 공급은 한편으로는 정치적 분열의 계기가 되고, 다른 한편 복지국가의 경제적 효용성을 저해한다. 부분적으로 탈상품화가 복지실현의 유용한 지표가 될 수는 있겠지만 탈상품화의 개념으로 복지국가를 일반적으로 설명하는 데에는 한계가 있다.

탈상품화의 논리는 현실적인 한계를 극복할 수 없다는 문제도 있다. 시장경제가 기능하는 한 모든 공공재를 탈상품화하는 것은 불가능하다. 이는 필연적으로 국가재정의 팽창을 요구하기 때문이다. 1990년대 이후 경제위기를 맞은 스웨덴이 더 이상 공공부분에서의 고용창출을 통하여 실업을 방지하는 데 한계를 보이는 것이 좋은 예이다.[67)]

(2) 福祉國家 內在的 效用性과 雇傭政策的 課題

보다 적극적인 측면에서 복지국가의 경제적 효용성은 다음과 같이 정리할 수 있다.

1) 福祉國家와 景氣變動

시장경제는 필연적으로 경기변동을 겪는다. 그런데 경기가 하강국면에 처하는 경우 복지국가는 적극적인 급여조치를 통하여 국민들의 구매력을 향상시키고 이로써 경기를 활성화시키는 기능을 수행할 수 있다.

Welten des Wohlfahrtskapitalismus(Campus, 1998), 91면 이하; T. H. Marshall, Staatsbürgerrechte und soziale Klassen. Zur Soziologie des Wohlfahrtsstaates(Campus, 1992), 51면 이하, 83면 이하 참조.

67) 이에 대해서는 Anton Hermerijck, "The Self-Transformation of the European Social Model(s)," Gosta Esping-Andersen(편), Why we need a New Welfare State(Oxford University Press, 2002), 185면 이하 참조.

예컨대 미국에서 대공황을 극복하기 위한 방안으로 사회보장이 구상된 것은 이와 같은 경제적 효용성을 주목한 측면이 크다.[68]

2) 福祉國家와 勞動力의 再生産

시장경제는 가치를 창출하는 노동력의 지속적인 공급에 의존해 있다. 그런데 복지국가는 적극적인 노동시장정책을 통하여 시장의 수요에 부합하는 노동력을 지속적으로 재생산할 수 있다. 이는 두 가지로 나누어 설명・평가할 수 있다.

전통적인 사회보험도 어느 정도는 적정한 노동력의 공급에 기여한다. 예컨대 사회보험은 사회적 위험이 발생한 후에도 기존 소득수준을 보장하는 목표를 갖는다. 이 때 사회보험은 상실된 소득을 보상할 뿐 아니라 소득상실의 원인이 되는 위험을 사전에 예방하고, 또 위험이 발생한 후에도 기존의 소득활동을 계속 수행할 수 있도록 하여야 한다. 이는 한편으로는 가입자에 대한 적극적인 보호조치이며, 동시에 경제적으로 보면 직업보호의 기능을 수행한다. 다른 한편 이러한 조치들은 사회보험의 재정에 긍정적 영향을 미친다. 지속적인 복지급여의 가능성을 축소시키기 때문이다.

보다 적극적인 차원에서 보면 오늘날 복지정책은 고용정책과 밀접한 관련을 가지며 상호 보완하는 관계에 있다. 따라서 적극적인 노동시장정책이 복지국가의 필수적인 과제로 정착하고 있다. 직업교육, 고용알선조치 등 적극적인 고용조치를 복지정책에 포용할수록 복지국가는 거시적으로는 경제성장에 기여하고, 미시적으로는 기업의 노동력 수요를 적절히 충족시키면서 경제적 효용성은 증대될 것이다.

68) 이 점에 대해서는 예컨대 Edward D. Berkowitz, "The Historical Development of Social Security in the United States," Eric R. Kingson/James H. Schutz(편), Social Security in the 21st Century(Oxford University Press, 1997), 22면 이하 참조. 상징적으로 보면 1935년 social security act의 産室이었던 위원회는 committee on economic security였으며, 이 위원회에 economic security에 관한 연구가 위탁되었다. 이 연구가 결과가 후에 social security act로 개명되어 공포되었다.

역사적으로 보면 극단적으로 고용정책적 동기가 작용한 대표적인 예가 1935년 미국의 사회보장법이다. 당시 집권세력은 사회보장법을 정당화하는 논거로서 다음 세 가지를 들었다.[69] 첫째, 장기간 생산활동에 종사한 근로자는 적정 연령에 은퇴할 권리를 갖는다. 둘째, 근로자는 노령에 이르면서 생산성을 점차 상실하게 된다. 셋째, 노령인구가 경제활동을 계속하게 되면 젊은 근로자가 안정적인 직장에 취업하여 직업기술을 습득하고, 경험을 쌓으며, 승진의 기회를 갖는 데에 장애가 된다. 이러한 논리들은 사회보장법이 사회적 위험인 노령을 보호한다는 관점보다는 생산성 있는 인구에게 고용기회를 보장하는 데에 중점을 두었다는 것을 보여준다.

3) 福祉와 雇傭의 相互作用

복지생산이 고용관계를 중심으로 이루어지면서 고용관계는 복지생산의 기초가 된다. 그만큼 노동력으로 하여금 고용관계 또는 고용관계가 기능하는 경제질서에 충실하도록 하는 유인이 된다. 그리고 그 결과 시장경제질서에 순기능을 수행한다. 다만 한 나라에서 이러한 측면이 일방적으로 지배하는 경우 포섭과 배제의 관계에서 복지국가가 분열되는 위험이 나타난다는 점에 대해서는 위에서 언급하였다.[70]

4. 社會的 效用性

(1) 當爲的 側面

복지국가의 사회적 효용성에 대한 인식은 위에서 설명한 정치적 및 경제적 효용성에 비해서는 개념 및 기능이 유동적이고, 또 포괄하는 영역이 광범위하다. 그만큼 사회적 효용성은 한편으로는 복지국가를 정당

69) 이에 대해서는 Jill Quadagro/Joseph Quinn, "Does Social Security disencourage Work?," Eric R. Kingson/James H. Schulz(편), Social Security in the 21st Century(Oxford University Press, 1997), 140면 참조.

70) 위 IV. 2. (2) 참조.

화하지만, 다른 한편 복지국가가 정당화되기 위한 당위적으로 실현되어야 한다. 다음과 같은 예를 들어 보자. 복지국가의 형성단계에서 복지생산은 주로 사회적 위험이 발생하여 상실된 임금을 보상하는 기능을 주목하였다. 그러나 역설적으로 보면 개인 생활이 국가의 복지생산에 의존하는 현상이 일반화된 후 복지생산은 경제적 기능 외에 사회적 통합을 위하여 필수적인 요소로서 기능하고 효용성을 갖게 되었다. 이에 복지국가는 소득보장 외에 다양한 사회적 수요를 서비스, 현물 등 다양한 방법으로 보장하여야 했으며, 또 그때 비로소 정당성을 갖게 되었다. 따라서 복지국가의 사회적 효용성은 전체 사회질서와의 상관관계 속에서 논의되어야 한다.

(2) 葛藤의 制度化를 통한 社會平和

역사적으로 보면 특히 사회보험중심의 복지생산은 자본과 노동의 타협의 산물로서 형성되었다. 자본이 노동력을 제공하는 근로자의 사회적 상황을 배려하는 데에는 한계가 있다. 그런데 근로자의 입장에서 보면 임금은 개인 생활의 가장 중요한 기초이기 때문에 노동자운동은 필연적으로 자본과의 임금협상을 중심으로 이루어질 수밖에 없다. 사회보험은 이러한 상황에서 사회적 위험의 보호에 관한 의제를 자본과 노동의 직접적인 관계에서 배제하여 민주주의적 의사결정에 위임하는 방법을 취한다.[71] 이로써 자본과 노동의 대립을 완화하여 노사평화, 넓게는 사회평화를 통하여 사회통합을 이루는 기능을 수행할 수 있다. 일반적인 사회보험 외에 특히 산재보험에서 이 점은 뚜렷하게 나타난다.[72]

71) 이 점에 대해서는 예컨대 Manfred G. Schmidt, "Ursachen und Folgen wohlfahrtsstaatlicher Politik: Ein internationaler Vergleich," Manfred G. Schmidt(편), Wohlfahrtsstaatliche Politik(Opladen, 2001), 46면 이하 참조.

72) 위 각주 61 참조.

(3) 雇傭政策으로의 重點 移動

오늘날 복지국가는 고용정책의 지원을 받으며 형성되고, 또 고용관계 그 자체가 보호의 대상이기도 하다. 이러한 연결고리에 위치하고 있는 이른바 적극적인 노동시장정책은 사회통합의 중요한 기제이다. 고용은 개인에게 하루 단위로 시간의 정상적인 배분, 공동체에의 참여의식, 자기정체성, 안정적이고 규칙적인 활동의 가능성을 부여한다. 그렇기 때문에 개인이 고용관계에서 배제되는 것은 경제적인 효과 외에 사회와의 의사소통이 차단되고, 그 결과 사회적 소외를 낳는다.[73] 고용관계의 경제적인 측면뿐 아니라 이와 같은 사회적 측면을 오늘날의 복지국가는 적극적으로 반영하여야 한다.

스웨덴 등 북부유럽국가들은 노동자 및 빈곤 문제 보다는 구성원간의 사회적 평등을 복지국가의 이념적 출발점으로 하였으며, 이러한 이념적 배경 하에서 적극적 노동시장정책이 형성될 수 있었다. 이러한 사회적 평등의 이념은 개인 생활의 중요한 국면, 그리고 개인이 활동하는 중요한 생활영역을 사회화하는 과정을 통하여 실현된다. 북부 유럽 국가에서 가족부담이 일찍이 사회화되었고, 또 공공부문에서 여성들을 고용하여 고용에 있어서의 남녀평등을 실현시킨 것 등이 좋은 예이다.[74]

(4) 法制化, 官僚化, 下部構造의 問題

인적 자본의 재생산과 개인의 사회통합은 복지국가의 구체적인 실

73) 이와 같은 실업의 사회적 위험으로서의 측면에 대해서는 예컨대 Duncan Gallie, "The Quality of Working Life in Welfare Strategy," Gosta Esping-Andersen et al, Why we need New Welfare State(Oxford University Press, 2002), 99면 이하 참조.

74) 이에 대해서는 Stein Kuhnle, "The Nordic Welfare state in a European context: dealing with new economic and ideological challenges in the 1990s," Stephan Leibfried(편), Welfare State Futures(Oxford University Press, 2001), 115면 이하 참조.

현에 있어서도 반영되어야 한다. 즉 복지국가는 개인의 구체적인 상황을 충실히 파악하여 수혜자 중심으로 실현되어야 한다. 법제화와 관료화가 이 점에 있어서 중요한 고려의 대상이다. 법제화와 관료화는 개인에게 복지국가적 급여에 대한 법적 청구권을 부여하며, 전문 계획과 구체적인 상황을 배려하여 보호가 이루어진다는 점에서 복지국가의 안정성을 보장한다.

복지국가에서 수혜자 중심의 복지생산이 이루어지기 위해서는 하부구조를 충실히 형성하여야 한다. 적극적으로는 교육 및 주거환경의 조성, 그리고 소극적으로는 의료시설의 확충과 충실화를 통해서 개인에게 사회에서 요구되는 능력을 갖추게 하고, 또 사회에의 통합을 저해하는 요소들을 보호할 수 있어야 한다. 장애인차별금지법이 추구하는 목표, 즉 장애상태에서도 비장애인과 마찬가지로 정상적인 일상생활 및 사회활동, 그리고 직업활동을 할 수 있도록 하부구조를 갖추어야 한다는 요청이 여기에 해당하는 대표적인 예이다.[75]

(5) 家族의 機能

근대 사회는 개별적인 체계의 기능에 기여하는 개인의 의사와 능력에 그 존속과 발전이 의존하여 있다. 예컨대 국가의 존속은 국가의 재정능력과 국방능력을 전제로 한다. 납세의 의무, 그리고 국방의 의무가 갖는 의미이다.[76] 성인이 되어 노동을 수행하고 소득의 일부를 세금으로 납부할 의지와 능력, 그리고 신체적·정신적 능력에 적합하게 병역의 의무 등 국방의 의무를 이행할 의지와 능력이 일반화되어 있지 않다면 국가는 존속할 수 없다. 그리고 지속적으로 사회체계가 기능하기 위해서는 이러한 속성을 갖는 인적 자본의 재생산을 필요로 한다.

---

75) 이에 대해서는 예컨대 전광석, "장애인차별금지법의 제정방향," 장애인고용 2004년 가을호, 5면 이하 참조.

76) 이에 대해서는 전광석, 한국헌법론(법문사, 2009), 436면 이하 참조.

그런데 오늘날 인적 자본의 재생산을 담당했던 가족의 기능이 감소되고 있다.

가족은 인적 자본의 육성에 있어서 가장 중요한 기능을 수행하는 공동체이다. 가족은 세대생산의 물리적 기능을 수행할 뿐 아니라 사회에서 필요로 하는 인격이 양성되는 사회의 최소공동체이다.77) 복지국가가 인적 자본의 재생산기능에 충실하기 위해서는 한편으로는 가족의 기능을 유지시키기 위한 적극적인 보호조치가 필요하다. 가족 그 자체를 복지생산의 기반으로 본다는 것이다. 다른 한편 가족 내에서 이루어지는 다른 가족구성원에 대한 부양조치가 복지생산적 기능을 수행하며 따라서 이에 대한 법적 및 경제적 가치를 부여하여야 한다.78) 개별 가족구성원의 복지생산기능을 지원하여야 한다. 복지국가는 오늘날 가족구성원 간의 기능분배를 통한 존속을 보호하여야 하지만, 가족구성원 간의 기능분배만을 통해서는 가족이 유지될 수 없으며, 따라서 사회화되어야 한다는 점을 인식하고 보호하여야 한다.79)

(6) 社會의 自律性과 效率性

사회의 자발적인 활동에 의존할 경우 복지국가의 사회통합기능은

77) 가족의 다양한 기능에 대해서는 전광석, 위 각주 76의 책, 394면 이하 참조.

78) 이러한 사회보장과 가족의 이중적 관계에 대해서는 예컨대 전광석, "가족의 사회보장기능과 사회보장법의 가족보호기능," 사회보장연구 제12권 제 1 호(1996), 177면 이하 참조.

79) 서부 유럽국가들은 오랜 동안 가족기능의 해체에도 불구하고 복지생산의 기초를 전통적인 성인 남성 중심의 가족구조에 두었다. 이러한 정책지향은 오늘날 가족상황에서 한계를 보이고 있다. 이에 비해서 스웨덴 등 북부 유럽의 복지국가는 비교적 일찍이 이러한 모델에서 탈피하여 복지정책을 형성하여 왔다. 이 점에 대해서는 John D. Stephen, "The Scandinavian Welfare States: Achievement, Crisis and Prospects"; Gosta Esping-Andersen, "Welfare States without Work: the Impasse of Labour Schedding and Familianism in Continental European Social Policy" 참조. 이 두 논문은 Gosta Esping-Andersen(편), Welfare States in Transition(Sage Publications, 1996), 32면 이하 및 66면 이하에 수록되어 있다.

보다 제고된다. 이는 다음과 같은 두 가지 측면에서 그러하다. 첫째, 사회의 자발적인 조직이 복지생산의 기능을 담당할 경우 이는 아래에서 언급하는 법제화와 관료화의 경향이 내포하고 있는 위험을 상쇄하는 효과가 있다. 또 이들 복지생산적인 기능은 주로 서비스형태의 활동일 것이기 때문에 법제화가 수반하는 현금급여의 경향을 보충한다. 둘째, 사회의 자발적인 서비스급여는 국가가 담당하는 경우에 비해서는 비용적인 측면에서도 매우 효율적이다. 다만 사회의 복지생산기능은 사회구성원의 자발적인 봉사정신을 전제로 하며, 이 점에서 불안정하다.80) 따라서 안정적인 복지생산을 기대하기 위해서는 이에 대한 국가의 세밀한 배려가 필요하다.

Ⅴ. 맺 는 말

복지국가는 위와 같은 기능을 수행하며, 그것들이 복지국가를 정당화하는 사유이다. 그러나 이는 동시에 복지국가가 다기능적이며, 이들 기능 간에 부조화의 관계가 얼마든지 형성될 수 있다는 점을 보여주기도 한다. 이미 위에서 부분적으로 복지국가에 내포되어 있는 정치적 분열의 가능성에 대해서 언급한 바 있다.81)

경제적 효용성과 관련해서도 마찬가지의 문제가 나타날 수 있다. 복지국가가 시장질서 그 자체, 그리고 시장질서의 한 당사자인 기업에 충실한 고용관계를 형성하는 가능성을 제공한다. 그러나 이 점을 지나치

80) 장기요양보험을 도입하면서 가족의 복지생산기능을 강조하여 在家療養을 원칙으로 하였던 독일의 경우와 재가요양을 원칙으로 하는 경우 결국 여성이 이러한 기능을 담당하게 될 것이며, 따라서 여성의 사회적 기능이 희생된다는 생각에서 다른 원칙을 채택한 일본의 경우 이 점에서 비교된다. 이에 대해서는 예컨대 Miyoko Motojaya, "Probleme der japanischen Pflegeversicherung," Zeitschrift für ausländisches und internationales Arbeits- und Sozialrecht(2003) 참조.

81) 위 Ⅳ. 2. (2) 참조.

게 주목하는 경우 복지국가는 고용관계에 있는 자와 그렇지 않은 자간에 경제적 분열의 계기가 될 수도 있다. 파편화하여 발전한 사회보험에서 내부자의 이익을 보호하기 위하여 재정부담을 전가하는 가능성이 얼마든지 있다("shifting strategy").[82] 사회보험의 재정을 간접세 수입에 의존하게 경우가 대표적인 예이다. 또 보호무역을 통하여 국내산업이 외부경쟁으로부터 보호될 수 있다면 보험료의 부담을 소비자에게 전가하는 것도 가능하다. 이 경우 경제적 효용성은 소비자인 국민 일반의 희생과 교환되는 결과가 된다.[83]

위에서 언급한 바 있는 법제화와 관료화의 예를 들어 인적 자본의 재생산을 추구하는 복지국가의 이념과 충돌하는 가능성을 살펴보자.[84]

법제화는 필연적으로 복지급여를 취득할 능력이 있는 자를 주로 대상으로 한다. 자기기여에 대한 반대급여는 비교적 수월하게 법제화될 수 있으며, 또 법제화의 장점이 나타날 수 있다. 이에 비해서 법제화는 다음과 같은 기능적 한계가 있다. 첫째, 국가의 일방적인 급여를 법제화하는 데 한계가 있다. 이 경우 급여의 기준이 추상적이며, 이는 가치관련적 국가작용에 의하여 비로소 구체화될 수 있기 때문이다. 사회보장체계적으로 보면 사회부조가, 그리고 대상을 중심으로 보면 장애인, 빈민 등이 이러한 예에 속한다.[85] 둘째, 급여의 종류에 따라 현물 및 서비스급

82) 이에 대해서는 예컨대 Fritz W. Scharpf, "The Viability of advanced welfare states in the international economy. Vulnerabilities and options," Stephan Leibfried(편), Welfare State Futures(Cambridge University Press, 2001), 130면 이하 참조.

83) 실제 이러한 현실은 위 각주 41에서 언급한 남미의 복지국가의 현실에서 관찰되었던 문제이다. 이에 대해서는 Evelyne Huber, 143면 이하 참조. 이 밖에 Carlo Mesa-Largo, "Social Security and Extreme Poverty in Latin America," Journal of Development Economics 12(1983), 89면 이하 참조.

84) 법제화 및 관료화가 복지국가에서 갖는 일반적 의미에 대해서는 Hans F. Zacher, "Verrechtlichung im Bereich des Sozialrechts," Friedrich Kübler(편), Verrechtlichung von Wirtschaft, Arbeit und sozialer Solidarität (Suhrkamp, 1984), 11면 이하 참조.

85) 이에 대해서는 예컨대 전광석, "빈곤문제와 법학의 과제," 전광석, 사회보장법학

여의 경우 법제화에 한계가 있다. 이러한 급여는 필연적으로 급여가 일정한 매체, 그리고 매체에서의 결정을 거쳐 지급된다. 그런데 인적 자본의 재생산이라는 명제에 있어서는 바로 현금급여의 손길이 미치지 못하는 자를 보호하기 위하여 필요한 서비스급여가 중요성을 갖는다.

관료화 역시 비슷한 문제를 겪는다. 관료화는 한편으로는 전문지식에 기초한 효율적인 행정이 이루어지며, 또 근거리의 적극적인 행정을 통하여 수혜자가 정보의 공백을 극복하게 된다는 점에서 복지국가의 사회적 기능에 기여한다. 그러나 다른 한편 관료화는 그 형성과 작용에 따라서는 수혜자 개인의 구체적인 상황을 유형화하는 기계적이고 형식적이며, 경우에 따라서는 비전문적 복지행정이 나타날 위험, 그리고 복지급여에 낙인효과(stigma)를 부여하는 가능성을 내포하고 있다.[86] 이러한 낙인효과는 개인이 서비스와 직접적인 접촉을 하는 경우, 그리고 그 급여가 국가의 일방적인 급여인 경우보다 크다.

사회적 효용성의 중심적인 주제인 가족기능의 유지와 관련해서도 역기능이 나타날 수 있다. 이는 가족이 성인 남성 중심으로 운용된다는 근대적 가족관에 기초하여 복지국가가 형성될 경우 뚜렷하게 나타난다. 아동양육에 대한 사회적 보호, 그리고 여성의 고용과 가족생활의 양립 가능성 등 현대사회를 지배하는 생활유형에 충실하지 못하는 경우이다. 오늘날 인구구조의 불균형, 고령사회, 그리고 노동환경의 변화라는 새로운 시대적 도전 속에서 복지국가의 정당성을 좌우하는 가장 중요한 문제이다.

사회적 효용성과 관련하여 점점 중요한 비중을 차지하는 주제가 적극적 노동시장정책이다. 이는 기본적으로 복지국가를 경제적으로 정당화하는 요소이지만 동시에 사회적 효용성의 필수요소이기도 하다. 위에서

(한림대 출판부, 1993), 251면 이하; 전광석, 위 각주 75의 논문 참조.

86) 이 점에 대해서는 예컨대 Rainer Pitschas, "Die Infrastruktur sozialer Dienste als Wirkungsbedingungen der Sozialrechtsentwicklung," Vierteljahresschrift für Sozialrecht(1990), 3면 이하 참조.

언급했듯이 노동 및 직업은 개인의 사회통합에 중요한 매체이다. 이 점은 전통적인, 특히 유럽적인 복지국가유형에서는 직업 보호의 차원에서 접근하였다. 그러나 세계화 이후 노동의 수요가 축소하고, 또 고용의 유형이 다양화하면서 직업보호의 관점은 점점 후퇴하게 되었다. 고용촉진에는 해당 당사자에게 노동의 의무를 강화하는 경향이 수반되었다.87) 이는 특히 사회부조 및 실업보호의 영역에서 뚜렷하게 나타난다. 상징적으로 독일의 사회법전 제 2 권 구직자 기초보장(Grundsicherung für Arbeitssuchende)은 기초보장의 권리와 노동의 의무를 동등한 원칙으로 선언하였으며, 사회법전 제 3 권 고용촉진법은 실업자에게 수행이 기대되는 노동의무의 정도를 강화하였다. 이에 직업보호의 사회적 효용성과 노동의무의 경제적 관점이 긴장관계에 들어서게 된다. 이는 개인적으로 급여의 삭감으로 나타나며, 제도적으로는 예방적 노동시장정책으로 나타난다. 이러한 긴장관계 속에서 다음과 같은 문제는 여전히 남는다. 즉 적극적 고용정책을 통하여 직업수행능력을 일정한 범위와 수준으로 갖추게 한 후 실제 고용 여부에 대한 부담은 누가 질 것인가 하는 문제이다.88)

[표 제 어]

welfare state(복지국가), essence of the welfare state(복지국가의 본질), legitimacy of the welfare state(복지국가의 정당성), types of the welfare state(복지국가의 유형), de-commodification(탈상품화)

---

87) 이에 대해서는 전광석, 독일 사회보장법과 사회정책(박영사, 2008) 참조.

88) 이러한 문제점에 대해서는 예컨대 Stefan Sedl, "Arbeitsmarktpolitik-vom langsamen Sterben eines guten Absichts oder Renaissance im Markt des aktivierenden Sozialstaats," Frank-Schulz/Giesela Schewe(편), Sozialpolitische Trends im Deutschland in den letzten drei Dekaden(Duncker & Humblot, 2000), 161면 이하 참조.

[참고문헌]

김태성/류진석/안상훈, 현대 복지국가의 변화와 대응(나남, 2005).

전광석, 국제사회보장법론(법문사, 2002).

______, 독일 사회정책과 사회보장법(박영사, 2008).

______, 한국사회보장법론(법문사, 2007).

______, 한국헌법론(법문사, 2007).

______, 한국헌법론(법문사, 2009).

______(역), 복지국가의 기원 — 독일과 영국의 사회보험(법문사, 2006).

양재진, "한국 연금제도의 대안적 개혁모형: NDC 소득비례연금과 보충급여형 기초보장연금," 사회보장연구 제22권 제 4 호(2006).

이석원, "세계화와 복지정책: OECD 국가들에 대한 경험적 분석," 한국정책학회보 제12권 제 1 호(2003).

전광석, "가족의 사회보장기능과 사회보장법의 가족보호기능," 사회보장연구 제12권 제 1 호(1996).

______, "금융보험사의결권 제한에 대한 헌법적 검토," 헌법판례연구 7(2005).

______, "복지국가론 — 무엇을 어떻게 연구할 것인가," 한국사회정책 제15집 제 1 호(2008).

______, "빈곤문제와 법학의 과제," 사회보장법학(한림대 출판부, 1993).

______, "산재보험의 기능과 법적 성격," 연세법학연구 제11집 제 1 권(2005).

______, "장애인차별금지법의 제정방향," 장애인고용 2004년 가을호.

______, "헌법과 국민통합," 법제연구 제30권(2006. 6).

______, "헌법재판소가 바라 본 복지국가원리," 공법연구 제34집 제 4 호 제 1 권(2006).

______, "사회보장에 있어서의 소득재분배구조에 대한 헌법적 접근," 사

회보장법학(한림대 출판부, 1993).

정무권, "한국발전주의 생산레짐과 복지체제의 형성," 한국사회정책 제14집(2007).

주재현, "사회복지와 문화-복지국가 유형론에 대한 문화이론적 해석," 한국정책학회보 제13권 제 3 호(2004).

Alber, Peter Flora/Jens, "Modernization, democratization, and the development of welfare states in Western Europe," Peter Flora/A. Heidenheimer(편), The Development of Welfare States in Europe and America(Transaction Press, 1981).

Berkowitz, Edward D., "The Historical Development of Social Security in the United States," Eric R. Kingson/James H. Schutz(편), Social Security in the 21st Century(Oxford University Press, 1997).

Borchart, Jens, "Ausgetretene Pfade? Zur Statik und Dynamik wohlfahrtsstaatlicher Regime," Stephan Lessenich/Ilona Ostner (편), Welten des Wohlfahrtskapitalismus(Campus, 1998).

Cameron, David R., "The expansion of the Public Economy: A comparative analysis," American Political Science Review (1978).

Castles, Francis G., The Impact of Parties. Politics and Policies in Democratic Capitalist States(London, 1982).

Eichenhofer, Eberhard, "Die Sozialversicherung-Hinterlassenschaft Bismarcks," Eberhard Eichenhofer(편), Bismarck, die Sozialversicherung und deren Zukunft(Berlin Verlag, 2000).

Esping-Andersen, Gosta, The Three Worlds of Welfare Capitalism (Princeton University Press, 1990).

______, "Welfare States without Work: the Impasse of Labour Schedding and Familianism in Continental European Social Policy," Gosta Esping-Andersen(편), Welfare States in Transition(Sage Publications, 1996).

______, "After the Golden Age? Welfare State Dilemmas in a Golden Economy," Gosta Esping-Andersen(편), Welfare States in Transition(Sage Publications, 1996).

Flora, Peter(편), Growth to Limits. The Western Welfare States since World War II, vols 4(Walter de Gruyter, 1986).

Gallie, Duncan, "The Quality of Working Life in Welfare Strategy," Gosta Esping-Andersen et al, Why we need New Welfare State(Oxford University Press, 2002).

Girvetz, Harry, "Welfare State," David L. Sills(편), International Encyclopedia of the Social Science, Vol. 16.

Gottschall, Karin/Irene Dingedey, "Arbeitsmarktpolitik im konservativ-korporatistischen Wohlfahrtsstaat: Auf dem Weg zu reflexiver Deregulierung?," Stephan Leibfried/Uwe Wagschal (편), Der deutsche Sozialstaat(Campus, 2000).

Graser, Alexander, "Zur Fragmentierung der Mindestsicherung-Eine Hypothese zum Zusammenhang zwischen dem Geltungsbereich eines sozialrechtlichen Regelwerks und seinem materiellen Schutzgehalt," Zeitschrift für ausländisches und internationales Arbeits- und Sozialrecht(2003).

Hermerijck, Anton, "The Self-Transformation of the European Social Model(s)," Gosta Esping-Andersen(편), Why we need a New Welfare State(Oxford University Press, 2002).

Hinrichs, Karl, "Elephants on the move. Patterns of public pension reform in OECD countries," Stephan Leibfried(편), Welfare State Futures(Cambridge University Press, 2001).

Huber, Evelyne, "Options for social policy in Latin America: Neoliberal versus Social Democratic Model," Gosta Esping-Andersen(편), Welfare States in Transition(Sage Publications, 1996).

Jessop, Bob, "Toward a Schumpeterian Workfare State?," Studies in political Economy 40.

Kaufmann, Franz-Xaver, Herausforderungen des Sozialstaates (Suhrkamp, 1997).

______, "Towards a theory of the welfare state," Stephan Leibfried(ed), Welfare State Futures(Cambridge University Press, 2001.

Kittel, Bernhard/Herbert Obinger/Uwe Wagschal, "Die gezügelten Wohlfahrtsstaaten im internationalen Vergleich: politisch-institutionelle Faktoren der Entstehung und Entwicklungs-dynamik," Herbert Obinger/Uwe Wagschal(편), Der gezügelte Wohlfahrtsstaat(Campus, 2000).

Köhler, Peter A./Hans F. Zacher(편), Ein Jahrhundert Soziale-versicherung in der Bundesrepublik Deutschland, Frankreich, Grossbritannien, Österreich und der Schweiz(Duncker & Humblot, 1981).

______(편), Beiträge zu Geschichte und aktueller Situation der Sozialversicherung(Duncker Humblot, 1983).

Kuhnle, Stein, "The Nordic Welfare state in a European context: dealing with new economic and ideological challenges in the 1990s," Stephan Leibfried(편), Welfare State Futures(Oxford

University Press, 2001).

Lawson, Roger, "Gegensätzliche Tendenzen in der sozialen Sicherheit: Ein Vergleich zwischen Grossbritannien und Schweden," Zeitschrift für ausländisches und internationales Arbeits und Sozialrecht(1988).

Leff, Mark H., "Historical Perspectives on Old-Age Insurance," Edward D. Berkowitz(편), Social Security After Fifty-Success and Failure(Greenwood Press, 1987).

Lessernich, Stephan, "Relations matter: De-kommodifizierung als Verteilungsproblem," Stephan Lessernich/Ilona Ostner(편), Welten des Wohlfahrtskapitalismus(Campus, 1998).

Lubove, Roy, The Struggle for Social Security(University of Pittsburgh Press, 1986).

Luhmann, Niklas, Politische Theorie im Wohlfahrtsstaat(Olzog, 1981).

Marshall, T. H., Staatsbürgerrechte und soziale Klassen. Zur Soziologie des Wohlfahrtsstaates(Campus, 1992).

Mesa-Largo, Carlo, "Social Security and Extreme Poverty in Latin America," Journal of Development Economics 12(1983).

Motojaya, Miyoko, "Probleme der japanischen Pflegeversicherung," Zeitschrift für ausländisches und internationales Arbeits- und Sozialrecht(2003).

Musgrave, Richard, "Public Finance in a Democratic Society," Fiscal Doctrine, Growth and Institutions(New York University Press, 1986).

Myles, John, "When Markets fail: Social Welfare in Canada and United States," Gosta Esping-Andersen, Welfare States in

Transition(Sage Publications, 1996).

Obinger, Herbert, "Wohlfahrtsstaat Schweiz: Vom Nachzügler zum Vorbild?," Herbert Obinger/Uwe Wagschal(편), Der gezügelte Wohlfahrtsstaat(Campus, 2000).

Obinger, Herbert/Stephan Leibfried/Francis G. Castles(편), Federalism and the Welfare State(Cambridge University Press, 2005).

Obinger, Herbert/Uwe Wagschal, "Drei Welten des Wohlfahrtsstaates?. Das Stratifizierungskonzept in der clusteranalytischen Überprüfung," Stephan Lessenich/Ilona Ostner(편), Welten des Wohlfahrtskapitalismus(Campus, 1998).

Pierson, Paul, "The New Politics of the Welfare State," World Politics Vol. 48(1996).

Pitschas, Rainer, "Die Infrastruktur sozialer Dienste als Wirkungsbedingungen der Sozialrechtsentwicklung," Vierteljahresschrift für Sozialrecht(1990).

Quadagro, Jill/Joseph Quinn, "Does Social Security disencourage Work?," Eric R. Kingson/James H. Schulz(편), Social Security in the 21st Century(Oxford University Press, 1997).

Ramia, Gaby, "Arbeitsbeziehungen und Wohlfahrtsstaat: Warum ist Neuseeland ein Nachzügler?," Herbert Obinger/Uwe Wagschal(편), Der gezügelte Wohlfahrtsstaat(Campus, 2000).

Rieger, Elmar, "Soziologische Theorie und Sozialpolitik im entwickelten Wohlfahrtsstaat," Stephan Lessenich/Ilona Ostner (편), Welten des Wohlfahrtskapitalismus(Campus, 1998).

Ritter, Gerhard A., Sozialversicherung in Deutschland und England(C. H. Beck, 1983).

______, "Bismarck und Grundlegung des deutschen Sozialstaates," Festschrift für Hans F. Zacher(1998).

Roseman, Samuel I., The Public Papers and Adress of Franklin D. Roosebelt, Vol. IX(Victory and the Threshold of Peace)(1950).

Rubove, Roy, The Struggle for Social Security 1900-1935 (University of Pittsburgh Press, 1987).

Scharpf, Fritz W., "The Viability of advanced welfare states in the international economy. Vulnerabilities and options," Stephan Leibfried(편), Welfare State Futures(Cambridge University Press, 2001).

Schmidt, Manfred G., "Die Sozial-politischen Nachzüglerstaaten und die Theorie der vergleichenden Staaatstätigkeitsforschung," Herbert Obinger/Uwe Wagschal(편), Der gezügelte Wohlfahrtsstaat(Campus, 2000).

______, "Ursachen und Folgen wohlfahrtsstaatlicher Politik: Ein internationaler Vergleich," Manfred G. Schmidt(편), Wohlfahrtsstaatliche Politik(Opladen, 2001).

Sedl, Stefan, "Arbeitsmarktpolitik-vom langsamen Sterben eines guten Absichts oder Renaissance im Markt des aktivierenden Sozialstaats," Frank-Schulz/Giesela Schewe(편), Sozialpolitische Trends im Deutschland in den letzten drei Dekaden(Duncker & Humblot, 2000).

Seeleib-Kaiser, Martin, "Kulturelle und politisch-institutionelle Determinanten des US-amerikanischen Wohlfahrtsstaates," Herbert Obinger/Uwe Wagschal(편), Der gezügelte Wohlfahrtsstaat(Campus, 2000).

Siegel, Nico A., "Der nachzüglende Pionier: Sozialpolitik in

Australien zwischen lohnpolitischer Intervention und sozialstaatsinduzierter Dekommodifizierung," Herbert Obinger/Uwe Wagschal(편), Der gezügelte Wohlfahrtsstaat(Campus, 2000).

Stephen, John D., "The Scandinavian Welfare States: Achievement, Crisis and Prospects," Gosta Esping-Andersen(편), Welfare States in Transition(Sage Publications, 1996)

Stolleis, Michael, "Die Entstehung des Interventionsstaates und das öffentliche Recht," Michael Stolleis(편), Konstitution und Intervention(Suhrkamp, 2001).

Walzer, Michael, Spheres of Justice (Basic Books, 1983).

Westhäll, Lotta, The New Swedish Pension Scheme — A Challenge for the Future," Monika Schlachter/Ulrich Becker/Gerhard Igl (편), Funktion und rechtliche Ausgestaltung zusätzlicher Alterssicherung(Nomos, 2004).

Zacher, Hans F.(편), Bedingungen für die Entstehung und Entwicklung von Sozialversicherung(Duncker & Humblot, 1979).

______, "Anatomie des Sozialrechts," Die Sozialgerichtsbarkeit(1982).

______, "Verrechtlichung im Bereich des Sozialrechts," Friedrich Kübler(편), Verrechtlichung von Wirtschaft, Arbeit und sozialer Solidarität(Suhrkamp, 1984).

______, "Das soziale Staatsziel," Josef Isensee/Paul Kirchhof(편), Handbuch des Staatsrechts Bd. II(2004).

Zöllner, Detlef, "Öffentliche Sozialleistungen und wirtschaftliche Entwicklung. Ein zeitlicher und internationaler Vergleich"(Berlin, 1963).

[Abstract]

The Legitimacy of the Welfare State

Kwang Seok Cheon(Yonsei Law School)

Since the end of the 19th century the welfare state was established as the firm goal of the state as well as the constitutional principle. But as the the limits of the economic growth were approaching, and since 1990s the world entered into the age of the globalization the debate has been focused on the crisis as well as the reform of the welfare states, in the academic discurses and in der real politics. This article tackles the points which legitimate the welfare state from the political, economic and social points of view. This work is the precondition to the further question about the reform of the welfare state.

憲法判例研究 總目次
(1권~9권)

[憲法判例研究(1)]

[憲法判例硏究(2)]

[憲法判例硏究(4)]

[憲法判例硏究(5)]

2002년의 重要憲法判例 ………………………………………………………… 許 營

제 1 부 特輯: 平等權

憲法上의 正義의 原理와 平等權 …………………………………………… 明載眞

恣意禁止와 比例性의 原則 ………………………………………………… 朴眞完

婚姻과 同性間의 生活共同體

— BVerfGE(2002. 7. 17)=NJW 2002,

S. 2543ff. 評釋 — ………………………………………………………… 李惠衍

女性割當制의 違憲性 ……………………………………………………… 趙在炫

美國聯邦大法院의 性差別에 관한 平等權審査 ………………………… 金顯哲

職業選擇의 自由와 平等權

— 公務員의 自動資格附與制度를 中心으로 — ………………………… 李丞祐

敎育平等權 …………………………………………………………………… 張永喆

選擧에 있어서의 平等具現에 관한 考察

— 現行法上의 選擧公營制 檢討를 中心으로 — ………………………… 曺小永

제 2 부 一般論文

解放後 3년간의 憲法構想 ………………………………………………… 全光錫

브렌넌(Brennan)의 自由民主主義

— 少數意見을 中心으로 — ……………………………………………… 成鮮濟

映畵上映等級分類保留와 言論·出版의 自由

— 憲裁決 2001. 8. 30. 2000헌가9 映畵振興法

제21조 제 4 항 違憲提請事件을 中心으로 — …………………………… 鄭然宙

憲法附則 제 5 조에 대한 試論 …………………………………………… 田鶴善

豫算法의 基本原則과 財政法의 課題 …………………………………… 金性洙

警察法上 責任論의 새로운 出發

— 一般的 平和攪亂禁止義務에서 協力義務로의 變化 — ……………… 李起椿

美國의 인터넷藥局의 現況과 問題點 …………………………………… 金東健

[憲法判例研究(6)]

2003年 重要憲法判例 ………………………………………… 全光錫
慣習憲法이 提起하는 憲法理論的 問題點
— 신행정수도의건설을위한특별조치법 違憲決定
(憲裁決 2004. 10. 21, 2004헌마554 · 566(병합))에
대한 評釋 — ………………………………………… 李鍾秀
規制의 必要性과 規制方法論에 대한 憲法的 評價
— 大學內에서의 敵意的 表現行爲에 대한 制限學則을
中心으로 — ………………………………………… 曺小永
憲法 제21조가 放送에 대해 갖는 意味는 무엇인가? ……………… 高旼秀
民族文化遺産에 대한 公用收用
— 憲裁決 2003. 1. 30, 2001헌바64 舊傳統寺刹保存法
제 6 조 제 1 항 제 2 호 등 違憲訴願事件을 中心으로 — ……… 鄭然宙
憲法裁判에서 立法形成의 自由와 立證責任
— 反對意見의 意義와 機能 —
選擧權年齡에 대한 憲裁決定評釋(憲裁決 2003. 11. 27,
2002헌마787, 2003헌마516(병합)) ………………………… 李悳衍
輕犯罪處罰法과 卽決審判節次法에 관한 憲法的 照明
— 憲裁決 2004. 9. 23, 2002헌가17 · 18(병합)과 관련하여 ……… 張永喆
Alter und Alterungsprozesse im Rechtsleben
in Korea ………………………………………… 許 營
盧武鉉 大統領에 대한 彈劾審判 ………………………………… 許 營
大統領盧武鉉에 대한 彈劾審判決定의 評釋 ……………………… 李丞祐
機關訴訟과 權限爭議의 關係 ………………………………… 金基震
獨逸行政法에서의 意圖된 裁量理論과 裁量統制 ………………… 金性洙
計劃變更請求權과 取消訴訟의 訴訟要件
— 文化財保護區域 指定解除申請에 따른 拒否處分取消訴訟
(大判 2004. 4. 27, 2003두8821)을 中心으로 — ………………… 宋東洙

[憲法判例研究(7)]

2004年 重要憲法判例 ······ 李憲衍
2005年 前半期의 重要憲法判例 ······ 許 營
身上公開制度와 細部情報公開制度(案)에 대한 憲法的 檢討
— 憲裁決 2003. 6. 26, 2002헌가14 中心으로 — ······ 鄭然宙
個人情報保護와 프라이버시影響評價 ······ 趙在炫
憲法上 政教分離原則과 文化國家原理 ······ 崔祐禎
宗教의 自由의 客觀的 價值秩序性에 관한 小考
— 獨逸聯邦憲法裁判所의 '히잡(Kopftuch)
判決(BVerfGE 108, 282)'을 中心으로 ······ 朴揆煥
環境調整用地의 社會的 羈束性
— 獨逸 土地區劃節次上 私的 配分用地의 法的 性格을 中心으로 ····· 鄭慧英
地方自治에서의 電子民主主義 ······ 曺小永
財政과 憲法
— 財政憲法改正의 必須性 ······ 李憲衍
道路交通法 第71條의 15 第2項 違憲提請事件
— 憲裁決 2005. 7. 21, 2004헌가30 ······ 金柱暻
金融保險會社 議決權制限에 대한 憲法的 評價 ······ 全光錫

[憲法判例研究(8)]

2005年度 後半期 및 2006年度 前半期의 重要憲法判例 ······ 鄭然宙
'新行政首都의 建設을 위한 特別措置法' 違憲決定
(憲裁決 2004.10.21, 2004헌마554·566(併合))의
憲法理論的 問題點 ······ 朴炅澈
最近 判例들에서 나타난 憲法裁判所의 政黨觀
— 政黨法上의 政黨登錄制度와 登錄取消制度를 다룬
憲法裁判所의 最近 決定(憲裁決 2006.3.30, 2004헌마246;
憲裁決 2006.4.27, 2004헌마562)을 中心으로 — ······ 李鍾秀

賃貸借保證金 返還保障保險加入强制制度의 憲法的 正當性
— 契約自由에 관한 憲法裁判所決定分析과
批判을 中心으로 — ········· 張永喆
按摩師資格 '非盲除外基準'에 대한 憲裁決定 評釋 ········· 李惠衍
按摩師制度에 대한 憲裁決定의 評釋 ········· 李丞祐
言論의 公正報道와 取材源保護 ········· 趙在炫
訂正報道請求權에 대한 憲法的 評價
— 言論仲裁法과 憲裁決 2006. 6. 29. 2005헌마165
를 中心으로 — ········· 曺小永
放送委員會의 '放送評價에관한規則'에 대한
憲法的 問題點 ········· 崔祐禎
集會 및 示威에 관한 法律 第11條의 問題點과 改正方案
— 憲裁決 2003. 10. 30. 2000헌바67·83(倂合)과 憲裁決
2005. 11. 24. 2004헌가17을 中心으로 — ········· 李熙勳
獨逸聯邦憲法裁判所 分離理論의 韓國的 受容 ········· 金顯哲
行政情報共同利用의 法原則 ········· 全光錫
將來의 犯罪搜査를 위한 指紋情報의 使用과 法律留保
— 同時에 憲法裁判所의 2005. 5. 26. 決定
(99헌마513事件)에 대한 評釋 — ········· 孫載榮
基本權과 個人的 公權 ········· 金基震

[憲法判例硏究(9)]

2007年度 憲法判例의 動向 ········· 金鎭坤
判例評釋
— 條約批准에 대한 國會同意 관련 個別 國會議員의
權限爭議審判 請求人適格
(憲裁決 2007. 7. 26. 2005헌라8) ········· 李惠衍
公營放送의 獨立保障을 위한 現行法上의 問題

— KBS의 人的 構成의 獨立性을 中心으로 — ································ 崔祐禎
憲法判例에서 나타난 納稅者의 協力義務에 관한 考察
— 舊 相續稅및贈與稅法 第78條 第1項 違憲訴願
(憲裁決 2006. 4. 27, 2003헌바79) — ································ 朴贊權
規範效力과 事例硏究方法 ································ 李丞祐
獨逸 聯邦憲法裁判所와 美國 聯邦大法院의
違憲審査基準論 ································ 李相莖
命令·規則에 대한 司法審査
— 憲法裁判의 觀點에서 본 — ································ 金河烈
憲法訴願의 直接性 要件 ································ 金顯哲
美國 聯邦大法院의 UNITED STATES v. GRACE,
461 U.S. 171 (1983) 飜譯 ································ 黃致連·李熙勳

韓國憲法判例硏究學會 會則

제 1 장 總 則

제 1 조(명칭) 본 학회는 "한국헌법판례연구학회"(Korean Association for Precedential Study of Constitutional Law)라 한다.

제 2 조(사무소) 본 학회의 주사무소는 서울특별시에 둔다.

제 3 조(목적) 본 학회는 헌법판례의 연구를 통하여 법학계와 법조계 및 공법학계의 교류를 꾀하고 헌법학과 헌법실무의 발전에 이바지함을 목적으로 한다.

제 4 조(사업) 본 학회는 前條의 목적을 달성하기 위하여 다음의 사업을 한다.

1. 연구발표회 및 학술강연회의 개최
2. 회지, 논문집 기타 도서의 간행
3. 국내외 연구단체와의 교류
4. 기타 필요한 사업

제 2 장 會 員

제 5 조(종류 및 자격) ① 회원의 종류는 정회원, 준회원 및 특별회원으로 나눈다.

② 정회원은 본 학회의 목적에 찬동하는 전임강사 이상의 대학교수, 판사, 검사, 변호사, 군법무관, 5급 이상의 공무원 및 대학원 박사과정 재학생으로 한다.

③ 준회원은 본 학회의 목적에 찬동하는 사법연수생 및 기타 연구기관원으로 한다.

④ 특별회원은 본 학회의 목적에 찬동하여 본 학회의 발전에 기여한 국내외의 개인 또는 단체로 한다.

제 6 조(가입 및 탈퇴) ① 정회원 또는 준회원이 되고자 하는 자는 정회원 2인 이상의 추천을 받아 가입신청서를 제출하고 이사회의 승인을 얻어야 한다.

② 특별회원이 되고자 하는 자는 정회원 5인 이상의 추천으로 이사회의 승인을 얻어야 한다.

③ 회원이 탈퇴하고자 하는 때에는 미리 그 뜻을 본 학회에 통지하여야 한다.

④ 회원이 본 학회의 명예를 훼손하거나 회칙을 위반한 때에는 이사회의 의결을 거쳐 제명할 수 있다.

제 7 조(권리 및 의무) ① 모든 회원은 본 학회의 각종 사업에 자유로이 참여하고, 본 학회의 각종 간행물을 배포받을 권리를 가진다.

② 모든 회원은 본 학회의 모든 회칙을 준수하고 각종 회비를 납부할 의무를 진다.

제 3 장 任 員

제 8 조(종류 및 정수) 본 학회에 다음의 임원을 둔다.

1. 회장 1인
2. 부회장 1인
3. 상임이사 약간인
4. 이사 약간인
5. 감사 1인

제 9 조(선임 및 임기) ① 회장·부회장·이사 및 감사는 정회원 중에서 총회가 선임한다.

② 상임이사는 이사 중에서 회장의 추천으로 이사회가 선임한다.

③ 임원의 임기는 2년으로 하되, 연임할 수 있다.

제10조(직무) ① 회장은 본 학회를 대표하고, 會務를 통할한다.

② 부회장은 회장을 보좌하며, 회장이 闕位되거나 사고로 인해 그 직무를 수행할 수 없을 때에는 부회장 중에서 연장자가 그 직무를 대행한다.

③ 상임이사는 총무, 연구, 출판, 섭외 등의 업무를 분담・처리한다.

④ 이사는 이사회 구성원으로서 본 학회의 운영에 관한 중요사항을 심의・의결한다.

⑤ 감사는 본 학회의 업무와 회계에 관하여 감사한다.

第11조(고문) ① 본 학회에 고문 약간인을 둔다.

② 고문은 본 학회의 발전에 기여한 공로가 있는 정회원 중에서 이사회가 추천한다.

③ 고문은 종신직으로 한다.

第12조(간사) ① 본 학회에 간사 약간인을 둔다.

② 간사는 정회원 또는 준회원 중에서 회장이 임명한다.

③ 간사의 임기는 2년으로 한다.

④ 간사는 회장의 명을 받아 각종 기록의 작성, 연락의 전달, 행사의 준비 기타 會務執行을 보좌한다.

제 4 장 機 關

第13조(총회의 소집) ① 정기총회는 매년 1회 소집하고, 임시총회는 이사회 또는 회원 10인 이상의 요구에 따라 수시로 소집한다.

② 총회는 회장이 소집하고, 그 의장이 된다.

③ 총회는 재적회원 3분의 1 이상의 출석과, 출석회원 과반수의 찬성으로 의결한다. 다만 可否同數일 때에는 의장이 결정권을 가진다.

第14조(총회의 권한) 총회는 다음 사항을 의결한다.

1. 회칙의 개정
2. 임원의 선출
3. 업무계획의 승인
4. 예산 및 결산의 승인
5. 이사회가 附議하는 사항
6. 기타 필요한 사항

第15조(이사회의 소집) ① 이사회는 회장, 부회장 및 이사로 구성하며, 감사는 이사회에 출석하여 발언할 수 있다.

② 이사회는 필요에 따라 회장이 소집하고, 그 의장이 된다. 다만 재적구성원 3분의 1 이상 또는 감사의 요구가 있을 때에는 회장은 이사회를 소집하여야 한다.

③ 이사회는 재적구성원 과반수의 출석과 출석인원 과반수의 찬성으로 의결한다. 다만 可否同數일 때에는 의장이 결정권을 가진다.

④ 이사회는 필요에 따라 회의 소집함이 없이 書面決議로 의결에 갈음할 수 있다.

제16조(이사회의 권한) 이사회는 다음 사항을 의결한다.

1. 규칙의 제정과 개정
2. 회원의 가입승인 및 제명결정
3. 상임이사의 선임
4. 총회의 소집 및 부의사항의 심의
5. 기타 회장이 부의하는 사항

제17조(상임이사회) ① 상임이사회는 회장, 부회장 및 상임이사로 구성한다.

② 상임이사회는 회장이 필요에 따라 수시로 소집한다.

③ 상임이사회는 회무집행에 관한 중요사항을 심의한다.

제 5 장 財 政

제18조(재원) ① 본 학회의 재원은 연회비, 임원찬조비, 참가회비, 기부금 기타 수입으로 충당한다.

② 연회비, 임원찬조금 및 참가회비는 이사회에서 정한다.

제19조(예산 및 결산) ① 본 학회의 회계연도는 매년 1. 1부터 12. 31까지로 한다.

② 회장은 회계연도 초에 그 해의 예산안을 작성하여 총회의 승인을 받아야 한다.

③ 회장은 회계연도 초에 전 해의 결산안을 작성하여 총회의 승인을 받아야 한다.

제 6 장 憲法判例硏究學會誌編輯委員會

제20조(학회지편집위원회) ① 학회에 회지의 게재논문조사·편집 및 간행을 위하여 헌법판례연구학회지편집위원회를 둔다.

② 학회지편집위원회는 회장이 위촉하는 부회장 1인, 총무이사, 학술이사, 출판이사로 구성한다.

③ 학회지편집위원회는 학회지에 게재하고자 하는 논문의 심사 및 편집과 간행에 관한 전반적인 사업을 관장하며, 그 구성과 사업에 관한 세부적인 사항은 따로 규정한다.

제 7 장 學 術 賞

제21조(학술상) ① 회원의 학술연구를 장려하기 위하여 학회에 학술상제도를 둔다.

② 학술상에 관한 사항은 따로 규정으로 정한다.

제 8 장 慶 弔 事

제22조(경조사) 학회는 회원상호간의 친목과 협조를 도모하기 위하여 경조사에 관한 사항을 따로 규정한다.

附 則

① (시행일) 이 회칙은 2004년 5월 15일부터 시행한다.

② (임원 및 회원에 대한 경과조치) 이 회칙 시행 당시의 회장, 부회장 및 기존회원은 이 회칙에 의하여 선임 및 가입한 것으로 본다.

③ 이 회칙 시행 당시에 이 회칙에 의하여 새로 설치될 기관의 권한에 속하는 직무를 행하고 있는 기관은 이 회칙에 의하여 새로운 기관이 설치될 때까지 계속하여 그 직무를 행한다.

學會誌編輯・刊行規程

제 1 조(헌법판례연구) "憲法判例硏究"誌는 한국헌법판례연구학회의 학회지로서 회원의 연구논문을 게재한다.

제 2 조(발행횟수) 학회지는 연 1회 이상 정기적으로 간행함을 원칙으로 한다.

제 3 조(학회지편집・간행위원회의 구성과 권한) ① 학회지편집・간행위원회(이하 "위원회"라 한다)는 회장이 위촉하는 부회장 1인, 총무이사, 학술이사, 출판이사로 구성하며 임기는 3년으로 한다.

② 위원회는 학회지에 게재하고자 하는 논문의 심사와 편집 및 간행에 관한 사항을 관장한다.

제 4 조(논문심사절차와 기준) ① 위원회의 논문심사절차는 다음과 같다.

a) 1단계 전공심사: 전공 여부 합치심사

b) 2단계 내용심사: 투고논문 내용검토

c) 3단계 종합심사: 게재 여부 최종확정

② 위원회의 논문심사기준은 다음과 같다.

a) 연구주제의 타당성, 시의성, 적합성

b) 연구주제의 독창성, 참신성

c) 연구의 목적, 내용, 방법의 논리성

d) 논문투고자의 최근 5년간 연구발표실적의 양과 질적 수준

e) 연구결과의 학문적 기여도

③ 위원회의 위원들은 각 항목별로 A-C까지로 심사하되 종합심사결과 논문심사위원 4분의 3 이상이 평점 "B" 이상을 부여하여야 게재할 수 있다.

제 5 조(논문투고세칙) ① 학회지에 발표되는 논문은 미발표연구물이어야 한다.

② 위원회는 심사결과에 따라서 논문의 수정이나 보완을 요구할 수 있다.

③ 위원회는 회비를 납부하고 논문을 게재하고자 하는 회원에게 소정의 게재료를 부과할 수 있다.

附 則

이 규정은 1999년 5월 15일부터 시행한다.

편집 및 논문심사위원

憲法判例硏究 〔10〕

2009年 2月 10日 初版印刷
2009年 2月 20日 初版發行

編 者 韓國憲法判例硏究學會
發行人 安 鍾 萬
發行處 博 英 社
서울特別市 鍾路區 平洞 13-31番地
電話 (733) 6771 FAX (736) 4818
登錄 1952. 11. 18. 제1-171호(倫)

www.pakyoungsa.co.kr e-mail: pys@pakyoungsa.co.kr

編者와 협의하여 印紙 첩부를 생략함

ISBN 978-89-10-51117-5
978-89-10-51111-3(세트)

定 價 35,000원 ISSN 1228-6567 10